曾国藩全集

【清】曾国藩【著】
刘乔周【主编】

最负盛名的处事之道

家藏御書房

最透彻、最实用、最好读的国学典藏。融汇古今名家批注、传承千年文化精华的国学经典

古吴轩出版社

【前言】

曾国藩及其著作

◎曾国藩其人

曾国藩（1811—1872），初名子城，字伯涵，号涤生，谥文正，湖南省长沙府湘乡县（今双峰县荷叶镇）人。晚清重臣，湘军的创立者和统帅。晚清政治家、军事家、理学家、书法家、文学家，晚清散文“湘乡派”创立人。官至两江总督、直隶总督、武英殿大学士，封一等毅勇侯。

政治生涯

嘉庆十六年（1811年），曾国藩出生于湖南长沙府湘乡荷叶塘白杨坪（今湖南省娄底市双峰县荷叶镇天坪村）的一个豪门地主家庭。兄妹九人，曾国藩为长子。祖辈以务农为主，生活较为宽裕。六岁时，曾国藩开始读书，二十八岁中进士。后入翰林院，拜在军机大臣穆彰阿门下，留京后十年七迁，

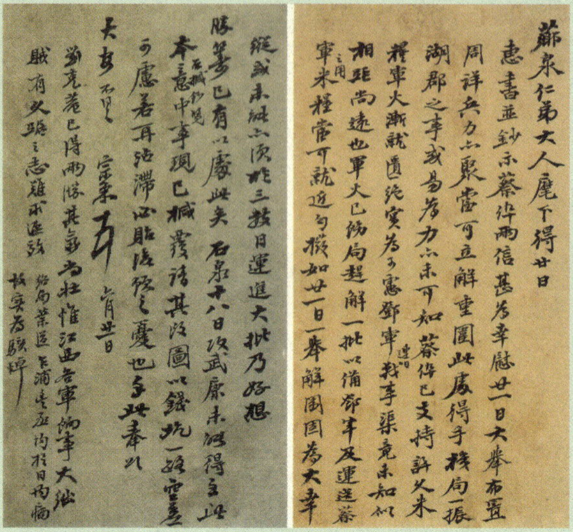

◎曾国藩书法

连升十级，三十七岁时已经官至礼部侍郎（正二品），后担任署兵、工、刑、吏部侍郎。

咸丰三年（1853 年），曾国藩借着清政府急于寻求力量镇压太平天国的时机，在其家乡湖南一带，依靠师徒、亲戚、好友等复杂的人际关系，建立了一支地方团练，称为湘军。同僚左宗棠、弟弟曾国荃、弟子李鸿章等都跟随这支军队，登上了历史舞台。至咸丰十年（1860 年），湘军总数已达三十万人，并于四年后最终平定了太平天国运动。曾国藩加封一等毅勇侯，成为清代以文人而封武侯的第一人。此后，曾国藩加兵部尚书衔，授两江总督，并以钦差大臣身份督办江南军务，官居一品。

此后，清廷命曾国藩督办直隶、山东、河南三省军务“剿捻”。后因曾国藩“剿捻”失利被免职，回两江总督本任。同治七年（1868 年），改任直隶总督。同治九年（1870 年），朝廷命其处理“天津教案”。曾国藩十分惊恐，甚至出发前立下遗嘱。他深知当时中国远非西方列强对手，因此主张对外让步，一时变成“谤讥纷纷，举国欲杀”的汉奸、卖国贼，“积年清望几于扫地以尽矣”。次年二月初四，曾国藩在南京两江总督府病逝。朝廷追封太傅，谥“文正”。其家族后代多出官宦，如曾纪泽等。

曾国藩作为近代著名的政治家，对“康乾盛世”后清王朝的腐败衰落，洞若观火。他说：“国贫不足患，惟民心涣散，则为患甚大。”对于“士大夫习于忧容苟安”，“倡为一种不白不黑、不痛不痒之风”，“痛恨次骨”。他认为，“吏治之坏，由于群幕，求吏才以剔幕弊，诚为探源之论”。基于此，曾国藩提出，“行政之要，首在得人”，危急之时需用德器兼备之人，要倡廉正之风，行礼治之仁政，反对暴政、扰民，对于那些贪赃枉法、渔民肥己的官吏，一定要予以严惩。至于关系国运民生的财政经济，曾国藩认为，理财之道，全在酌盈剂虚，脚踏实地，洁己奉公，“渐求整顿，不在于求取速效”。曾国藩将农业提到国家经济中基础性的战略地位，他认为，“民生以穑事为先，国计以丰年为瑞”。他要求“今日之州县，以重农为第一要务”。受两次鸦片战争的冲击，曾国藩对中西邦交有自己的看法。一方面他十分痛恨西方人侵略中国，认为卧榻之旁，岂容他人鼾睡，并反对借师助剿，“以借助外国为深愧”；另一方面他又不盲目排外，主张向西方学习其先进的科学技术，如他说过“购买外洋器物……访募覃思之士，智巧之匠，始而演习，继而试造……可以剿发捻，可以勤远略”。

后世评价

毛泽东青年时期，潜心研究曾氏文集，得出了“愚于近人，独服曾文正”的结论。即使是在毛泽东晚年，他还曾说：“曾国藩是地主阶级最厉害的人物。”

正如辛亥革命中的章炳麟对曾国藩的评价一样，“誉之则为圣相，谳之则为元凶”，近百年来仁者见仁，智者见智，对曾国藩褒扬者有之，斥骂者也不乏其人。

左宗棠为曾国藩做过一副这样的挽联：“知人之明，谋国之忠，自愧不如元辅；同心若金，攻错若石，相期无负平生。”

梁启超对曾氏倾心推崇，称“吾谓曾文正集，不可不日三复也”。梁在《曾文正公嘉言钞》序内指曾国藩“岂惟近代，盖有史以来不一二睹之大人也已；岂惟我国，抑全世界不一二睹之大人也已。然而文正固非有超群绝伦之天才，在并时诸贤杰中，称最钝拙；其所遭值事会，亦终生在指逆之中；然乃立德、立功、立言三不朽，所成就震古铄今而莫与京者，其一生得力在立志自拔于流俗，而困而知，而勉而行，历百千艰阻而不挫屈，不求近效，铢积寸累，受之以虚，将之以勤，植之以刚，贞之以恒，帅之以诚，勇猛精进，坚苦卓绝……”

蔡锷将军对曾氏以爱兵来打造仁义之师的治兵思想推崇备至：“带兵如带子弟一语，最为慈仁贴切。能以此存心，则古今带兵格言，千言万语皆付之一炬。”

民国著名的清史学家萧一山在《清代通史》中将曾国藩与左宗棠对比：“国藩以谨慎胜，宗棠以豪迈胜。”

而早在曾国藩镇压太平天国时，即有人责其杀人过多，送其绰号“曾剃头”。到了1870年“天津教案”，不少人骂他是卖国贼，以致曾国藩也觉得“内咎神明，外咎清议”，甚至有四面楚歌之虑。辛亥革命后，一些革命党人说他“开就地正法之先河”，是遗臭万年的汉奸。新中国成立后的史学界对他更是一骂到底，斥为封建地主阶级的卫道士、地主买办阶级的精神偶像。

◎曾国藩著作

《冰鉴》

说起《冰鉴》，其实有一个误会。旧传《冰鉴》为曾国藩所著，但后人对此一直存疑。唐浩明先生早在《唐浩明评点曾国藩家书》中就澄清过这个问题。而当代世界出版社的《冰鉴全集》中也谈到：“《冰鉴》，传闻为曾国藩所作，实非。下页有毛笔刻印的《冰鉴》影印文件，末尾说，‘余家有冰鉴七篇，不著撰人姓名，宛似一子，世无刻本，恐其湮没也’，署名为‘南海吴荣光荷屋氏’。又题名‘香山曾大经纶阁氏书’，时间是‘道光已丑年仲春’。该年是公元1829年，时曾国藩19岁，尚未科举，亦未到京(23岁才去)。那个时代，文章从写成到流传，再刻印成书，需要很长时间，显非少年曾国藩所为。曾国藩名闻天下，是50岁以后的事。南怀瑾先生推崇曾国藩13套本领，《冰鉴》是其一，但未肯定地说《冰鉴》作者是曾国藩。本书称‘曾国藩原著’，实不妥，沿袭俗论而已。”可见，《冰鉴》大抵不是曾国藩本人所做，但这次仍收录在《曾国藩全集》中，则是一种沿袭前人的习惯。

即便如此，《冰鉴》仍然有很强的意义。仅以七章文字，能够经久不衰，这不仅仅是托名于曾国藩名下之故，还在于《冰鉴》所云，确实有其道理。《冰鉴》其书，犹如其名，本身就是一块冰、一面镜子。世人对照其中论述，皆可清晰看到自身的影子，也即看到自己有哪些优点可以获得成功，有哪些缺点可以导致失败。有心者就可以从中找到修身的依据。《冰鉴》表面上是一部鉴人识人之专著，本质上却是一本成功指南、励志奇书。它的作用可以归结为两点：识人以用事，自知以修身。

《挺经》

有人说，如果说曾国藩是一个谜，那么《挺经》就是解开这个谜的一把钥匙。

挺，是曾国藩处世哲学中最重要的一项功夫。《挺经》，就是一门以刚劲强硬为特征的处世哲学，所谓“打脱牙，和血吞”、“咬定牙根”等等，可以说就是“挺”的注脚。曾国藩的一生，凭借一个“挺”字在困厄中求出路，在苦斗中求挺实，历尽劫波，以坚韧挺劲的无畏精神而成就了“天下之大功”。《挺经》是曾国藩吐尽毕生的心血于临终前写作的一部“压案之作”。

曾国藩没能完成他的这部《挺经》就告别了人世，该书的部分内容、篇章散见在《曾国藩杂著》及其弟子、幕僚的著述中。现在通行的各个版本《挺经》，是经后人整理而集成的。

《家训》和《家书》

曾国藩在平定太平天国后，权势极大，功高震主，清朝对其极不放心。咸丰帝曾在湘军克复武汉时叹道：“去了半个洪秀全，来了一个曾国藩。”曾国藩具有丰富的政治经验和历史知识，熟悉历代掌故，因而在击败太平天国后，一方面自裁湘军，一方面把家书刊行问世，借以表明自己忠心为清廷效命，以塞弄臣之口。《曾国藩家书》自那时起便风靡流行，历久不衰。

《家书》后经多家取舍整理，形成多种版本。总的说来，他的家书现存近一千五百多篇，从道光二十年到同治十年，历时三十年，其内容包括了修身、

教子、持家、交友、用人、处世、理财、治学、治军、为政等诸多方面，真实而又细密，平常而又深入，是一部真实而又生动的生活宝鉴。而一部分和治家有关的文章，又被后人整理成《家训》。

《家书》和《家训》所涉及的内容极为广泛，小到人际琐事、家庭生计，大到进德修业、经邦纬国之道，皆有详细的阐述，是曾国藩一生的主要活动和其治政、治家、治学之道的生动反映。曾氏家书行文从容镇定，形式自由，挥笔自如，在平淡家常中蕴育真知良言，具有极强的说服力和感召力。尽管曾氏留传下来的著作太少，但仅一部家书就可以体现他的学识造诣和道德修养，从而使他赢得了“道德文章冠冕一代”的称誉，并成为中国封建社会最后一尊精神偶像。

在为人处世方面，曾国藩终生以“拙诚”、“坚忍”行事；在持家教子方面，主张勤俭持家，努力治学，睦邻友好，读书明理；在治军方面，主张以礼治军；在用人方面，讲求“仁孝，血诚”原则，选拔经世致用的人才。

曾侯曰：盛世创业之英雄，以襟怀豁达为第一义。

《曾国藩全集》阅读指南

- 全面完整、权威的国学大全集。
- 彩色插图及全文双色印刷，既保持经典本色，又保证轻松阅读。
- 装帧独特别致，雅俗共赏。

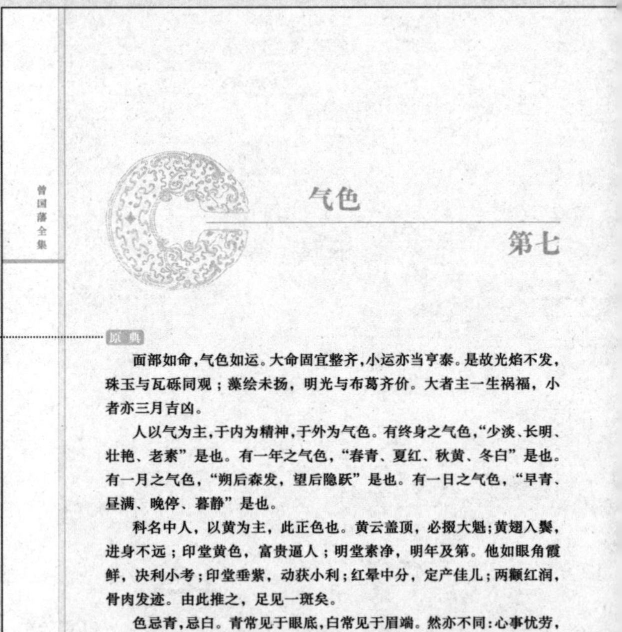

曾国藩全集

气色

第七

原典

面部如命，气色如运。大命固宜整齐，小运亦当亨泰。是故光焰不发，珠玉与瓦砾同观；藻绘未扬，明光与布葛齐价。大者主一生祸福，小者亦三月吉凶。

人以气为主，于内为精神，于外为气色。有终身之气色，“少淡、长明、壮艳、老素”是也。有一年之气色，“春青、夏红、秋黄、冬白”是也。有一月之气色，“朔后森发，望后隐跃”是也。有一日之气色，“早青、昼满、晚停、暮静”是也。

科名中人，以黄为主，此正色也。黄云盖顶，必掇大魁；黄翅入鬓，进身不远；印堂黄色，富贵逼人；明堂素净，明年及第。他如眼角霞鲜，决利小考；印堂垂紫，动获小利；红晕中分，定产佳儿；两颧红润，骨肉发迹。由此推之，足见一斑矣。

色忌青，忌白。青常见于眼底，白常见于眉端。然亦不同：心事忧劳，青如凝墨；祸生不测，青如浮烟；酒色惫倦，白如卧羊；灾晦催人，白如傅粉。又有青而带紫，金形遇之而飞扬，白而有光，土庚相当亦富贵，又不在此论也。最不佳者：“太白夹日月，乌鸟集天庭，桃花散面颊，颓尾守地阁。”有一于此，前程退落，祸患再三矣。

译文

如果说面部象征并体现着人的大命，那么气色则象征并体现着人的小运。大命是由先天生成的，但仍应该与后天遭遇保持均衡，小运也应该一直保持顺利。所以如果光辉不能焕发出来，即使是珍珠和宝玉，也和碎砖

原 典

- 遴选精编的完整版本，再现古书原汁原味风貌。

注 释

- 极具启发性，学习古文不可或缺的细致注释。

译 文

- 权威、准确、客观的白话译文，使您通晓古籍智慧，畅通无阻。

最负盛名的处事之道

- 编排灵活，内容丰富，旁征博引的阅读延伸，具有很强的阅读趣味。
- 囊括古人注解和现代名家对国学精辟理解的经典。
- 实用的分析解读，帮您将国学智慧迅速转化为世事洞明的人生指南。

就处处懈怠了。

阅典笔记

刚毅必不可少，但是刚毅并非刚愎自用。很多人都以为，刚毅就是勇敢，面对敌军能够杀敌，面对恶势力能够以身殉道，其实不然，刚毅是有勇有谋的表现，既讲究勇，更要求智，同时也要求志向高远，只有这样方能成就大事。

触类旁通

“戒惧惕厉，挽回时事”

最能体现曾国藩勇毅之气的，是他在江西时孤军对付太平军，而分兵让罗泽南进攻武昌。当时罗泽南率领的湘勇是湘军在江西的另外一支劲旅，共约三千多人，本来也与塔齐布一起驻在九江城外。咸丰五年三月，曾国藩命他率部由南昌绕过鄱阳湖，出征赣东，在贵溪、弋阳、广信（府治在今上饶）、饶州（今波阳）、景德镇一带抵御太平军。六月初，太平军在湖北的战事告一段落后，从鄂东南回师江西，占领义宁（府治在今修水），南昌戒严，罗泽南遂移师向西，在义宁府与太平军周旋。八月，他写信给曾国藩，又单骑至南康，在船上与曾国藩会见。他慷慨陈词，纵谈利弊，规划进止，谓欲夺取安徽、江苏，必先得武汉，得武汉，控上游之势，则江西亦得屏障；若依然株守江西，如坐瓮中，长期转战，终无益于大局。因此，他请求允许自己率所部从义宁出发，进攻崇田、通山，增援武昌；如若得手，即引军东下，以高屋建瓴之势，夺取九江，使内湖的水师与外江声息相通，东南大局庶可立有转机。罗泽南的这一战略，与曾国藩多年所谋，大体一致，但罗泽南部一去，湘军在江西便更加势孤立单了。当时，刘蓉在座，插言说：“公

郭嵩焘（1818—1891）
清末外交官。字伯琛，号筠仙，湖南湘阴人。1877年起，任清政府驻英法公使，是中国第一位驻外官员。积极参与洋务运动，主张允许私人开办企业，反对官办垄断。

挺经

阅典笔记
- 将古人的思想与今人的智慧相结合，启发对经典的领悟。

触类旁通
- 通典：针对国学原文内容与精神，精选相关案例。
- 评价：在每个案例后附有短评，方便您深入理解、活学活用。

精美图画
- 精选古典绘画和历史照片，图说内容详实，与原典相得益彰。

英才第七 五三
廉矩第八 五六
勤敬第九 五九
诡道第十 六二
久战十一 六五
廪实十二 六七
峻法十三 七〇
外王十四 七三
忠疑十五 七六
荷道十六 七九
藏锋十七 八二
盈虚十八 八六
家训 八九
养心篇一 九一
学问篇二 一一四
居家之道篇三 一三〇
家书 一五七

目录

冰鉴　一
神骨第一　三
刚柔第二　七
容貌第三　一〇
情态第四　一五
须眉第五　一八
声音第六　二二
气色第七　二五
挺经　二九
挺住打脱牙，和血吞　三一
慎独第一　三五
砺志第二　三八
家范第三　四一
明强第四　四四
坚忍第五　四七
刚柔第六　五〇

冰鉴

第一 神骨

原典

语云“脱谷为糠，其髓斯存”，神之谓也；“山骞不崩，唯石为镇”，骨之谓也。一身精神，具乎两目；一身骨相，具乎面部。他家兼论形骸，文人先观神骨。开门见山，此为第一。

文人论神，有清浊之辨。清浊易辨，邪正难辨。欲辨邪正，先观动静。静若含珠，动若水发；静若无人，动若赴的。此为澄清到底。静若萤光，动若流水，尖巧而喜淫；静若半睡，动若鹿骇，别才而深思。一为败器，一为隐流，均之托迹于清，不可不辨。

凡精神，抖擞处易见，断续处难见。断者出处断，续者闭处续。道家所谓“收拾入门”之说，不了处看其脱略，做了处看其针线。小心者，从其做不了处看之，疏节阔目，若不经意，所谓脱略也。大胆者，从其做了处看之，慎重周密，无有苟且，所谓针线也。二者实看向内处，稍移外便落情态矣，情态易见。

骨有九起：天庭骨隆起，枕骨强起，顶骨平起，佐串骨角起，太阳骨线起，眉骨伏犀起，鼻骨芽起，颧骨若不得而起，项骨平伏起。在头，以天庭骨、枕骨、太阳骨为主；在面，以眉骨、颧骨为主。五者备，柱石之器也；一则不穷；二则不贱；三则动履稍胜；四则贵矣。

骨有色，面以青为贵，“少年公卿半青面”是也。紫次之，白斯下矣。骨有质，头以联者为贵，碎次之。总之，头上无恶骨，面佳不如头佳。然大而缺天庭，终是贱品；圆而无串骨，半是孤僧；鼻骨犯眉，堂上不寿；颧骨与眼争，子嗣不立。此中贵贱，有毫厘千里之辨。

译文

俗话说："去掉稻谷的外壳，就是没有多大用途的谷糠，但稻谷的精华——米，仍然存在着，不会因外壳磨损而丢失。"这个精华，在人身上，就是指一个人的内在精神状态。俗话又说："山岳表面的泥土虽然经常脱落流失，但它却不会倒塌破碎，因为它的主体部分是硬如钢铁的岩石，不会被风吹雨打去。"这里所说的"镇石"，相当于一个人身上最坚硬的部分——骨骼。一个人的精神状态，主要集中在他的两只眼睛里；一个人的骨骼情况，主要集中在他的一张面孔上。像工人、农民、商人、军士等各类人员，既要看他们的内在精神状态，又要考察他们的外在体势情况。作为以文为主的读书人，主要看他们的精神状态和骨骼情况。精神和骨骼就像两扇大门，命运就像深藏于内的宝藏。察看人们的精神和骨骼，就相当于去打开两扇大门。门打开之后，自然可以发现里面的宝藏而测知人的气质了。两扇大门——精神和骨骼，是观人的第一要决。

文人在研究、观察人的"神"时，一般都把"神"分为清纯与昏浊两种类型。"神"的清纯与昏浊是比较容易区别的，但因为清纯又有奸邪与忠直之分，这奸邪与忠直则不容易分辨。要考察一个人是奸邪还是忠直，应先看他处于动静两种状态下的表现。眼睛处于静态之时，目光安详沉稳而又有光，真情深蕴，宛如两颗晶亮的明珠，含而不露；处于动态之时，目光闪烁，敏锐犀利，就如春水泛波。双眼处于静态之时，目光清明沉稳，旁若无人；处于动态之时，目光暗藏杀机，锋芒外露，宛如瞄准目标，蓄势待发。以上两种目光动静的神情，澄明清澈，属于纯正的神情。两眼处于静态的时候，目光有如萤火虫之光，微弱而闪烁不定；处于动态的时候，目光有如流动之水，虽然澄清却游移不定。以上两种目光，一是善于伪饰的神情，一是奸心内萌的神情。两眼处于静态的时候，目光似睡非睡，似醒非醒；处于动态的时候，目光总是像惊鹿一样惶惶不安。以上两种目光，一则是有智有能而不循正道的神情，一则是深谋图巧又怕别人窥见他的内心的神情。具有前两种目光者多是有瑕疵之辈，具有后两种目光者则是含而不发之人，都属于奸邪神情。可是它们却混杂在清纯的神情之中，这是观"神"时必须仔细辨别的。

一般来说，观察、识别人的精神状态，那种只是在那里故作振作者，是比较容易识别的；而那种看起来似乎是在那里故作抖擞，又可能是真的精神振作者，就比较难于识别了。精神不足，即便它故作振作，但不足的特征是掩盖不了的；而精神有余，则它是自然流露并蕴含于内。道家有所谓“收拾入门”之说，用于观“神”，要领是：尚未“收拾入门”，要着重看人的轻慢不拘；已经“收拾入门”，则要着重看人的精细周密。对于小心谨慎的人，要从尚未“收拾入门”的时候去看他，这样就可以发现，他越是小心谨慎，他的举动就越是不精细，欠周密，总好像漫不经心。这种精神状态，就是所谓的轻慢不拘。对于率直豪放的人，要从已经“收拾入门”的时候去看他，这样就可以发现，他越是率直豪放，他的举动就越是慎重周密，做什么都一丝不苟。这种精神状态，实际上都存在于内心世界，但是它们只要稍微向外一流露，立刻就会变为情态，而情态则是比较容易看到的。

九贵骨各有各的姿势：天庭骨丰隆饱满；枕骨充实显露；顶骨平正而突兀；佐串骨像角一样斜斜而上，直入发际；太阳骨直线上升；眉骨骨棱显而不露，隐隐约约像犀角平伏在那里；鼻骨状如芦笋竹芽，挺拔而起；颧骨有力有势，又不陷不露；项骨平伏厚实，又约显约露。看头部的骨相，主要看天庭、枕骨、太阳骨这三处关键部位；看面部的骨相，则主要看眉骨、颧骨这两处关键部分。如果以上五种骨相完美无缺，此人一定是国家的栋梁之材；如果只具备其中的一种，此人便终生不会贫穷；如果能具备其中的两种，此人便终生不会卑贱；如果能具备其中的三种，此人只要有所作为，就会发达起来；如果能具备其中的四种，此人一定会显贵。

骨有不同的颜色，面部颜色则以青色最为高贵。俗话说的“少年公卿半青面”，就是这个意思。黄中透红的紫色比青色略次一等，面如枯骨着粉白色则是最下等的颜色。骨有一定的气势，头部骨骼以相互关联、气势贯通最为高贵，互不贯通、支离散乱则略次一等。总之，只要头上没有恶骨便是贵相，就是面再好也不如头好。然而，如果头大而天庭骨却不丰隆，终是卑贱的品位；如果头圆而佐串骨却隐伏不见，多半要成为僧人；如果鼻骨冲犯两眉，父母必不长寿；如果颧骨紧贴眼尾而颧峰凌眼，必无子孙后代。这里的富贵与贫贱差别，有如毫厘之短与千里之长，是非常大的。

阅典笔记

人不可貌相，人的精神和骨气才是真正的魅力所在。在塑造自身魅力的时候，过于关注外表，沉浸于美容整容，而毫不尽力塑造自身的精神和骨气，那么一切将是白费。即便有些天生拥有魅力面孔，也不要忘记塑造一副锦绣心肠。而面貌丑陋者，只要品德优秀，风骨傲人，依然可被千万人传诵。

触类旁通

“以貌取人，失之子羽”

相传，孔子三千弟子，其中较为优秀的有七十二人，即通常所说的“弟子三千，贤者七十有二”。这七十二贤当中，有一位名叫澹台灭明（字子羽），长得实在不敢恭维，皮肤黝黑，五官也不端正。孔子初次见他，心里便不大喜欢，但是澹台灭明却是个好学生。他不但刻苦学习，门门功课都极为优秀，能骑能射，举止得体，符合礼教。而且，难能可贵的是他的情操高尚，对双亲也很孝顺，与周围的人应接之中，仁厚为怀，大家都极为尊重他。孔子过了一段时间也听见了人们对澹台灭明的赞扬，经过亲自验证之后，孔子感觉他的确是个好学生。对照自己的前后看法，孔子深感以相貌评判一个人会产生误差，于是情不自禁地感叹道：以貌取人，失之子羽。

◎ 澹台灭明

姓澹台，名灭明，字子羽，孔子弟子，鲁国人。长相不佳，孔子曾以貌取人，颇为嫌弃。后往南游学到吴地，跟从他学习的有三百多人。他有一套教学管理制度，影响甚大，是当时儒家在南方的一个有影响的学派。

孔子的这个相人失误的例子告诉我们，虽然我们似乎天生都有相人的本领，但难保不产生误差。再者，我们平常相人都是偏重于一个人的性情和才智。至于那人的命运如何，前途如何，我们就难以洞察出来，因为这些与人的才智没有必然的联系。通常我们在社会上会发现许多不公平的现象：有些人既无才也无德，却能身居高位；而有的人才貌双全，人品也不错，却终生沉沦，难有发达之遇。这样的例子在历史上、现实中举不胜举，发人深省。

刚柔第二

原典

既识神骨，当辨刚柔。刚柔，则五行生克之数，名曰“先天种子”，不足用补，有余用泄。消息与命相通，此其皎然易见者。

五行有合法。木合火，水合木，此顺而合。顺者多富，即贵亦在浮沉之间。金与火仇，有时合火，推之水土者皆然，此逆而合者，其贵非常。然所谓逆合者，金形带火则然，火形带金则三十死矣；水形带土则然，土形带水则孤寡终老矣；木形带金则然，金形带木则刀剑随身矣。此外牵合，俱是杂格，不入文人正论。

五行为外刚柔；内刚柔，则喜怒、跳伏、深浅者是也。喜高怒重，过目辄忘，近“粗”；伏亦不伉，跳亦不扬，近“蠢”；初念甚浅，转念甚深，近“奸”。内奸者，功名可期；粗蠢各半者，胜人以寿；纯奸能豁达，其人终成；纯粗无周密，半途必弃。观人所忽，十有九八矣。

译文

已经鉴识神骨之后，应当进一步辨别刚柔。刚柔讲的是五行生克的道理，道家叫做“先天种子”，不足的增补它，有余的消泄它，使之刚柔平衡。阴阳此消彼长，与命运相联系，就像皎洁明亮的月光，是很容易看见的。

五行之间具有相生、相克、相仇的关系，这种关系称为“合”。如木生火、水生木，这辗转相生就是顺合。顺合之相中多会致富，但是不会成为贵族；

即便偶然得贵，也总是浮浮沉沉、升升降降，难以保持长久。金仇火，有时火与金又相辅相成，类而推之，水与土等等之间的关系都是这样，这就是逆合。形貌上带有逆合之相非常高贵。在上述的逆合之相中，如果是金形人带有火形之相，便非常高贵；相反，如果是火形人带有金形之相，那么年龄到了30岁就会死亡。如果是水形人带有土形之相，便会非常高贵；相反，如果是土形人带有水形之相，那么就会一辈子孤寡无依。如果是木形人带有金形之相，便会非常高贵；相反，如果是金形人带有木形之相，那么就会有刀剑之灾、杀身之祸。至于除此之外的那些牵强附会的说法，都是杂凑的模式，不能归入文人的正宗理论。

前面所说的五行，是人的外刚柔；除了外刚柔之外，还有内刚柔，指的是人的喜怒哀乐的感情，激动或平静的情绪和有时深、有时浅的心机或城府。遇到令人高兴的事情就乐不可支，遇到令人恼怒的事情就怒不可遏，而且事情一过就忘得一干二净，这种人阳刚之气太盛，其气质接近于“粗鲁”。平静的时候没有一点张扬之气，激动的时候也昂扬不起来，这种人阴柔之气太盛，其气质接近于“愚蠢”。遇到事情，初一考虑，看起来想得似乎很肤浅，然而一转念，想得又非常深入和精细，这种人阳刚与阴柔并济，其气质接近于“奸诈”。凡属内藏奸诈的人外柔内刚，遇事能进能退，能屈能伸，日后必有一番功业和名声可以成就。既粗鲁又愚蠢的人，刚柔皆能支配其心，使他们乐天知命，因此其寿命往往超过常人。纯奸的人，即大奸大诈者，其心能反过来支配刚柔，遇事往往能以退为进，以顺迎逆，这种人最终会获得事业的成功。那种外表举止粗鲁，内心气质也粗鲁的人，只是一味地阳刚，做起事来必定要半途而废。观察一个人被忽视的一面，对这个人的判断往往十拿九稳。

阅典笔记

有的人在遇到问题时，往往选择硬碰硬，大到两国之间的战争，小到两人不经意的开骂。他们不会想到换一个角度思考问题，似乎认为在桌面上解决问题有失风范。其实不然。刚柔相济，能屈能伸，能忍一时之气，能受一时之苦，方能有所作为。

触类旁通

先天种子，五行之气

五行之气，在人的行为、性格各方面都有反映，预示着人的吉凶祸福。而且，五行之气贵在中和之美，即相互平衡，相得益彰，否则便会流入偏窄一路，无法位列上品。在历史上，有的人性刚气暴，时时刻刻都像要爆发的样子；有的人心宽体舒，一副闲静的体态；又有一等人，气量狭窄，不能容纳别人，像庞涓那样，不能容忍孙膑，处处为难，最终自食其果；有的人则胸怀坦荡，如大江大河一样，像诸葛孔明便是；有的人则是一身浩然正气，无私无畏，肝胆相照，像关公、岳飞，便是这种人的代表。古人认为这些都是阴阳五行之气在人的行为、性格方面的具体表现。观气士们认为，这些气非常人所能看到，只有他们这些受过特殊训练而且经验丰富的人才能洞察且判断其吉凶。

容貌第三

原典

容以七尺为期，貌合两仪而论。胸腹手足，实接五行；耳目口鼻，全通四气。相顾相称，则福生；如背如凑，则林林总总，不足论也。

容贵“整”，“整”非整齐之谓。短不豕蹲，长不茅立，肥不熊餐，瘦不鹊寒，所谓“整”也。背宜圆厚，腹宜突坦，手宜温软，曲若弯弓，足宜丰满，下宜藏蛋，所谓“整”也。五短多贵，两大不扬，负重高官，鼠行好利，此为定格。他如手长于身，身过于体，配以佳骨，定主封侯；罗纹满身，胸有秀骨，配以妙神，不拜相即鼎甲矣。

貌有清、古、奇、秀之别，总之须看科名星与阴骘纹为主。科名星，十三岁至三十九岁随时可见；阴骘纹，十九岁至四十六岁随时可见。二者全，大物也；得一亦贵。科名星见于印堂眉彩，时隐时见，或为钢针，或为小丸，尝有光气，酒后及发怒时易见。阴骘纹见于眼角，阴雨便见，如三叉样，假寐时最易见。得科名星者早荣，得阴骘纹者迟发。二者全无，前程莫问。阴骘纹见于喉间，又主生贵子；杂路不在此格。

目者面之渊，不深则不清；鼻者面之山，不高则不灵。口阔而方禄千种，齿多而圆不家食。眼角入鬓，必掌刑名；顶见于面，终司钱谷。此贵征也。舌肥无官，橘皮不显。文人有伤左目，鹰鼻动便食人。此贱征也。

译文

凡是观人形貌，观姿容以七尺躯体为限度，看面貌则以两只眼睛来评断。人的胸腹手足，都和五行，即金、木、水、火、土相互关联，都有它们的某种属性和特征；人的耳目口鼻，都和四气，即春、夏、秋、冬四时之气相互贯通，也具有它们的某种属性和特征。人体的各个部位，如果相互照应、匹配，彼此对称、协调，那么就会为人带来福分；而如果相互背离或彼此拥挤，使相貌显得乱七八糟、支离破碎，其命运就不值一提了。

人的姿容可贵之处就在于"整"。这个"整"并非整齐划一的意思，而是人整个身体的各个组成部分要均衡、匀称，使之构成一个有机的完美的整体。就身材而言，人的个子可以矮但不要矮得像一头蹲着的猪；个子也可以高，但绝不能高得像一棵孤单的茅草那样耸立着。从体形来看，体态可以胖，但又不能胖得像一头贪吃的熊一样的臃肿；体态瘦也不妨，但又不能瘦得如同一只寒鸦那样单薄。这些就是本节所说的"整"。再从身体各部位来看，背部要浑圆而厚实，腹部要极其平坦，手要温润柔软，手掌则要弯曲如弓，脚背要丰厚饱满，脚心要空到能藏下鸡蛋，这也是所谓的"整"。五短身材虽看似其貌不扬，却大多地位高贵；两腿长得过分的人往往命运不佳。一个人走起路来如同背了重物，那么此人必定有高官之运；走路若像老鼠般步子细碎急促，两眼又左顾右盼且目光闪烁不定者，必是贪财好利之徒。这些都是固定格局，屡试不爽。还有其他格局：如两手长过上身（最好超过膝盖），上身比下身长，再有着一副上佳之骨，那么一定会有公侯之封；再如皮肤细腻柔润，就好像绫罗布满全身，胸部骨骼又隐而不现，文秀别致，再有一副奇佳的神态的话，日后必然前程远大。

人的相貌有清朗、古朴、奇伟、秀丽的分别。这四种相貌主要以科名星和阴骘纹为主去辨别。科名星在十三岁到三十九岁这段时间随时都可以看到，阴骘纹在十九岁到四十六岁这段时间也可随时看见。科名星和阴骘纹这两样都具备的话，将来会成为人物；能够得到其中一样，也会富贵。科名星显现在印堂和眉彩之间，时隐时现，形状有时像钢针，有时如小球，是一种红光紫气，在喝酒之后和发怒时容易看见。阴骘纹出现在眼角之处，遇到阴天或下雨天便能看见，像三股叉的样子，在人快要睡着的时候最容易看见。有科名星者，少年时就会发达荣耀；有阴骘纹者，发迹的时间要晚一些。两者都没有的话，前程就别问了。另外，阴骘纹若现于咽喉部位，表明可以喜得贵子；若阴骘纹出现在其他部位，则不能这样断定。

人的眼睛如同面部的两方水潭，神气不深沉含蓄，面部就不会清朗明爽；鼻子如同支撑面部的山脉，鼻梁不挺拔，面部就不会现机灵聪慧之气。嘴巴宽阔又方正，主人有享千钟之福禄；牙齿细小而圆润，适合在外地发展事业。两眼眼尾秀长似入鬓发处者，必掌司法大权；秃头谢顶而使头与面额相连，无限界者，能掌财政大权。这些都是富贵的征兆。口吃者无官运，面部肌肤粗糙如橘子皮的人不会发达。文人若左眼有伤，那么文星陷落而无所作为；鼻子如鹰嘴的人，必定内心阴险狠毒，喜伤人。这些都是贫贱的征兆。

阅典笔记

在识人时，要辩证地看待面相学。一方面，面相学并没有科学的依据，面相断然不能决定一个人的性格、才智和未来。如果非要将面相与人生挂钩的话，难免陷入先天决定论中。但是不容否认的是，面相学在一定程度上扮演着自我激励和慰藉的作用，在一些场合下可能有助于增强人的生活信心和提高人的生活斗志。

触类旁通

真命天子刘邦

《史记·高祖本纪第八》中记载，刘邦这个人，高鼻子，长颈项，面貌有龙相，须髯特美，左大腿有七十二颗黑痣。为人仁厚爱人，喜欢施予，意志豁达，胸襟开阔。不肯从事家务、农作等各种俗业。到了壮年，才做了官吏，为泗水亭长。

刘邦为亭长时，对其公所中吏人，无不加以轻侮。刘邦好酒好女色，常常向王媪、武负二人的酒馆赊酒。有时，刘邦喝醉，卧不能起。武负等人常看见刘邦身体上有龙出现，极为怪异。刘邦每次来买酒，便留在馆中畅饮，二人按酒价数倍计价。等二人见刘邦醉卧而有龙出现的怪事以后，到年底算账的时候，这两家酒馆撕了账单，不向刘邦索债。

刘邦常出差到秦都咸阳，当时游观名胜，看到了秦皇帝的威仪盛势，他感慨长叹说："啊！大丈夫应当像这个样子！"

单父县人吕公与沛县令相友善。吕公为了避仇人，迁到沛县来，在沛县落户。沛县的豪杰吏人听说有贵客来，都前往道贺。当时萧何为主吏，他向贵宾们说："凡是致赠礼金，不满一千钱的，就请他坐在堂下。"

刘邦当时做亭长，平日轻视沛县衙中吏人。于是他写了一张假礼帖：贺钱一万。实际上他一个钱都没有带去。这个礼帖送到吕公手上，吕公看了大惊，连忙起身，于门前迎接刘邦。吕公好给人相面，看见刘邦的状貌特殊，因而特别敬重，亲自引刘邦入座。萧何向吕公说："刘季（刘邦别名）这个人常常说大话，能做成的事很少。"刘邦见吕公对他敬重，便轻侮宾客，高坐上座，毫不相让。

吕公因刘邦状貌之奇，席间以目示意，坚留刘邦不要退席。于是刘邦便留了下来。在客人都散去之后，吕公对刘邦说："我年少的时候，就好给人相面。我相过的人太多了，但是没有一位像刘季你的面貌这样高贵的。刘季，我希望你能多多自爱！"吕公稍停说："我有一个女儿，愿意做你执箕帚的妻子。"

吕媪对吕公决定以女儿嫁刘邦的事，非常生气。吕媪怒向吕公说："你平素总是说这个女儿奇特不寻常，应该嫁与贵人。沛县令和你相交极好，求娶去我们女儿，你不肯。为什么自己胡乱地就把女儿嫁与刘季？"吕公说："这就不是孩童、女子所能了解的事了！"吕公终于把女儿嫁与刘季。吕公的女儿就是后来的吕后，生孝惠帝和鲁元公主。

刘邦做亭长的时候，常常休假回家，到田里看看。有一天吕氏带着两个孩子在田里耕地，有一个老人由田中经过，求些水喝。吕氏见老人饿，给老人一些吃的，老人就给吕氏相面。老人说："夫人的面貌，是天下的贵人。"吕氏又要老人相两个孩子，老人看看"孝惠帝"，说："夫人所以能够大贵，就因为这个男孩子的关系。"老人又相"鲁元公主"，也说是贵相。等老人走了之后，刘邦正好从田舍来，吕氏便将老人相面的事说给刘邦听，说客人路过此地，相孩子和她都是大贵之相。刘邦便问老人在哪里。吕氏说："刚走，不会走远。"刘邦便追去，果然追上。刘邦问老人相吕氏和孩子的事，老人说："方才我相过的夫人和小孩，相貌的高贵都像你。你的相貌，贵不可言。"刘邦便道谢说："如果真如先

◎ **汉太祖高皇帝刘邦（前256—前195）** 又称汉高祖，汉朝开国皇帝，字季（一说原名季），前202—前195年在位，沛（今江苏丰县）人。前206年推翻秦王朝。前202年击败项羽，建立汉朝。

生所言，这相面夸赞鼓励之德，绝不敢忘。”后来，刘邦贵为天子，找寻这位老人，可是老人不知所向。

有关相面术的奥妙，江湖术士们一方面神秘其术，另一方面又对其“真实性”大加渲染。那么，在当今科学昌明的时代，我们该如何对待这一古老方术呢？古代之所以广泛盛行相面术，是因为古人征服自然的能力过于弱小，加上社会存在种种不合理的现象，使得人们的心理备受压抑，处境困厄，因此不得不借助这些方术来自我慰藉。至于这些方术的可靠性，以科学的态度来看，则是不言自明的。

第四 情态

原典

容貌者，骨之余，常佐骨之不足。情态者，神之余，常佐神之不足。久注观人精神，乍见观人情态。大家举止，羞涩亦佳；小儿行藏，跳叫愈失。大旨亦辨清浊，细处兼论取舍。

有弱态，有狂态，有疏懒态，有周旋态。飞鸟依人，情致婉转，此弱态也。不衫不履，旁若无人，此狂态也。坐止自如，问答随意，此疏懒态也。饰其中机，不苟言笑，察言观色，趋吉避凶，则周旋态也。皆根其情，不由矫枉。弱而不媚，狂而不哗，疏懒而真诚，周旋而健举，皆能成器；反之，败类也。大概亦得二三矣。

前者恒态，又有时态。方有对谈，神忽他往；众方称言，此独冷笑。深险难近，不足与论情。言不必当，极口称是；未交此人，故意诋毁。卑庸可耻，不足与论事。漫无可否，临事迟回；不甚关情，亦为堕泪。妇人之仁，不足与谈心。三者不必定人终身。反此以求，可以交天下士。

译文

一个人的容貌是其骨骼状态的余韵，常常能够弥补骨骼的缺陷。情态是精神的余韵，常常能够弥补精神的不足。久久注目，要着重看人的精神；乍一放眼，则要首先看人的情态。凡属大家，如高官显宦、硕儒高僧的举止动作，即使是羞涩之态，也不失为一种佳相；而凡属小儿举动，如市井小民的哭哭笑笑，又跳又叫，越是矫揉造作，越是显得幼稚粗俗。看人的情态，对于大处当然要分辨清浊，而对细处则不但要分辨清浊，而且还要分辨主次方可做出取舍。

常见的情态有以下四种：委婉柔弱的弱态，狂放不羁的狂态，怠慢懒散的疏懒态，圆滑周到的周旋态。小鸟依人，情致婉转，娇柔亲切，这就是弱态；衣着不整，不修边幅，恃才傲物，目空一切，旁若无人，这就是狂态；想做什么就做什么，想怎么说就怎么说，不分场合，不论忌宜，这就是疏懒态；把心机深深地掩藏起来，处处察颜观色，事事趋吉避凶，与人接触圆滑周到，这就是周旋态。这些情态，都来自于内心的真情实性，不由人任意虚饰造作。委婉柔弱而不曲意谄媚，狂放不羁而不喧哗取闹，闲居怠懒却坦诚纯真，圆润周到却强干豪雄，日后都能成为有用之材；反之，日后则会沦为无用的废物。情态变化不定，难于准确把握，不过只要看到其大致情形，日后谁会成为有用之材，谁会沦为无用的废物，也能看出个二三成。

前面所说的，是在人们生活中经常出现的情态，称之为“恒态”。除此之外，还有几种情态，是不经常出现的，称之为“时态”。如正在跟人进行交谈时，他却忽然把目光和思路转向其他地方去了，足见这种人毫无诚意；在众人言笑正欢的时候，他却在一旁漠然冷笑，足见这种人冷峻寡情。这类人城府深沉，居心险恶，不能跟他们建立友情。别人发表的意见未必完全妥当，他却在一旁连声附和，足见此人胸无定见；还没有跟这个人打交道，他却在背后对人家进行恶意诽谤和诬蔑，足见此人信口开河，不负责任。这类人庸俗下流，卑鄙可耻，不能跟他们合作共事。无论遇到什么事情都不置可否，而一旦事到临头就迟疑不决，犹豫不前，足见此人优柔寡断；遇到一件根本不值得大动感情的事情，他却伤心落泪，大动感情，足见此人缺乏理智。这类人的仁慈纯属“妇人之仁”，不能跟他们推诚交心。然而以上三种情态却不一定能够决定一个人终身的命运。如果结交与上述三类性格相反的人，则天下的英雄俊才皆可得到了。

阅典笔记

情态和本质之间虽有一些关系，但在识人时仍不可大意。因为现实中存在很多表里不一的人。他们善于伪装，对外展现出自己某些合乎人意的情态，而内在的本性却用各种障眼法掩盖住了，阴阳怪气，让人难以捉摸。

触类旁通

性格与仪容

刘劭《人物志》中对人的性格与仪容的关系这样论述：

心性忠诚正直的人，会表现出刚正不屈的仪态；

心性善良的人，会表现出进取严谨的仪态；

心性有条不紊的人，必定表现出泰然自若的仪态；

正直、休决、平理都是内在的心理状态，能表现出进猛、安详的外在仪态；

心质诚仁的人，必定会展现出温柔随和的仪态；

心质诚勇的人，必定会展示出严肃庄重的仪态；

心质诚智的人，必定会展示出睿智理性的仪态。

但是，刘劭在《人物志》中又指出，人的情态与他的本质之间又经常不一致。为此，他提出了一个“七似”的概念，谨防人们在识人时上当。

一似：有人口齿伶俐，滔滔不绝，很能制造气氛，哗众取宠，表面看来似乎能言善辩，但实际并无知识，乃一草包。目前社会上有很多这一类的演说家，似乎是时代的引领者，其实只能人云亦云。

二似：有些才华，但明明缺少学习研究，讲起政治、外交、法律、军事等各种问题却滔滔不绝，似乎是个很博学的人，其实才疏学浅。

三似：有人水平低，根本听不懂对方的言论，却故意用点头等动作迎合对方，装出听懂的样子。在有权有势的人身旁常有这一类拍马屁的人，似乎理解别人，其实根本一无所知。

四似：有人学问太差，遇到问题不敢表明自己的态度，于是等别人全部发表完观点之后，再跟随赞同附和，用他人的某些言论胡讲一通。这是似能判断其实只能鹦鹉学舌的人。

五似：有人无能力回答问题，遇到别人质问之时，故意假装精妙高深，避而不答，其实只是一窍不通。这是貌似高明其实无知的人。

六似：有人一听别人的言论就感到非常佩服，其实似懂非懂，就是不懂。这是似乎善于判断其实不知所谓者。

七似：有一种人物，道理上已到山穷水尽的地步，但仍然牵强附会，不肯服输，一味地强词夺理。这是似乎有理其实蛮不讲理的人。

第五 须眉

原典

“须眉男子”，未有须眉不具可称男子者。“少年两道眉，临老一副须。”此言眉主早成，须主晚运也。然而紫面无须自贵，暴腮缺须亦荣：郭令公半部不全，霍骠骁一副寡脸。此等间逢，毕竟有须眉者，十之九也。

眉尚彩。彩者，杪处反光也。贵人有三层彩，有一二层者。所谓“文明气象”，宜疏爽不宜凝滞。一望有乘风翔舞之势，上也；如泼墨者，最下。倒竖者，上也；下垂者，最下。长有起伏，短有神气；浓忌浮光，淡忌枯索。如剑者掌兵权，如帚者赴法场。个中亦有征范，不可不辨。但如压眼不利，散乱多忧，细而带媚，粗而无文，是最下乘。

须有多寡，取其与眉相称。多者，宜清，宜疏，宜缩，宜参差不齐；少者，宜光，宜健，宜圆，宜有情照顾。卷如螺纹，聪明豁达；长如解索，风流荣显；劲如张戟，位高权重；亮若银条，早登廊庙。皆宦途大器。紫须剑眉，声音洪壮；蓬然虬乱，尝见耳后，配以神骨清奇，不千里封侯，亦十年拜相。他如“辅须先长终不利”、“人中不见一世穷”、“鼻毛接须多滞晦”、“短髭遮口饿终身”，此其显而可见者耳。

译文

人们常说“须眉男子”，因为还没有见过既无胡须又无眉毛而称为是男子的人。人们还常说：“少年两道眉，临老一副须。”这两句话则是说，一个人少年时的命运如何，是要看眉毛的；而晚年运气怎么样，则以看胡须为主。

但是也有例外，脸面呈紫气，即使没有胡须，地位也会高贵；两腮突露者，就算胡须稀少，也能够声名显达：郭子仪虽然胡须稀疏，却位极人臣，富甲天下；霍去病虽然没有胡须，只是一副寡脸相，却功高盖世。但这种情况，不过只是偶然碰到，毕竟有胡须有眉毛的人，占百分之九十以上。

◎ **郭子仪（697—781）**

中唐名将，华州郑县（今陕西华县）人。安史之乱爆发后，任朔方节度使，率军收复洛阳、长安两京，功居平乱之首，晋为中书令，封汾阳郡王。代宗时，又平定仆固怀恩叛乱，并说服可汗，共破吐蕃，朝廷赖以为安。他“权倾天下而朝不忌，功盖一代而主不疑”，享有崇高的威望和声誉。死后配飨代宗庙廷。

眉崇尚光彩。而所谓的光彩，就是眉毛梢部闪现出的亮光。富贵人的眉毛根处、中处、梢处共有三层光彩，当然有的只有两层，有的只有一层。通常所说的“文明之象”指的就是眉毛要疏密有致，清秀润朗，不要厚重呆板，又浓又密。远远望去，像两只凤在乘风翱翔，如一对龙在乘风飞舞，这就是上佳的眉相；如果像一团散浸的墨汁，则是最下等的眉相。双眉倒竖，呈倒八字形，是好的眉相；双眉下垂，呈八字形，是下等的眉相。眉毛如果比较长，就得要有起伏；如果比较短，就应该昂然有神。眉毛如果浓，不应该有虚浮的光；眉毛如果淡，切忌形状像一条干枯的绳子。双眉如果像两把锋利的宝剑，必将成为统领三军的将帅；而双眉如果像两把破旧的扫帚，则会有杀身之祸。另外，这里面还有各种其他的迹象和征兆，不可不认真地辨识。但是，如果眉毛过长并压迫着双眼，使目光显得迟滞不利，眉毛散乱无序，使目光显得忧劳无神，眉形过于纤细并带有媚态，眉形过于粗阔，使其没有文秀之气，这些都是属于最下等的眉相。

胡须，有的人多，有的人少，无论是多还是少，都要与眉毛相和谐，相匹配。胡须多的应该清秀流畅，疏爽明朗，不直不硬，并且长短分明有致。胡须少的，就要润泽光亮，刚健挺直，气韵十足，并与其他部位相互照应。胡须如果像螺蛳一样的弯曲，这人一定聪明，目光高远，豁然大度。胡须

细长的，像磨损的绳子一样到处是细弯小曲，这种人生性风流倜傥，却没有淫乱之心，将来一定能名高位显。胡须刚劲有力，如一把张开的利戟，这种人将来一定当大官，掌重权。胡须清新明朗，像闪闪发光的银条，这种人年纪轻轻就为朝中大臣。以上这些都是仕途官场上的大材大器的人物。如果一个人眉毛如利剑，声音洪亮粗壮，而胡须像小龙须那样蓬松散乱，而且有的长到耳朵后边去，这样的胡须再有清爽的精神和英俊的骨骼，即使封不了千里之侯，也能当十年的宰相。其他的胡须，如“辅须先长出来，终究没有好处”、“人中没有胡须，一辈子受苦受穷”、“鼻毛连接胡须，命运不顺利，前景黯然”、“短髭长长了遮住嘴，一辈子忍饥挨饿”等等，这些胡须的凶象，是显而易见的。

阅典笔记

眉毛在面相学中占据很重要的位置。很多赞词都与眉毛有关。我们熟知的白眉大侠是侠肝义胆的象征，而他最为突出的就是他的白眉。

触类旁通

眉与运数

古人认为：眉毛主文才，主寿命。要知道一个人的寿命和才华，要从眉毛上看。

眉毛在相术中有很重要的地位，在这上面有兄弟官、父母官。眉毛当然有许多意义，但在相术中从眉毛的颜色、形状、浓密、位置，可以看出一个人是不是聪明，有无才艺，性情如何，是勇敢还是胆怯。此外，眉毛也反映一个人钱财和寿命方面的信息。

大凡眉毛秀长、疏阔的人，一般比较聪明；如果眉毛长，长得超过眼睛，那此人更是大富大贵。从眉毛看性格，也有几个秘诀：眉毛高仰，性情刚烈；眉毛下垂，生性懦弱；眉头相交，命运多坎坷；眉毛中有黑痣，更是聪明过人；眉毛长得高，如同月亮一样，高挂额头，此人贵不可言。

声音

第六

原典

人之声音，犹天地之气，轻清上浮，重浊下坠。始于丹田，发于喉，转于舌，辨于齿，出于唇，实与五音相配。取其自成一家，不必一一合调。闻声相思，其人斯在，宁必一见决英雄哉！

声与音不同。声主“张”，寻发处见；音主“敛”，寻歇处见。辨声之法，必辨喜怒哀乐。喜如折竹，怒如阴雷起地，哀如石击薄冰，乐如雪舞风前，大概以“轻清”为上。声雄者，如钟则贵，如锣则贱；声雌者，如雉鸣则贵，如蛙鸣则贱。远听声雄，近听悠扬，起若乘风，止如拍琴，上上。“大言不张唇，细言不露齿”，上也。出而不返，荒郊牛鸣；急而不达，深夜鼠嚼；或字句相联，喋喋利口；或齿喉隔断，喈喈混谈。市井之夫，何足比较？

音者，声之余也，与声相去不远，此则从细曲中见耳。贫贱者有声无音，尖巧者有音无声，所谓“禽无声，兽无音”是也。凡人说话，是声散在前后左右者是也。开谈多含情，话终有余响，不唯雅人，兼称国士；口阔无溢出，舌尖无窕音，不唯实厚，兼获名高。

译文

人的声音，跟天地之间的阴阳五行之气一样，也有清浊之分，清者轻而上扬，浊者重而下坠。声音起始于丹田，在喉头发出声响，至舌头那里发生转化，在牙齿那里发生清浊之变，最后经由嘴唇发出去，这一切都与宫、商、角、徵、羽五音密切配合。看相识人的时候，听人的声音，要去辨识其独具一格之处，不一定完全与五音相符合。但是只要听到声音就要想到这个人，

这样就会闻其声而知其人，所以不一定见到其人的庐山真面目才能看出他究竟是个英才还是庸才。

声和音看上去密不可分，其实是有区别的。声产生于发音器官的启动之时，可以在发音器官启动的时候听到它；音产生于发音器官的闭合之时，可以在发音器官闭合的时候感觉到它。辨识声的优劣高下的方法很多，但是一定要着重从人的喜怒哀乐中去细加鉴别。欣喜之声，宛如翠竹折断声，其情致清脆而悦耳；愤怒之声，宛如平地一声雷，其情致豪壮而强烈；悲哀之声，宛如石击薄冰，其情致破碎而凄切；欢乐之声，宛如雪花于疾风刮来之前在空中飞舞之声，其情致宁静轻婉。它们都由于一个共同的特点——轻扬而清朗，被列为上佳之声。如果是刚健激越的阳刚之声，那么像钟声一样宏亮沉雄就高贵，像锣声一样轻薄浮泛就卑贱。如果是温润文秀的阴柔之声，那么像鸡鸣一样清朗悠扬就高贵，像蛙鸣一样喧嚣空洞就卑贱。远远听去，刚健激越，充满了阳刚之气；近处听来，温润悠扬，充满了阴柔之质。起的时候如乘风悄动，悦耳愉心；止的时候如琴师拍琴，雍容自如。这乃是声中之最佳者。俗话说，“高声畅言却不大张其口，低声细语牙齿却含而不露”，这乃是声中之较佳者。发出之后，散漫虚浮，缺乏余韵，像荒郊旷野中的孤牛之鸣；急急切切，咯咯吱吱，断续无节，像夜深人静的时候老鼠在偷吃东西；说话的时候，一句紧接一句，语无伦次，没完没了，而且嘴快气促；说话的时候，口齿不清，吞吞吐吐，含含糊糊。这几种说话声，都属于市井之人的粗鄙俗陋之声，有什么值得跟以上各种声相比的地方呢？

音，是声的余波或余韵。音跟声相去并不远，但它们之间的差异从细微的地方还是可以听出来的。贫穷卑贱的人说话只有声而无音，显得粗野不文；圆滑尖巧的人说话则只有音而无声，显得虚饰做作。俗话所谓的“鸟鸣无声，兽叫无音”，说的就是这种情形。普通人说话，只不过是一种声响散布在空中而已，并无音可言。如果说话的时候，一开口就情动于声，而声中饱含着情，到话说完了尚余音袅袅，不绝于耳，则不仅可以说是温文尔雅的人，而且可以称得上是社会名流。如果说话的时候，即使口阔嘴大，却声未发而气先出，即使口齿伶俐，也不显造作轻佻，这不仅表明其人自身内在素养深厚，而且预示其人还会获得盛名隆誉。

阅典笔记

细细听一个人的声音，可以看出他此时的心情，甚至可以推知他的性情。最为明显的是，一个人紧张、撒谎、绝望时，声音和平时不一样，或颤抖，或结巴，或高声。总之，闻声可识人。声音与心灵相呼应。

触类旁通

声音与性格

关于声音与人的性格的关系，《礼记·乐记》云：“凡音之起，由人心生也。人心之动，物使之然也。感于物而动，故形于声。声相应，故生变。”对于一种事物有感于心，必然表现在声音上。人外在的声音随着内心世界的变化而变化，所以说“人心之征，则声变是也”。

不但声音与气能够结合，也能和音乐相呼应。因为声音会随内心的变化而变化，所以，内心平静，声音也就心平气和。内心清顺畅达时，就会有清亮和畅的声音；内心渐趋兴盛之时，就有高亢偏激之声。

《逸周书·视听篇》也谈到这方面的问题：内心不诚实的人，说话声音断断续续，是心虚的表现；内心诚信的人，说话声音清脆而又节奏分明，是坦然的表现。内心卑鄙乖张的人，心怀鬼胎，因此声音阴阳怪气，非常刺耳；内心宽宏柔和的人，说话声音温柔和缓，如细水长流，不紧不慢。

第七 气色

原典

面部如命，气色如运。大命固宜整齐，小运亦当亨泰。是故光焰不发，珠玉与瓦砾同观；藻绘未扬，明光与布葛齐价。大者主一生祸福，小者亦三月吉凶。

人以气为主，于内为精神，于外为气色。有终身之气色，“少淡、长明、壮艳、老素”是也。有一年之气色，“春青、夏红、秋黄、冬白”是也。有一月之气色，“朔后森发，望后隐跃”是也。有一日之气色，“早青、昼满、晚停、暮静”是也。

科名中人，以黄为主，此正色也。黄云盖顶，必掇大魁；黄翅入鬓，进身不远；印堂黄色，富贵逼人；明堂素净，明年及第。他如眼角霞鲜，决利小考；印堂垂紫，动获小利；红晕中分，定产佳儿；两颧红润，骨肉发迹。由此推之，足见一斑矣。

色忌青，忌白。青常见于眼底，白常见于眉端。然亦不同：心事忧劳，青如凝墨；祸生不测，青如浮烟；酒色惫倦，白如卧羊；灾晦催人，白如傅粉。又有青而带紫，金形遇之而飞扬，白而有光，土庚相当亦富贵，又不在此论也。最不佳者：“太白夹日月，乌鸟集天庭，桃花散面颊，頳尾守地阁。”有一于此，前程退落，祸患再三矣。

译文

如果说面部象征并体现着人的大命，那么气色则象征并体现着人的小运。大命是由先天生成的，但仍应该与后天遭遇保持一致；小运也应该一直保持顺利。所以，如果光辉不能焕发出来，即使是珍珠和宝玉，也和碎砖烂瓦没有什么两样；如果色彩不能呈现出来，即使是绫罗和锦绣，也和粗布糙葛没有什么二致。大命能够决定一个人一生的祸福，小运则能够决定一个人短期内的吉凶。

气是一个人自身生存和发展的主要之神，在人体内部表现为人的精神，在人体表面表现为人的气色。气色有多种形态：有贯穿人一生的气色，俗话说："少年时期气色为淡，所谓的淡，就是气质清朗，个性尚不分明；青年时期气色为明，所谓的明，就是气色富有生机，个性已具；壮年时期气色为艳，所谓的艳，就是气质已定型，个性很分明，很难有什么改变了；老年时期气色为素，所谓的素，就是精气神转向恬淡。"有贯穿一年的气色，俗话说："春季气色为青色——木色，春色；夏季气色为红色——火色，夏色；秋季气色为黄色——土色，秋色；冬季气色为白色——金色，冬色。"有贯穿一月的气色，俗话说："每月初一日之后如枝叶盛发，十五日之后则若隐若现。"有贯穿一天的气色，俗话说："早晨开始复苏，白天充盈饱满，傍晚渐趋隐伏，夜间安宁平静。"

对于追求科名的士人来说，面部气色应该以黄色为主，因为黄色是正色、吉色。如果有一道黄色的彩云覆盖在头顶，那么可以肯定，这位士子必然会在科考殿试中高中状元；如果两颧部位各有一片黄色向外扩展，如两只翅膀直插双鬓，那么可以肯定，这位士子离登科升官或封爵受禄已经为期不远；如果命宫印堂呈黄色，那么可以肯定，这位士子很快就会获得既能够致富又能够做官的机会；如果明堂部位即鼻子白润而净洁，那么可以肯定，这位士子必能科考入第。其他面部气色，如眼角即鱼尾部位红紫二色充盈，其状似绚丽的云霞，那么可以肯定，这位童子参加小考，必然能够顺利考中；命宫印堂有一片紫色发动，向上注入山根之间，那么可以肯定，此人经常会获得一些钱财之利；如果两眼下方各有一片红晕，而且被鼻梁居中分隔开来而互不连接，那么可以肯定，此人定会喜得一个宝贝儿子；如果两颧部位红润光泽，那么可以肯定，此人的亲人如父子、叔侄、兄弟等等，必然能够立功显名并发家致富。由此推而广之，足可以窥见面部气色与人的命运的关系。

面部气色忌讳青色，也忌讳白色。青色一般出现在眼睛的下方，白色则经常出现在两眉的眉梢。它们的具体情形又有差别：如果是由于心事忧烦困苦而面呈青色，那么这种青色多半既浓且厚，状如凝墨；如果是由于遇到飞来的横祸而面呈青色，那么这种青色一定轻重不均，状如浮烟；如果是由于嗜酒好色导致疲惫倦怠而面呈白色，那么这种白色一定势如卧羊，不久即会消散；如果是由于遭遇了大灾大难而面呈白色，那么这种白色一定惨如枯骨，充满死气。还有青中带紫之色，如果是金形人遇到这种气色，一定能够飞黄腾达，如果是白润光泽之色，土形兼金形人面呈这种气色，也会获得富贵，这些都是特例，不在以上所论之列。而最为不佳的，则是以下四种气色："白色围绕眼圈，此相主丧乱；黑气聚集额头，此相主参革；赤斑布满两颊，此相主刑狱；浅赤凝结地阁，此相主凶亡。"以上四相，即便仅具其一，也会前程倒退败落，并且接连遭灾遇祸。

阅典笔记

一个人的气韵，与其成败有着莫大的关系。虽然这种气是一种抽象不可见的东西，但是这种类似于精神、气质和魅力的东西，如果善加经营，好好利用，绝对可以帮助一个人在人际交往和事业、感情上取得不错的成绩。

触类旁通

李国用观气

观气术也是古代相书的重要内容。在中国古代典籍中，关于观气术的记述可谓不胜枚举。有一本名叫《辍耕录》的古书中说了这么一件事：元朝初年，有一个名叫李国用的人，从北方来到杭州。当时人传其为神人，能望气相人。据说他望气的水平很高，大至一个城市、一片森林，小至一个人，他都能见到上面发出的各种颜色的气。这些气有的黄灿灿的，有的红红的，有的七彩交加，非常好看。据说，这种气一般的凡人是看不到的，只有经过特殊训练的人——观气士——才能看到，并且从其中分辨出吉凶祸福来。

◎ **赵孟頫（1254—1322）**
字子昂，号松雪道人，又号水精宫道人、鸥波，吴兴（今浙江湖州）人。元朝著名画家，楷书四大家之一。博学多才，能诗善文，懂经济，工书法，精绘艺，擅金石，通律吕，解鉴赏。特别是书法和绘画成就最高，开创元朝新画风，被称为"元人冠冕"。他也善篆、隶、真、行、草书，尤以楷、行书著称于世。

李国用来到杭州之后，正值北方的元朝和南方的南宋王朝在交战，双方打得不可开交。北方的蒙古可汗忽必烈正雄心勃勃，打算荡平杭州，统一中国。迫于这种形势，南宋的皇子皇孙都像热锅上的蚂蚁一样，惶恐不安。李国用一到杭州，便望见此城笼罩在一片黑气中，心下知道这个城市不久会有血光之灾，早晚要被破城易主。达官贵人见命不保夕，纷纷前去拜访李国用。李国用眼观众官，见一位下级官吏在外，便迎了上去。此人脸面生满风疮，一副倒霉的样子，他就是赵孟頫，后来成为忽必烈手下极其有名的大臣，官至翰林学士承旨，名声显赫，书法更是声名远播。

挺经

挺住

打脱牙，和血吞

原典

一家子，有老翁请了贵客，要留他在家午餐。早间就吩咐儿子前往市上备办肴蔬果品，日已过巳，尚未还家。老翁心慌意急，亲至窗口看望，见离家不远，儿子挑着菜担，在水塍上与一挑京货担子的人对峙，彼此皆不肯让，就钉住不得过。老翁赶上前，婉语曰："老哥，我家中有客，待此具餐。请你往水田里稍避一步，待他过来，你老哥也可过去，岂不是两便么？"其人曰："你叫我下水，怎么他下不得呢？"老翁曰："他身子矮小，水田里恐怕担子浸着湿，坏了食物；你老哥身子高长些，可以不至于沾水。因为这个理由，所以请你避让的。"其人曰："你这担内，不过是蔬菜果品，就是浸湿，也还可将就用的。我担中都是京广贵货，万一着水，便是一文不值。这担子身份不同，安能叫我让避？"老翁见抵说不过，乃挺身就近曰："来，来！然则如此办理，待我老头儿下了水田，你老将货担交与我，我顶在头上，请你空身从我儿旁岔过，再将担子奉还，何如？"当即俯身解袜脱履。其人见老翁如此，作意不过，曰："既老丈如此费事，我就下了水田，让尔担过去。"当即下田避让。他只挺了一挺，一场争竞就此消解。这便是"挺经"中开宗明义的第一事。

译文

有一家人，老翁在家中请来了一位贵客，由于要请他吃午饭，一大早，老翁就吩咐自己的儿子前去集市上准备蔬菜果品。但是，时间已经过巳时了，他的儿子却仍未回来。老翁心里很着急，就亲自到窗口去察看究竟。

看到在离家不远的地方，他的儿子挑着菜担，在田间的一条土埂子上与一个挑京货担子的人面对面站着，彼此都不肯相让，在那儿都站着不动。老翁赶上前去，好言相劝道："老哥，我家中有客人，正等着这些东西做餐，请你往水田里让一让，让他过来，你老哥也就可以过去了，这岂不是对两个人都方便吗？"那个人说："你让我下水，他怎么不下呢？"老翁说："他个子矮，下到水田里，担子里的东西就会被水浸坏了；你老哥个子比他高，下到水田里不至于碰到水。正因为这个原因，所以请你让一下。"那个人说："你的担子里不过是些蔬菜果品，即使浸湿了，将就着还可以吃；我的担子里挑着的可都是京广贵货，万一沾了水，就一钱不值了。我的担子比你的贵重，怎么能让我让道呢？"老翁见无法说服他，便挺身过去说："来，来！那么这么办吧，让我老头儿下到水田里，你把货担子交给我，我把它顶在头上，让你空着身子从我儿子身旁过去，我再把货担子交给你，怎么样？"说完立即脱下鞋袜。那个人见老翁这么做，心里过意不去，说："既然老丈这么费事，我就下到水田里，让你把担子挑过去。"说完立即下到水田里让路。他就只这么挺了一挺，就化解了一场争执。这就是"挺经"的第一条。

阅典笔记

关于"挺经"，理解起来委实不易，因为很难说清曾国藩的本意所在。若说"挑京货担子的"不好，那么他最终不是让了吗？那么意在树立老翁吗？似乎也没什么可以值得称道的。那么，曾国藩的用意究竟是什么呢？我们看来当有这么两种理解。

一种是长篇小说《曾国藩》中的理解：

每天早晚两次正餐，曾国藩常和幕僚们一起吃饭。席上，国事、兵事谈得很少，大多谈学问文章、野史轶事，甚至街谈巷议。这一天早上，两江总督衙门餐厅里，曾国藩又和幕僚们一起有说有笑地吃早饭。

"十年前，恩师只是一个以文名满天下的侍郎；这十年间，恩师创建湘军，迭复名城。门生不知，天下士人亦不知，恩师何以能建如此赫赫武功？"问话的是浙江德清才子俞樾。道光二十七年，俞樾参加会试复试，曾国藩是阅卷大臣。诗题为《淡烟疏雨落花天》，俞樾的试帖，首句为"花落春仍在"。曾国藩读后激赏之，称赞道："咏落花而无衰飒意，与'将飞更作回风舞，已落犹成半面妆'相似，他日所至，未可限量。"遂将俞樾拔置第一。俞樾

为报答曾国藩的知遇之恩，将自己所作的诗文集命名为《春在堂集》。曾国藩一到安庆，他便弃官前来投奔。

“是荫甫在问吧！我告诉你，我有一个秘诀，今天传授给你，你千万莫轻授别人。”曾国藩微笑着，放下筷子，大家都笑了起来。俞樾说：“请恩师传授，门生决不外泄。”

“外人都不知，我有一部奇书，是一位道行精深的仙师传给我的。凭着它，我才能带兵打仗，由文人行统帅事。”

幕僚们第一次听曾国藩讲仙师授奇书的事，都很惊讶，大家将信将疑，都聚精会神地听下文。

“这部奇书名叫《挺经》。”曾国藩端起小汤碗，慢慢地喝。

“《挺经》？”幕僚中有人小声地念着。

“《挺经》有十八条经文，我先给你们讲第一条。”曾国藩放下小汤碗，右手作五指梳，缓缓地梳理着胸前的长须，慢悠悠地说，“荷叶塘有个老头，一天，家里来了贵客。老头儿叫儿子到蒋市街买酒菜款待客人。儿子挑一担空箩筐出去了，一直到太阳偏西还不见回来。老头子急了，自己出门去找，在半路一丘水田田塍上遇到了儿子。谁知儿子担着一担东西站在那里，在他对面也站着一个挑担子的人。两人你望着我，我望着你，都不动。老头一见急坏了，板起面孔骂儿子：‘家里等你的酒菜，你却死了一样地站在这里不动，你到底要做什么？’儿子委屈地说：‘他不让我过去。’老头对那人说：‘兄弟，你下田放他过来吧！’那人怒道：‘你好偏心！你为什么不叫他下田，放我先过去呢？’老头说：‘兄弟，你人高，他人矮，再说你是杂货，他是吃的东西，你的货可以浸水，他的货不能浸水。’那人越发气了：‘他小我大，他应要让我，我不能让他。’老头也气了：‘罢，罢！只有我下田了。’老头脱去鞋袜，那个人见老翁这么做，心里过意不去，说：‘既然老丈这么费事，我就下到水田里，让你把担子挑过去。’说完下到水田里让路，让老翁和儿子挑着担子回来。”

曾国藩微笑着闭住嘴，大家听后似懂非懂。俞樾说：“恩师，你老刚才讲的只是《挺经》中的一条，还有十七条呢？”

“今天只讲这一条，以后再慢慢地讲给你们听。”曾国藩坐着，不再说话了。

由此可见，第一种理解的重点在挑京货担子的那个人，因为他这一挺，弄得父子俩只好让他。

还有一种是李鸿章的僚属吴永的理解，他说：“予当时听之，意用何在，亦不甚明白。仔细推敲，还是曾公说得好：大抵谓天下事在局外呐喊议论，总是无益，必须躬自入局，挺膺负责，乃有成事之可冀。”从吴永的观点看，他认为曾国藩的着意点在老翁，所谓必须“躬自入局”。

那么曾国藩要强调的究竟是谁的“挺”呢？因为原典中曾国藩的“挺经”第一条着笔较多的是老翁和挑京货担子者，所以人们往往容易把注意力集中到他们两人身上，尤其是文中的“挺了一挺”一句，更容易让人把注意力集中到挑京货担子的人身上。其实，我们只要客观地问上一句：这三个人谁是赢家？难题就会迎刃而解了，老翁脱了鞋袜，要下水田去接担子，当然是输家；担京货担子的人过意不去，当然也是输家；唯一获胜的是老翁的儿子，他只在那儿一动不动，最后别人还是给他让了道。

而且，有意思的是，这老翁的儿子也只能一挺到底：因为他个子矮，无法下到水田里，否则就会污了食品。所以我认为，这老翁的儿子的“挺”才是曾国藩真正的用意所在。

慎独第一

原典

细思古人工夫，其效之尤著者，约有四端：曰慎独则心泰，曰主敬则身强，曰求仁则人悦，曰思诚则神钦。慎独者，遏欲不忽隐微，循理不间须臾，内省不疚，故心泰。主敬者，外而整齐严肃，内而专静统一，斋庄不懈，故身强。求仁者，体则存心养性，用则民胞物与，大公无私，故人悦。思诚者，心则忠贞不贰，言则笃实不欺，至诚相感，故神钦。四者之功夫果至，则四者之效验自臻。余老矣，亦尚思少致吾功，以求万一之效耳。

尝谓独也者，君子与小人共焉者也。小人以其为独而生一念之妄，积妄生肆，而欺人之事成。君子懔其为独而生一念之诚，积诚为慎，而自慊之功密。其间离合几微之端，可得而论矣。

盖《大学》自格致以后，前言往行，既资其扩充；日用细故，亦深其阅历。心之际乎事者，已能剖析乎公私；心之丽乎理者，又足精研其得失。则夫善之当为，不善之宜去，早画然其灼见矣。而彼小人者，乃不能实有所见，而行其所知。于是一善当前，幸人之莫我察也，则趋焉而不决。一不善当前，幸人之莫或伺也，则去之而不力。幽独之中，情伪斯出，所谓欺也。惟夫君子者，惧一善之不力，则冥冥者有堕行；一不善之不去，则涓涓者无已时。屋漏而懔如帝天，方寸而坚如金石。独知之地，慎之又慎。此圣经之要领，而后贤所切究者也。

自世儒以格致为外求，而专力于知善知恶，则慎独之旨晦。自世儒以独体为内照，而反昧乎即事即理，则慎独之旨愈晦。要之，明宜

先乎诚，非格致则慎亦失当；心必丽于实，非事物则独将失守。此入德之方，不可不辨者也。

译文

仔细思考才发现古人常在成效特别明显的四个方面下功夫，这四方面分别是：谨慎独处，则心胸安泰；端肃恭敬，则身体强健；追求仁义，则人们悦服；专守诚意，则神灵钦敬。慎独，就是说遏止私欲，连非常微小的方面也不放过，循理而行，时时刻刻都如此，内省而无愧，所以心里坦然。主敬，就是说外表整齐严肃，内心思虑静定专一，时时端恭庄严，所以身体强健。求仁，就是说从本体上讲能保养心性，从运用上来说有爱民惜物之胸怀，大公无私，所以人们悦服。思诚，就是说内心忠贞坚定，言语笃实无欺，以至诚与万物感应，所以神也钦服。如果真能达到上述四方面的修身功夫，这四种效验就自然而至。我现在老了，还想稍微努点力，希望可以取得一丁点儿成果。

◎ **曾子（前 505—前 435）**
名参，字子舆，春秋末年鲁国人，夏禹之后，鄫国太子巫第五代孙。孔子的正式继承人，上承孔子之道，下启思孟学派，对孔子的儒学学派思想既有继承又有发展。著有《大学》《孝经》等，被后世尊称为“宗圣”。

我曾经说“独”这个东西，是君子与小人共同拥有的。当小人在他单独一人之时往往会产生一些错误的念头，错误之念多了就会泛滥，而欺负别人的坏事就会产生。君子在他单独一人之时会产生一些诚的念头，诚实积聚多了就会谨慎，而自己管束的功夫就下得多了。君子、小人在单独处事上的微妙差异，是可以加以评论的了。

《大学》自“格物致知”以后，以前的言论和过去的行为，可以作为扩大其知识的资料；日常生活中的一些琐碎问题，也可以加深他的见识。他的心在遇到事情的时候，已经能剖析公私间的区别；在联系道理的时候，又可以充分精辟地研究事理的得失。那么，对于善事应当去做，不善之事不应去做，早已明晰地认识到了。而那些小人，却不能有实实在在的见识，而去实行他所知道的事。因此当眼前有一件好事需要办时，唯恐别人不能知道，因而去做时迟疑不决；面临一件不好的事情时，心存侥幸，以为别人不一定能知道，因而拒绝得很不力。背地里独处之时，弄虚作假的念头就产生了，这就是欺骗。而君子，唯恐去办一件善事办得不力，在暗中有堕落的行为；一个坏毛病改正不了，就会像涓涓细流一样长年不断地犯错下去。处暗室之中而仿佛面对天日，心里坚如金石。在只有自己知道的地方慎之又慎。这就是圣人经典中的准则，而为后世贤人所切实探究。

自古以来，世间的学者都认为格物致知是外求，所以他们致力于省察内心善恶，这就是慎独所隐含的要义。世俗之儒认为独自体察是内心自我观照，这会导致对眼前的事理认识不清，从而使慎独的宗旨更加隐而不显。总起来说，"明"应该在"诚"之先，不通过格物致知而得明，那么这个"慎"也就不会做得恰当；一味地用心于眼前的事物，当没有事物时，"独"也会无法把握。这是修德的方法，不能不搞清楚。

阅典笔记

凡是一个严以律己的人，没有不待人忠仁宽厚的。人与人之间的冲突都只是因为利害关系罢了。慎独的人，一定不是计较名、权、利的人。这样的人，是不会对他人有什么苛求的。

砺志第二

原典

凡人才高下，视其志趣。卑者安流俗庸陋之规，而日趋污下；高者慕往哲隆盛之轨，而日即高明。贤否智愚，所由区矣。

君子之立志也，有民胞物与之量，有内圣外王之业，而后不忝于父母之生，不愧为天地之完人。故其为忧也，以不如舜、不如周公为忧也，以德不修、学不讲为忧也。是故顽民梗化则忧之，蛮夷猾夏则忧之，小人在位贤才否闭则忧之，匹夫匹妇不被己泽则忧之。所谓悲天命而悯人穷，此君子之所忧也。若夫一身之屈伸，一家之饥饱，世俗之荣辱得失、贵贱毁誉，君子固不暇忧及此也。

明德、亲民、止至善，皆我分内事也。若读书不能体贴到身上去，谓此三项与我身了不相涉，则读书何用？虽使能文能诗，博雅自诩，亦只算得识字之牧猪奴耳！岂得谓之明理有用之人也乎？朝廷以制艺取士，亦谓其能代圣贤立言，必能明圣贤之理，行圣贤之行，可以居官莅民、整躬率物也。若以明德、新民为分外事，则虽能文能诗，而于修己治人之道实茫然不讲，朝廷用此等人作官，与用牧猪奴作官何以异哉？

累月奔驰酬应，犹能不失常课，当可日进无已。人生惟有常是第一美德。余早年于作字一道，亦尝苦息力索，终无所成。近日朝朝摹写，久不间断，遂觉月异而岁不同。可见年无分老少，事无分难易，但行之有恒，自如种树畜养，日见其大而不觉耳。进之以猛，持之以恒，不过一二年，精进而不觉。言语迟钝，举止端重，则德进矣。作文有峥嵘雄快之气，则业进矣。

译文

鉴别人才的高下，可以观察他的志向和兴趣。低劣之人安于现状，受世俗陋规的束缚，沉湎于平庸浅陋的世俗之欲，越来越肮脏，越来越堕落；而卓越人才则希望可以追随古代圣贤，成就千秋德业，因此越来越卓尔不群。人才的优劣智愚，就从此区别开来了。

君子立志，应当有把人类和万物作为自己同胞的胸襟度量，应当有品德高尚、建功立业的雄心壮志。只有这样，才无愧于父母的生养之恩，不愧为天地间的完人。所以他忧虑的，就是自己不如舜帝，不如周公，以及自己不专修德行，不精通学业。于是，他便会忧虑小民的顽固不化，忧虑外敌侵扰国家，忧虑坏人当道而优秀人才被排斥埋没，忧虑自己未能给平民百姓以恩泽。这就是俗话说的悲天悯人，这是君子之忧。至于那一己的成败，一家的温饱，世俗之人理解的荣辱得失、贵贱毁誉等等，君子是顾不上为此忧虑的。

加强个人的道德修养，使自己始终保持向善之心，将这种向善之心推广开来，并且让自己达到道德修养的最高境界，这些都是我的分内事。如果读书不能学以致用，不能身体力行，做不到实现知行合一，那么，这三项标准都和我没有关系，我读书还有什么用呢？尽管能写文章，能作诗，卖弄自己的博学高雅，也只能算是一个认得字的放猪奴，怎么能算得上是深明大义的有用人才呢？朝廷依据考试中文章的优劣选用人才，认为这些人既然能够替圣贤立言，也必然懂得圣贤的道理，可以身居官位治理百姓，兢兢业业地处理事情了。如果认为深明德行、造福于民是分外的事，那么，即使能写文章、作诗词，却丝毫不懂得修身养性、治理国家的道理，朝廷用这样的人做官，与用放猪奴做官又有什么区别呢？

如果在成年累月的奔波和应酬中还能持之以恒地学习，自然每天都会有进步。持之以恒是人之立世的第一美德。我年轻的时候，也曾苦练书法之功，却没有什么成就。最近以来，天天摹写，从来没有间断，写字的功夫大有长进，可以说一个月下来，便发现了很大的不同，一年下来的长进就更不必说了。由此可见，无论年纪大小，也无论是容易做的事还是难做的事，都需要我们持之以恒。只是这像种树、养家禽一样，由于天天看着，感觉不到它们在成长罢了。努力前行，精进不休，不过一两年，就会有让你惊讶的长进。如果我们说话沉稳，举止端庄稳重，则说明我们的修养有了很大的进步。如果我们的文章才气纵横，豪爽痛快，那么就说明，我们的学业有了很大的进步。

阅典笔记

涓滴之水终可以磨损大石，不是由于它力量强大，而是由于昼夜不舍地滴坠。可见，不断坚持是成功的根本。一个人只要坚持不懈地努力，他就能达到目的。

做就好，不要好才做。因为，积土成山、滴水穿石需要的只是坚持，愚公移山所需要的，也是坚持。假如蚂蚁有足够的时间坚持，也能把勃朗峰夷为平地。人生不过三万天，在我们短短的一生中，实在没有多少时间可以荒废。但是，绝大多数人最擅长的是，一边抱怨工作难做，一边荒废时间。他们从来不反省自己，不去想如何进行更多的努力去改善结果。其实，我们最应该做的是：努力去做。只有不断地努力，你才能促成各种成功机缘的汇聚，你才会看见机会，并且知道怎么抓住机会才能成功。

家范第三

原典

家中兄弟子侄，惟当记祖父之八个字，曰：考、宝、早、扫、书、蔬、鱼、猪。又谨记祖父三不信，曰：不信地仙，不信医药，不信僧巫。余日记册中又有八本之说，曰：读书以训诂为本，作诗文以声调为本，事亲以得欢心为本，养生以戒恼怒为本，立身以不妄语为本，居家以不晏起为本，作官以不要钱为本，行军以不扰民为本。此八本者，皆余阅历而确有把握之论，弟亦当教诸子侄谨记之。无论世之治乱，家之贫富，但能守星冈公之八字与之八本，总不失为上等人家。

凡天下官宦之家，多只一代享用便尽，其子孙始而骄佚，继而流荡，终而沟壑，能庆延一二代者鲜矣。商贾之家，勤俭者能延三四代；耕读之家，谨朴者能延五六代；孝友之家，则可以绵延十代八代。我今赖祖宗之积累，少年早达，深恐其以一身享用殆尽，故教诸弟及儿辈，但愿其为耕读孝友之家，不愿其为仕宦起见。若不能看透此层道理，则虽巍科显宦，终算不得祖父之贤肖、我家之功臣。若能看透此道理，则我钦佩之至。澄弟每以我升官得差，便谓我肖子贤孙，殊不知此非贤肖也。如以此为贤肖，则李林甫、卢怀慎辈，何尝不位极人臣，舄奕一时，讵得谓之贤肖哉？予自问学浅识薄，谬膺高位，然所刻刻留心者，此时虽在宦海之中，却时作上岸之计。要令罢官家居之日，己身可以淡泊，妻子可服劳，可对祖父兄弟，可以对宗族乡党，如是而已。

译文

家里的哥哥、弟弟、儿子、女儿、侄儿、侄女们，一定要记住祖父的八字诀所言的八事，即敬奉祖先、善待亲邻、早起、扫屋、读书、种菜、养鱼、养猪。也要记住祖父告诫我们的三不信：不要信什么鬼神，不要相信医生和方药，也不要相信出家人和搞巫术的。我的日记里也谈过八项立身根本，即读书要以理解经典文章的奥义以及分析它的语法和修辞为本，写诗和文章要以注重声调的平仄为本，侍奉双亲要以让他们高兴为本，颐养生命要以戒除各种恼怒情绪为本，为人处世要以不说虚妄不实的话为本，赋闲在家要以不晚起为本，当官要以不贪图钱财为本，部署军队要以不惊扰百姓为本。这八本之说是我的亲自体历后的经验之谈，都是行之有效的，弟弟们也应该对儿女和侄儿女们教导这八本之说，让他们认真记住。无论是盛世还是乱世，也无论家境是富是贫，只要能遵守祖父星冈公的八字诀和我的八本之说，都算得上是为人敬佩的上等人家。

世上的官宦人家，大多数仅一代人就能家业消耗殆尽。开始的时候，他们的子孙骄奢淫逸，随后放荡形骸，最终导致家业陷落，无以为继，能把家业的昌盛维持一两代的人非常少。巨商富贾的家庭，如果保持勤俭，则能延续三四代；农耕读书的家族，如果谨慎朴实，能延续五六代；孝悌友爱的家族，则能延续十代八代。我现在依赖祖宗积德，少年之时就飞黄腾达了，非常害怕我一个就把福气用尽了，因此我才要教育各位弟弟和子女，希望我们家族成为耕田读书、孝悌友爱的家族，而不是成为仕宦家族。如果不能识透这层道理，即使在科举考试中名列前茅，取得显赫的官位，终究算不上先辈的贤德孝顺的后代，算不上是我家的功臣。如果能识透这层道理，我将异常钦佩。澄弟常常因为我升官，便说我是孝子贤孙，却不知道这并非贤德孝顺。如果以升官为贤德孝顺，李林甫、卢怀慎之流，则都仕途坦荡，一人之下万人之上，难道他们算得上孝子贤孙吗？我深知自己学浅才疏，却误得高位，所以时刻关注一个问题是现在我虽在仕途之中，却时刻做着弃官退隐的打算。希望到弃官回家的时候，自己可以淡泊名利，妻子儿女可以在家劳动，可以对得起祖父、兄弟，对得起家族乡党，仅此而已。

阅典笔记

毋庸置疑，曾国藩是最好的儿子，能使父母宽心；是最好的哥哥，教导和照顾弟妹，体贴入微；曾国藩更是仁慈的父亲，是儿女的好榜样。我们惊讶地看到，做为一个位极人臣、权倾朝野的人物，他对兄弟、子侄的教导竟然不是什么成功学、权谋术，而是地地道道的修身养性之道，不教他们闻达于诸侯，而是教他们保全性德于乱世，果然不愧为一代圣人。

第四 明强

原典

三达德之首曰智。智即明也。古豪杰，动称英雄。英即明也。明有二端：人见其近，吾见其远，曰高明；人见其粗，吾见其细，回精明。高明者，譬如室中所见有限，登楼则所见远矣，登山则所见更远矣。精明者，譬如至微之物，以显微镜照之，则加大一倍、十倍、百倍矣。又如粗糙之米，再春则粗糠全去，三春、四春，则精白绝伦矣。高明由于天分，精明由于学问。吾兄弟忝居大家，天分均不甚高明，专赖学问以求精明。好问若买显微之镜，好学若春上熟之米。总须心中极明，而后口中可断。武断自己之事，为害犹浅；武断他人之事，招怨实深。惟谦退而不肯轻断，最足养福。

担当大事，全在明强二字。《中庸》学、问、思、辨、行五者，其要归于愚必明，柔必强。凡事非气不举，非刚不济。即修身养家，亦须以明强为本。难禁风浪四字譬还，甚好甚慰。古来豪杰皆以此四字为大忌。吾家祖父教人，亦以懦弱无刚四字为大耻。故男儿自立，必须有倔强之气。惟数万人困于坚城之下，最易暗销锐气。弟能养数万人之刚气而久不销损，此是过人之处，更宜从此加功。

凡国之强，必须得贤臣工；家之强，必须多出贤子弟。此亦关乎天命，不尽由于人谋。至一身之强，则不外乎北宫黝、孟施舍、曾子三种。孟子之集义而慊，即曾子之自反而缩也。惟曾、孟与孔子告仲由之强，略为可久可常。此外斗智斗力之强，则有因强而大兴，亦有因强而大败。古来如李斯、曹操、董卓、杨素，其智力皆横绝一世，而其祸败亦迥异寻常。近世如陆、何、肃、陈亦皆予知自雄，而俱不保其终。故吾

辈在自修处求强则可，在胜人处求强则不可。福益外家，若专在胜人处求强，其能强到底与否尚未可知。即使终身强横安稳，亦君子所不屑道也。

译文

在智慧、仁义、勇气三条亘古不变的道德中，排在第一位的是智慧。智慧就是卓越而有见识的“明”。我们古人把豪杰称被英雄。英雄中的英字，意思就是“明”。“明”又有两种：一般人只看到近处的事物，我则能见到更深远的事物，就是高明；一般人只能看到表面现象，而我却能通过观察看得更细，这就是精明。所谓高明，好比我在屋子里，就能看到屋内周围，而登上高楼就能看到更远的景物，登上山顶看得就更远了。而精明，就如特别小的物品，用显微镜就会放大一倍、十倍、百倍，看得更清楚；又如捣米，两遍去糠，三四遍就是精米了。一个人高明是天生的，而精明就全赖后天的专研学问的程度。好问如同购买显微镜，可深知极细方面；好学如同捣米，可去粗得精。总之，必须心中了如指掌，而后才可说出自己的决断。武断自己的事，危害尚小，而武断他人的事，招来的怨恨就深远了。只有谦虚退让而且不轻易做出决断，才是保养福气的最好办法。

担当大事，都在掌握明、强两个字上。《中庸》中的学、问、思、辨、行五方面，最重要的就是要使愚昧变为聪明，使柔弱变为坚强。所有的事，没有志气和刚性都无法成功。即使是修身养家，也必须以明、强为根本。“难禁风浪”这四个字说得很好，大慰我心。自古以来，豪杰之士都以这四个字为大忌。我家祖父教导我们，也以“懦弱无刚”四字为大耻。所以男儿自立于世，一定要有刚强之气。好几万人被困于坚固的城池之下，最容易暗中销磨锐气。你能使数万人的刚强士气长时间不被销磨折损，这正是你的过人之处，更需要在这一点上下功夫。

◎ **子思（前 483—前 402）**
姓孔，名伋，字子思，孔子嫡孙。春秋战国时期著名的思想家，上承孔子中庸之学，下开孟子心性之论，并由此对宋代理学产生了重要的影响，后人尊他为“述圣”。

凡是国家要强盛，必须得到贤良的群臣相辅佐；家庭要强盛，必须多出贤良的子弟。这也是由于天命，不全靠人来谋划。至于一个人的刚强，则不外乎有北宫黝之勇、孟施舍之不动心、曾子之守信三种情形。孟子能聚义而慷慨，这和曾子的自我反省而能屈能伸一样。只有曾子、孟子与孔子告诉仲由的关于强的道理，才稍微可以久长。此外斗智斗力的强，有因为强而十分兴旺的，也有因为强而惨败的。古往今来如李斯、曹操、董卓、杨素，他们的智力都超乎世人，而他们的灾难与失败也超乎寻常。近代如陆、何、肃、陈也都是雄健过人，而他们都不能善终。所以我们在自我修养上，谋求比别人强是可以的；在自己比别人强的地方，谋求比人强就不好。福益外家，假如专门在比别人强处逞强，他能否强到底还不得而知。即使他终生都强横，并能安稳度日，也是君子不屑一顾的。

阅典笔记

既要自强，又不能盲目自强；让刚强的和柔和的相互补充，既要超过别人，又要注意一定的条件和场合。这样在处理人际关系时才会游刃有余，自己的实力和本领才会不断成长，而不招致别人的嫉妒，远离令人烦恼的内斗和猜忌。

坚忍

第五

原典

昔耿恭简公谓，居官以坚忍为第一要义，带勇亦然。与官场交接，吾兄弟患在略识世态而又怀一肚皮不合时宜，既不能硬，又不能软，所以到处寡合。迪安妙在全不识世态，其腹中虽也怀些不合时宜，却一味浑含，永不发露。我兄弟则时时发露，终非载福之道。雪琴与我兄弟最相似，亦所如寡合也。弟当以我为戒，一味浑厚，绝不发露。将来养得纯熟，身体也健旺，子孙也受用，无惯习机械变诈，恐愈久而愈薄耳。

稍论时事，余谓当竖起骨头，竭力撑持。三更不眠，因作一联云："养活一团春意思，撑起两根穷骨头。"用自警也。余生平作自箴联句颇多，惜皆未写出。丁未年在家作一联云："不怨不尤，但反身争个一壁清；勿忘勿助，看平地长得万丈高。"曾用木板刻出，与此联略相近，因附识之。

夜阅《荀子》三篇，三更尽睡，四更即醒，又作一联云：“天下无易境，天下无难境；终身有乐处，终身有忧处。”至五更，又改作二联，一云：“取人为善，与人为善；乐以终身，忧以终身。”一云：“天下断无易处之境遇，人间那有空闲的光阴。”

子长尚黄老，敬游侠，班孟坚讥之，盖实录也。好游侠，故数称坚忍卓绝之行，如屈原、虞卿、田横、侯嬴、田光及此篇之述贯高皆是。尚黄老，故数称脱屣富贵、厌世弃俗之人，如本纪以黄帝第一，世家以吴太伯第一，列传以伯夷第一，皆其指也。此赞称张、陈与太伯、季札异，亦谓其不能遗外势利、弃屣天下耳。

译文

从前，耿恭简公说过，做官要把保持坚忍作为最重要的，即使是心中怀有奋勇之气，也应该是这样。在官场中应酬，我们兄弟的毛病都是稍稍了解世态而又有满肚子的不合时宜，既不能硬，又不能软，所以到处显得孤立。迪安的好处在全然不识世态，他虽然也常常不合时宜，但一味浑厚，永不外露。我们兄弟则常常外露，总不是带来福气的办法。雪琴、彭玉璘与我们兄弟最相像，也到处少有投合的人。弟应当以我为戒，保持浑厚，永不外露。将来把这一性格养得纯熟，身体也会健康，子孙也能获益，不要沉湎于官场机变诈伪，恐怕越久德行就越浅薄。

在泛论时事时，我说应当挺起骨头，尽力支撑。三更时睡不着，于是作一联：“养活一团春意思，撑起两根穷骨头。”用以自警。我一生中作过很多的联句自箴，可惜没有写下来。丁未年在家写有一联：“不怨不尤，但反身争个一壁清；勿忘勿助，看平地长得万丈高。”曾经用木板刻写出来，与这个联较近似，就附记在这里。

◎ 司马迁（前 145—前 87）

字子长，西汉夏阳（今陕西韩城，一说山西河津）人，伟大的史学家、思想家、文学家，著有《史记》，又称《太史公记》，记载了上自中国上古传说中的黄帝时代，下至汉武帝太初四年（前 100），共 3000 多年的历史，是我国第一部纪传体通史。

夜里读《荀子》三篇，三更过了才睡，四更时醒来，又作一联："天下无易境，天下无难境；终身有乐处，终身有忧处。"到五更时，又修改了两联，一联是："取人为善，与人为善；乐以终身，忧以终身。"另一条是："天下断无易处之境遇，人间那有空闲的光阴。"

司马迁崇尚黄老，敬仰游侠，班固以此来讥讽他，这都是事实。爱好游侠，所以多次称赞坚忍卓绝的操行。比如屈原、虞卿、田横、侯嬴、田光以及本篇中所讲的贯高都是此类人物。崇尚黄老，所以多次称赞鄙视富贵、厌世弃俗的人，如本纪以黄帝为第一，世家以吴太伯为第一，列传以伯夷为第一，都是这个宗旨。此篇赞中说张耳、陈余和太伯、季札不一样，也是讲他们没有能够回避势利，抛弃天下。

阅典笔记

忍一时，风平浪静；退一步，海阔天空。在生活中，我们需要一种"忍"的态度。这种忍不是丧失自尊的忍耐，而是一种处事策略。生活中有的事情根本就不值得动怒，完全可以适当妥协，实现双赢。

第六 刚柔

原典

从古帝王将相，无人不由自立自强做出。即为圣贤者，亦各有自立自强之道。故能独立不惧，确乎不拔。昔余往年在京，好与诸有大名大位者为仇，亦未始无挺然特立不畏强御之意。近来见得天地之道，刚柔互用，不可偏废，太柔则靡，太刚则折。刚非暴虐之谓也，强矫而已；柔非卑弱之谓也，谦退而已。趋事赴公则当强矫，争名逐利则当谦退；开创家业则当强矫，守成安乐则当谦退；出与人物应接则当强矫，入与妻孥享受则当谦退。若一面建公立业，外享大名，一面求田问舍，内图厚实，二者皆有盈满之象，全无谦退之意，则断不能久。

肝气发时，不惟不和平，并不恐惧，确有此境。不特盛年为然，即余渐衰老，亦常有勃不可遏之候。但强自禁制，降伏此心，释氏所谓降龙伏虎。龙即相火也，虎即肝气也。多少英雄豪杰打此两关不过，要在稍稍遏抑，不令过炽。降龙以来养水，伏虎以来养火。古圣所谓窒欲，即降龙也;所谓惩忿，即伏虎也。释儒之道不同，而其节制血气，未尝不同，总不使吾之嗜欲戕害吾之躯命而已。

至于倔强二字，却不可少。功业文章，皆须有此二字贯注其中，否则柔靡不能成一事。孟子所谓至刚，孔子所谓贞固，皆从倔强二字做出。吾兄弟皆秉母德居多，其好处亦正在倔强。若能去忿欲以养体，存倔强以励志，则日进无疆矣。

至于强毅之气，决不可无。然刚毅与刚愎有别。古语云："自胜之谓强。"曰强制，曰强恕，曰强为善，皆自胜之义也。如不惯早起，而强之未明即起；不惯庄敬，而强之坐尸立斋；不惯劳苦，而强之与士

卒同甘苦，强之勤劳不倦。是即强也。不惯有恒而强之贞恒，即毅也。舍此而求以客气胜人，是刚愎而已矣。二者相似，而其流相去霄壤，不可不察，不可不谨。

大抵任事之人，断不能有毁而无誉，有恩而无怨。自修者但求大闲不逾，不可因讥议而馁沈毅之气。衡人者但求一长可取，不可因微毁瑕而弃有用之材。苟于长才者而过事苛求，则庸庸者反得侥全。

事会相簿，变化乘除，吾当举功业之成败、名誉之优劣、文章之工拙，概以付之运气一囊之中，久而弥自信其说不可易也。然吾辈自信之道，则当与彼赌乾坤于俄顷，较殿最于锱铢，终不令彼独胜而吾独败。国藩昔在江西、湖南，几于通国不能相容，六七年间，浩然不欲复闻世事，惟以造端过大。本以不顾生死自命，宁当更问毁誉！

译文

自古以来，没有一个帝王将相不是由自强自立做出来的。就是圣人、贤者，也各有自强自立的道路。所以能够独立而不惧怕，确立而坚忍不拔。我当年在京城，喜欢与有大名声、有大地位的人作对，也并不是开始时就没有挺然自立、不畏强暴的想法。近来悟出天地间的道理，刚柔互用，不可偏废，太柔就会烂垮，太刚就会折断。刚不是暴戾的意思，强行矫正罢了。柔不是卑下软弱的意思，谦虚退让罢了。办事情、赴公差，要强矫。争名夺利，要谦退。开创家业，要强矫。守成安乐，要谦退。出外与别人应酬接触，要强矫。在家与妻儿享受，要谦退。如果一方面建功立业，外享盛名，一方面又要买田建屋，追求厚实舒服的生活。两方面都有满盈的征兆，完全缺乏谦退的念头，那绝不可能长久。

肝火大动时，不但心境不平和，而且也不感到恐惧，确实是这种感觉。不只是年轻时是这样，即使我渐渐老了，也经常有怒不可遏的时候。但是要努力控制自己，降服自己的心，这就是佛教所谓的降龙伏虎。龙就是相火，虎就是肝气。多少英雄豪杰都过不了这两关，关键是要稍稍控制，不要让肝火过分炽烈。降住龙用来养水，伏住虎用来养火。古代圣人所说的窒欲，就是降龙；所说的惩忿，就是伏虎。佛家、儒家的理论不一样，但节制血气，却没有什么不同，总是不要让自己的欲望残害自己的身体寿命。

至于"倔强"这两个字，却不能缺少。功业文章，都需要有这两个字贯穿于其中，不然软弱无力，一事无成。孟子所说的至刚，孔子所说的贞固，就是从这两个字上下功夫。咱们兄弟都更多地继承了母亲的品德，而我们的好处也正是倔强。如果能除去愤怒和欲望而使身体强壮，保持倔强来激励志气，那么就可以不断进步了。

至于刚毅之气，是绝对不能没有的。然而刚毅与刚愎不同。古语说："自己战胜自己称为强。"强制、强恕、强为善，这都是自己战胜自己的意思。如果你不习惯于早起，就强迫自己天未亮就起来；如果你不习惯于端坐，就强迫自己端庄；如果你不习惯劳苦，就强迫自己与士卒同甘共苦，强迫自己辛苦劳作。这就是强。自己不习惯有恒心而强迫自己有恒心，这就是毅。如果不按上述去做，却想去战胜别人，这就是刚愎。这两者看起来很相似，但事实上相差很远，不能不留意，小心。

大概有职务在身的人，绝不可能只有人诋毁而没有人称赞，只有人感恩而没有人怨恨。有自我修养的人，只求大节不亏，不能因为有人讥刺，就泄了沉毅之气。选拔人才，只要他有一技之长就可以任用，不能因为稍有不足，就将有用之才抛弃。如果对有出类拔萃之才的人过分苛求，那么庸庸碌碌的人就反而会侥幸被雇用。

世事无常，我应当把功业的成败、名誉的优劣、文章的好坏，全都投于运气之中，时间久了，就更加相信这种说法是正确的。然而，凭借我们的自信，则应当与运气赌这世界于顷刻，比高下于锱铢，最终不能总让运气取胜，而我们却总是失败。当年我在江西、湖南，几乎到了全国都不能相容的地步。六七年间，我根本不想再过问世事，只是因为最初的影响太大。我本来就自称不顾生死，又怎么能再去计较别人对我的毁誉呢！

阅典笔记

刚毅必不可少，但是刚毅并非刚愎自用。很多人都以为，刚毅就是勇敢，面对敌军能够杀敌，面对恶势力能够以身殉道。其实不然。刚毅是有勇有谋的表现，既讲究勇，更要求智，同时也要求志向高远，只有这样方能成就大事。

英才第七

原典

虽有良药，苟不当于病，不逮下品；虽有贤才，苟不适于用，不逮庸流。梁丽可以冲城，而不可以窒穴。犛牛不可以捕鼠，骐骥不可以守闾。千金之剑，以之析薪，则不如斧；三代之鼎，以之垦田，则不如耜。当其时，当其事，则凡材亦奏神奇之效。否则钮铻而终无所成。故世不患无才，患用才者不能器使而适用也。魏无知论陈平曰:“今有后生考己之行，而无益胜负之数，陛下何暇用之乎？”当战争之世，苟无益胜负之数，虽盛德亦无所用之。余生平好用忠实者流，今老矣，始知药之多不当于病也。

无兵不足深虑，无饷不足痛哭。独举目斯世，求一攘利不先、赴义恐后、忠愤耿耿者，不可亟得；或仅得之，而又屈居卑下，往往抑郁不伸，以挫，以去，以死。而贪饕出缩者，果骧首而上腾，而富贵，而名誉，而老健不死。此其可为浩叹者也。默观天下大局，万难挽回。侍与公之力所能勉者，引用一班正人，培养几个好官，以为种子。

天下无现成之人才，亦无生知之卓识，大抵皆由勉强磨炼而出耳。《淮南子》曰：“功可强成，名可强立”。董子曰：“强勉学问，则闻见博；强勉行道，则德日进。”《中庸》所谓“人一己百，人十己千”，即强勉功夫也。今世人皆思见用于世，而乏才用之具。诚能考信于载籍，问途于已经，苦思以求其通，躬行以试其效，勉之又勉，则识可渐通，才亦渐立。才识足以济世，何患世莫己知哉?

译文

即使是极好的药物，如果药不对症，那还不如普通药品有用。即使是贤德的人才，如果他做的事并非他的专长，那他发挥的作用还不如平庸之辈。质地坚韧的木梁可以用来撞开牢固的城门，却没法用来堵老鼠洞。无论多么厉害的牛都捕不了老鼠，无论多么迅捷的千里马都不能用来守家门。无论多么贵重的宝剑，如果用来砍柴，那还不如寻常的斧头。如果把世代传承的宝鼎用来耕田，那还不如普通的木犁。只要使用的时机适当，情况适当，多普通的东西都能发挥奇效。否则，所长与所用互相抵触，格格不入，干什么都不会有成就。所以，并不必为世间缺少人才而忧虑，倒是人才无法得当使用才是令人深为忧虑的。（秦末的魏无知给刘邦推荐陈平，遭到周勃、灌婴等人谗言，他们说陈平盗嫂受金，品德不行。刘邦很生气，责备魏无知荐人不当。）魏无知对刘邦说："就现在的情况来看，那些不懂战争胜负谋略，但孝德兼备的年轻人，陛下有机会用吗？"战乱连年之际，如果没有平天下的战略雄才，就算品德极为高尚的贤人，也没有办法把他使用在得当的地方。我生平喜欢用忠诚又实用的可靠人才，现在年纪大了，才知道药物虽然很多，如果不对症，也是治不了病的。

如果只是无兵可用，那还不值得我如此忧虑。如果只是没有粮饷，那也不足以让我悲哭。举目四望，普天之下，竟然都无法迅速找到一个利益当前时推避不争、舍身取义争先恐后、忠心耿耿而忧国忧民的人才；或者好不容易找到了一个，却又位卑身贱，怀才不遇。这样的人才，往往郁郁不得志，不是命运多舛，罢官离开，便是忧愤而死了。倒是那些暴虐贪婪、善于钻营的沽名钓誉之辈，因身居高位而为人称道，享尽荣华富贵，年纪一大把了也不死，身体还特别健康。这才是令我忧心如焚、慨叹不已的事。静观天下，大局已定，谁也无力于衰败的急流中挽狂澜。而我们能去做的，就尽量启用正义耿直的人才，培养几个好官，以使日后有才可用。

天下没有现成的人才，也没有一出生有卓越智慧的人，大多数人才都是经过艰苦的磨练才为经邦济世的可用之才的。所以，《淮南子》子说："千秋功业，唯自强不息者能成之；万古美名，唯自强不息的人可以留下。"董仲书也说："如果一个人努力学习问道，自强不息，那么，他就会成为博学多才的人。如果一个人勤修德性而自强不息，那么，他的道德修养每天都会提高。"《中庸》云"人家用一分的努力，我就用一百分的努力；人家用十分的努力，我就用一千分的努力”，说的就是自强不息的功夫。现在的人啊，都希望自己能在社会上有所作为，却不进修德业，才疏学浅，没有社会需要的才华或技能，又怎么可能有作为。如果真能从历史典籍中得到启发，在已有的经典中求勤勉自强之道，并且努力思考，让自己彻底理解那些经典的精要，然后去实践它，体悟它的效用，勤勉不断，自强不息，那么，你的智慧就会渐渐地通达，才能也能慢慢增长起来。如果一个人的智慧和才华可以经邦济世，还用担心自己无法有所作为吗？

阅典笔记

古语有云：宝剑锋从磨砺出，梅花香自苦寒来。没有磨练就不可能拥有非凡的品质。所以《易经》“天行健，君子以自强不息”这句话的实际意思是：“天道运行，有着我们不可抗拒的强大力量，只有即使遭遇颠沛流离也不屈不挠、努力奋进的人，才有可能成为修德立业的君子。”

廉矩第八

原典

翰臣方伯廉正之风，令人钦仰。身后萧索，无以自庇，不特廉吏不可为，亦殊觉善不可为。其生平好学不倦，方欲立言以质后世。弟昨赙之百金，挽以联云："豫章平寇，桑梓保民，休讶书生立功，皆从廿年积累立德立言而出；翠竹泪斑，苍梧魂返，莫疑命妇死烈，亦犹万古臣子死忠死孝之常。"登高之呼，亦颇有意。位在客卿，虑无应者，徒用累欷。韩公有言："贤者恒无以自存，不贤者志满气得。"盖自古而叹之也。

古之君子之所以尽其心、养其性者，不可得而见；其修身、齐家、治国、平天下，则一秉乎礼。自内焉者言之，舍礼无所谓道德；自外者言之，舍礼无所谓政事。故六官经制大备，而以《周礼》名书。春秋之世，士大夫知礼、善说辞者，常足以服人而强国。战国以后，以仪文之琐为礼，是叔齐之所讥也。荀卿、张载兢以礼为务，可谓知本好古，不逐乎流俗。近世张尔岐氏作《中庸论》，凌廷堪氏作《复礼论》，亦有以窥见先王之大原。秦蕙田氏辑《五礼通考》，以天文、算学录入为观象授时门，以地理、州郡录入为体国经野门，于著书之义例，则或驳而不精；其于古者经世之礼之无所不该，则未为失也。

崇俭约以养廉。昔年州县佐杂在省当差，并无薪水银两。今则月支数十金，而犹嫌其少。此所谓不知足也。欲学廉介，必先知足。观于各处难民，遍地饿莩，则吾人之安居衣食，已属至幸，尚何奢望哉？尚敢暴殄哉？不特当廉于取利，并当廉于取名。毋贪保举，毋好虚誉，事事知足，人人守约，则可挽回矣。

译文

湖北学政龙启瑞（字翰臣）为官清正廉洁的品行，令人敬佩。但死后家境寒酸，没有给后人留下什么钱财。这会让人感觉，不仅是清廉的官不好做，就是做善事也都不容易。他平生好学，孜孜不倦，正想著书来引导后人，却不料这么快就去世了。我昨天赠送了一百两纹银过去，还给他写了一幅挽联："豫章平寇，桑梓保民，休讶书生立功，皆从廿年积累立德立言而出；翠竹泪斑，苍梧魂返，莫疑命妇死烈，亦犹万古臣子死忠死孝之常。"我也有过挺身而出，呼吁大家为官要清正的想法。但一想到自己也仰人鼻息，而且就算我这么做了，估计也没有什么效果，便只能徒增感叹罢了。韩愈说过，贤德的人常常不能容身于世，而无德之人反而志得意满。对于这种状况，自古以来的贤德都只能无奈地感叹。

古代君子是如何尽心尽力、修身养性的，我们现在已经看不到了，但在修身、齐家、治国、平天下等方面，他们的所作所为无一不是遵循"礼"的要求的。就自身而言，放弃仪礼就谈不上注重修身养性的道德修养；就外部而言，放弃仪礼就谈不上依章办事的政务。所以，设置了吏、户、礼、兵、刑、工六部官卿，制定规范制度，这些都是按照《周礼》的要求而做的。春秋的时候，那些能言善辩、知晓礼仪的士大夫，往往都能得到人们的钦敬，因而在治理国家上管理顺手，国家强盛。战国以后，用烦琐的文字规范"仪礼"的标准，把仪的形式当成了礼的本身，难怪叔齐要讥讽了。荀卿、张载兢用"礼"作为自己的行事标准，这样的人，才是了解礼的核心和古籍的本意的人啊！也只有这样以礼行事的人，才是不同凡俗的。近代张尔岐所著的《中庸论》，凌堪所著的《复礼论》，也算大体上了解了先王的本意。秦蕙田编著的《五礼通考》，把天文、算学编入了"观象授时门"一章，把地理、州郡放到了"体国经野门"一章。这样的编著体例有些驳杂，显得不够精练，但对于古代的经世治国的"礼"来讲，包括这些内容没有什么问题，所以也算不得是什么败笔。

崇尚节俭是可以养廉的。过去那些州县的助手杂役在省里当差做事，并没有薪水银两。现在这些人每月可以得到几十两银子，但还嫌少。这就是不知足了。要想学会节俭，就要先知足。看看各地的难民，到处都是饿死的人，而我们有衣有食，有吃有住，实在是万幸了，还有什么要去奢望的呢？还敢随便去糟蹋东西吗？我们不仅要在获取正当利益上得到这个“廉”字，而且应当在名誉上也得到这个“廉”字。不要贪恋保举做官，也不要贪恋虚名，事事知足，人人廉洁，那么如今的状况就可以扭转了。

阅典笔记

中国古人向来追求三立，即“立德、立言、立功”。曾国藩之所以能被誉为“末世完人”，便是因为他的“道德、文章、功业”都有相当的成就。

“清廉不易，清官难当”，曾国藩能发出这样的慨叹，可见官场中许多人都急功近利，以权谋利，害怕艰苦，贪图享受；要坚持清廉，出淤泥而不染，就可能被排挤，甚至落得家境贫困，的确不易。

勤敬第九

原典

为治首务爱民，爱民必先察吏，察吏要在知人，知人必慎于听言。魏叔子以孟子所言“仁术”,“术”字最有道理。爱而知其恶,恶而知其美,即“术”字之的解也。又言蹈道则为君子，违之则为小人。观人当就行事上勘察，不在虚声与言论；当以精己识为先，访人言为后。

古人修身治人之道，不外乎勤、大、谦。勤若文王之不遑，大若舜禹之不与，谦若汉文之不胜，而勤谦二字，尤为彻始彻终，须臾不可离之道。勤所以儆惰也，谦所以儆傲也，能勤且谦，则大字在其中矣。千古之圣贤豪杰，即奸雄欲有立于世者，不外一勤字；千古有道自得之士，不外一谦字。吾将守此二字以终身，傥所谓朝闻道夕死可矣者乎！

国藩从宦有年，饱阅京洛风尘。达官贵人，优容养望，与在下者软熟和同之象，盖已稔知之。而惯常之积不能平，乃变而为慷慨激烈、斩爽肮脏之一途，思欲稍易三四十年来不白不黑、不痛不痒、牢不可破之习。而矫枉过正，或不免流于意气之偏，以是屡蹈愆尤，丛讥取戾。而仁人君子固不当责以庸之道，且当怜其有所激而矫之之苦衷也。

诸事棘手，焦灼之际，未尝不思遁入眼闭箱子之中，昂然甘寝，万事不视，或比今日人世差觉快乐。乃焦灼愈甚，公事愈烦，而长夜漫漫，不知何时才能快乐起来。且又晋阶端揆，责任愈重，指摘愈多。人以极品为荣，吾今实以为苦懊之境。然时势所处，万不能置事身外，亦惟做一日和尚撞一天钟而已。

译文

治理国家首先是爱护民众，要爱护民众就必须督察官吏，督察官吏的关键则在于知人，而知人就要谨慎地听取大家的言论。魏叔子认为孟子所说的“仁术”中，“术”是讲得最有道理的。虽然喜欢一个人，却能了解他的短处，讨厌一个人，却能看到他的长处，这就是“术”字的解释。又说以身作则、履行大道的人就是君子，而做不到的就是小人。看一个人应该从他的所作所为中去考察，而不是在于他的虚假的名声与不实的言论；看一个人先要把提高自己的鉴识能力放在前面，而后去考察别人的言论。

古人治国修身的方法，不外乎“勤于政事、胸怀宽广、谦虚谨慎”这三点。勤于政事就像文王那样孜孜不倦，胸怀宽广如同虞舜那样无人能及，谦虚谨慎就如同汉文帝那样超乎常人，而且“勤、谨”这两个字，更要自始至终地贯彻到底，一刻也不能背离。勤于政事可以警戒自己的懒惰习气，谦虚谨慎可以警戒自己的傲慢情绪。能够做到勤劳而谦虚，你的胸怀就自然而然地宽广了。从古以来，圣贤豪杰，即便是奸雄，只要想自立于世，都离不开一个“勤”字；古代修身养性、富有道德的人，都离不开一个“谦”字。我会终生遵循这两字的要求来立身处世，这就是“朝闻道夕可死矣”！

我做官这么多年了，非常解了京城的人事。达官显贵，假装自己从容大度，以此提高自己的声望，迁就姑息部下，与我虚情假意，虽然我已经很了解，但长久以来形成的隔阂是不能一下就消除的。这种矛盾使我更加感慨悲愤，非常想彻底摒弃这些肮脏的东西。我想稍微改变一下这三四十年来，官场上是非不分、做事拖沓、不温不火、牢不可破的痼疾。但有时纠正错误超过了应有的限度，有时不免太过于意气用事了，这样做会犯很多过失，会闹出很多笑话甚至招罪于人。面对这种情况，我们不应该去责怪那些有仁义的正人君子自甘平庸了，而是要去同情他们内心有忧愤，又无法去改变现状的苦衷。

手上的很多事情处理起来都很棘手，焦灼烦恼的时候，经常产生躺入棺材，一死了之的想法，昂然长眠，万事不理，这样或许比不见这纷繁的乱世来得快乐。心情越是焦灼，事情办起来就越烦恼，快乐的长夜却遥遥无期。并且现在加官进爵，责任越大，批判越多。人们总以做高官为荣，我却为此苦恼不堪。然而由于时势所迫，千万不能把自己置身事外，也只能做一天和尚撞一天钟罢了。

阅典笔记

曾国藩最讨厌官场中的习气。自嘉庆以后，清朝吏治腐败日渐加剧，养成了一种浮滑的风气。对此，曹振镛所说的“多磕头，少说话”就是绝妙写照。曾国藩对此深恶痛绝，为扭转这种风气，他甚至采取了激烈的措施。所以自己反省时才说：“不免流于意气之偏。”别人都以高升为荣，他却以为苦，虽想整顿吏治，但确实心有余而力不足，心中不免积郁。

第十 诡道

原典

带勇之法，用恩莫如用仁，用威莫如用礼。仁者，即所谓欲立立人，欲达达人也。待弁勇如待子弟之心，尝望其成立，尝望其发达，则人之恩矣。礼者，即所谓无众寡，无大小，无敢慢，泰而不骄也。正其衣冠，尊其瞻视，俨然人望而畏之，威而不猛也。持之以敬，临之以庄，无形无声之际，常有懔然难犯之象，则人知威矣。守斯二者，虽蛮貊之邦行矣，何兵勇之不可治哉?

兵者，阴事也，哀戚之意，如临亲丧，肃敬之心，如承大祭，庶为近之。今以羊牛犬豕而就屠烹，见其悲啼于割剥之顷，宛转于刀俎之间，仁者将有所不忍，况以人命为浪博轻掷之物。无论其败丧也，即使幸胜，而死伤相望，断头洞胸，折臂失足，血肉狼藉，日陈吾前，哀矜不遑，喜于何有？故军中不宜有欢欣之象。有欢欣之象者，无论或为悦，或为骄盈，终归于败而已矣。田单之在即墨，将军有死之心，士卒无生之气，此所以破燕也。及其攻狄也，黄金横带，而骋乎淄渑之间，有生之乐，无死之心，鲁仲连策其必不胜。兵事之宜惨戚，不宜欢欣，亦明矣。

练兵如八股家之揣摩，只要有百篇烂熟之文，则布局立意，常有熟径可寻，而腔调亦左右逢源。凡读文太多，而实无心得者，必不能文者也。用兵亦宜有简练之营，有纯熟之将领，阵法不可贪多而无实。

此时自治毫无把握，遽求成效，则气浮而乏，内心不可不察。进兵须由自己作主，不可因他人之言而受其牵制。非特进兵为然，即寻常出队开仗亦不可受人牵制。应战时，虽他营不愿而我营亦必接战；

不应战时，虽他营催促，我亦且持重不进。若彼此皆牵率出队，视用兵为应酬之文，则不复能出奇制胜矣。

译文

带兵之道，与其施恩，不如使用仁义；与其威吓，不如礼待。仁就是自己想要建立功业，就让别人先建立功业；自己想要发达，就让别人先发达。对待部下就如同对待自己的子弟一样，一心期望他们建立功业，飞黄腾达，这样，人家就会感恩戴德了。礼就是无论人多人少，无论职位高低，都不怠慢，安泰而不骄横。衣冠整齐，举止严肃，注视来人，仰视片刻，这样就会令人生畏，有威严但不露凶相。内心保持恭敬，外表显露出庄严，这样，在不知不觉中就建立起了庄严不可侵犯的形象，那么，人家就知道你的威严了。如果能够做到这两条，即使在蛮夷之国也可以畅行无阻了，哪里还会有带不好的军队呢？

用兵的事情，其实是凶事，应抱有哀戚之心，就如同亲人的丧礼，有严肃敬默的心态，就好像参加庄严的祭祀大典，做到这样就差不多了。现在，即便是伴着音乐宰杀牛、羊、狗等，烹食美味，看到这些动物在刀俎上临死的挣扎和悲鸣，心有仁爱的人都会有所不忍，何况以性命相搏的战事。无论是失败，还是有幸取得胜利，战斗下来，看到的都是死的死，伤的伤，断头穿胸，断手断脚，血肉狼藉。看到这种景象，我哀伤都来不及，怎能高兴得起来？所以军队中不应该有欢乐的气象。有欢乐的气象，无论是喜悦，还是趾高气扬，这都是败象。战国时齐国大将田单在即墨之战中，让将军们抱着必死的决心，让士兵充满拼命的愤慨，因此最终战胜了燕军。后来，在进攻狄的战斗中，他金光闪闪的宝剑横挎在腰间，驰骋在淄水、渑水之间，有贪生的欢乐，而没有战死的决心，鲁仲连认为他根本攻不下狄城，结果言中。可见，用兵时要以忧惨之心审慎对待，而不应把战事看作乐事，如此才是明智的。

练兵就像写八股文一样，只要有百篇烂熟如心的文章打底，那么写起八股文来，文章的布局立意，往往都有熟路可寻，行文之语气和声调的平仄也左右逢源，有章可依。凡是那些虽然读了很多书但虚浮而没有心得的人，是写不好文章的。用兵也一样，应该有精明干练的士兵，有成熟而又有谋略的将领，演练的阵法也不要贪多而导致华而不实。

这个时候要想自己控制局面是毫无把握的，想快速取得成效就会虚火上升，心里不能不了解这点。出动军队进攻敌人必须由自己做主，不要因为别人的言论而受到牵制。不仅在军队进攻敌人时是这样，就算是平常的调兵作战，也不能受人牵制。真正交战时，即使其他的军队不愿意出战，我们的军队也要发动进攻；不应该交战的时候，即使是友军催促我们出战，我们也要保持谨慎，不轻易冒进。如果彼此都受牵制而轻率出兵，把用兵看成是表面文章，草率行事，那么就再也不可能出奇制胜了。

阅典笔记

战争是很残酷的，无论胜败，皆是凄凄惨惨戚戚的结果。所以要严肃对待，要准备好。曾国藩练兵注重实效，为的就是随时都有战斗力。他的悲悯心是历代将领中少见的，能以生命的角度去看待战争，是谓良知也。

久战

十一

原典

久战之道，最忌势穷力竭四字。力则指将士精力言之，势则指大局大计及粮饷之接续。贼以坚忍死拒，我亦当以坚忍胜之。惟有休养士气，观衅而动，不必过求速效，徒伤精锐，迨瓜熟蒂落，自可应手奏功也。

凡与贼相持日久，最戒浪战。兵勇以浪战而玩，玩则疲；贼匪以浪战而猾，猾则巧。以我之疲战贼之巧，终不免有受害之一日。故余昔在营中诫诸将曰："宁可数月不开一仗，不可开仗而毫无安排算计。"

夫战，勇气也，再而衰，三而竭。国藩于此数语，常常体念。大约用兵无他巧妙，常存有余不尽之气而已。孙仲谋之攻合肥，受创于张辽，诸葛武侯之攻陈仓，受创于郝昭，皆初气过锐，渐就衰竭之故。惟荀罃之拔逼阳，气已竭而复振；陆抗之拔西陵，预料城之不能遽下，而蓄养锐气，先备外援，以待内之自毙。此善于用气者也。

译文

持久战，最忌怕的就是"势穷力竭"这四个字。"力"就是指的将士的精力，"势"则是讲的战略大局、作战计划以及粮饷的持续供应。敌人以坚忍的决心拼死抵抗，我军也应当用坚忍的决心来战胜它。只要养兵蓄锐，看到敌人出击后才去应战，没有必要追求速战速决，白白地损失自己士兵的锐气，等到时机成熟的时候，胜利也是轻而易举的事了。

凡是与敌人相持的长久战斗，最忌讳的就是未经深思熟虑而草率出战。草率出战士兵就不尽力，士兵不尽力就容易疲劳。敌人就会因为我军的草率出战而变得十分狡猾，敌人狡猾就会变得聪明。这样，我们以疲劳之师去与聪明狡猾的敌人作战，终有一天会失败的。所以，过去我在军中的时候总是告诫各位将领说，宁可几个月不打一仗，也不可打毫无准备之仗。

打仗打的是士兵的勇敢、作战的士气，这种士气第二次进攻时就会衰减，到第三次进攻时就会衰竭。孙子兵法上的这几句话，我经常去细细体会。一般用兵没有其他的奥妙，就是保持好士兵源源不断的士气而已。孙权攻打合肥，被张辽击败，诸葛亮进攻陈仓，被郝昭战胜，就是因为刚开战时，士气太旺，随着进攻的久攻不下，士气逐渐衰减直至衰竭的缘故。只有春秋时的晋国将领荀罃攻占逼阳的战斗，原本衰竭的士气后又重新提振起来，最后取得胜利；陆抗攻取西陵时，预先估计到了城池难以一举拿下，因而养精蓄锐，先安排好外援，围困敌人，等待城中敌人自行灭亡。这两个人都是善于利用士兵士气的将领。

阅典笔记

对于持久战，曾国藩有着自己独到的见解。他重视士气，爱惜士兵生命，所以从来不打无准备之仗。其实人生也应如此，面对天地万物，都应心怀恭敬之情，做任何事，都要有周密的准备，这样才能减少失误的发生。

廪实

十二

原典

勤俭自持，习劳习苦，可以处乐，可以处约，此君子也。余服官二十年，不敢稍染官宦气习，饮食起居，尚守寒素家风，极俭也可，略丰也可，太丰则不敢也。凡仕宦之家，由俭入奢易，由奢返俭难。尔年尚幼，切不可贪爱奢华，不可惯习懒惰。无论大家小家，士农工商，勤苦俭约，未有不兴；骄奢倦怠，未有不败。

大抵军政吏治，非财用充足，竟无从下手处。自王介甫以言利为正人所诟病，后之君子例避理财之名，以不言有无、不言多寡为高。实则补救时艰，断非贫穷坐困所能为力。叶水心尝谓，仁人君子不应置理财于不讲。良为通论。

夷务本难措置，然根本不外孔子忠、信、笃、敬四字。笃者，厚也。敬者，慎也。信，只不说假话耳；然却极难。吾辈当从此字下手，今日说定之话，明日勿因小利害而变。如必推敝处主持，亦不敢辞。祸福置之度外，但以不知夷情为大虑。沪上若有深悉洋情而又不过软媚者，请邀之来皖一行。

以正理言之，即孔子忠敬以行蛮貊之道。以阴机言之，即句践卑辱以骄吴人之法。闻前此沪上兵勇多为洋人所侮慢，自阁下带湘淮各勇到防，从无受侮之事。孔子曰能治其国家，谁敢侮之。我苟整齐严肃，百度修明，渠亦自不至无端欺凌。既不被欺凌，则处处谦逊，自无后患。柔远之道在是，自强之道亦在是。

第就各省海口论之，则外洋之通商，正与内地之盐务相同。通商系以海外之土产，行销于中华。盐务亦以海滨之场产，行销于口岸。

通商始于广东，由闽、浙而江苏，而山东，以达于天津。盐务亦起于广东，由闽、浙而江苏，而山东，以达于天津。吾以耕战二字为国。泰西诸洋以商战二字为国，用兵之时，则重敛众商之费；无事之时，则曲顺众商之情。众商之所请，其国主无不应允。其公使代请于中国，必允而后已。众商请开三子口，不特便于洋商，并取其便于华商者。中外贸易，有无交通，购买外洋器物，尤属名正言顺。

译文

勤俭自律，吃苦耐劳，既可以享受安逸的生活，也可以承受简约的生活，这样的人才是君子。我为官二十年，不敢沾染追求浮华的官宦气习，饮食起居都还保持清淡朴素、简约节俭的家风，很节俭没问题，稍微丰盛些也能接受，始终不敢太过丰盛。凡是官宦人家，由节俭的生活到享受奢侈的生活是很容易接受的，但由奢侈的生活再回到节俭的生活就难以承受了。你们年龄尚小，万万不可贪恋奢华的生活，养成懒惰的习惯。无论大家小家，士农工商，凡吃苦耐劳，勤俭节约，就没有不发达的；娇生惯养，懒惰成性，没有不衰败的。

一般来说，治国、治军，没有充足的财源，是无法着手的。自从王安石提倡理财招致后来人的讥讽之后，正人君子都回避理财这个问题了，都以不讲有无财力、不说钱财多少为清高。实际的情况是，要补救时世的艰难，断非无钱无力所能做到的。南宋理学家叶适说，仁人君子不要不谈理财的问题。这真是很实用很正确的说法。

跟外国人打交道本来是很棘手的事，但是其本质也不外乎孔子所说的忠、信、笃、敬这四个字。笃就是淳厚，敬就是审慎，信就是不讲假话。但是不讲假话是很难做到的。我们都要从这个字做起，今天所说的话不要因为明日一些小的利害而改变，如果一定要你主持和夷商打交道的事务的话，也不要推脱。应该把祸富之念置之度外，但要把不了解外方的情况作为最大的顾虑点。上海若有了解外国人情况的且不软弱媚外的人，可以邀请他来安徽一趟。

冠冕堂皇地说，我们按孔子的忠敬之道来对待未受教化的蛮夷之族。暗地里讲，我们就是用勾践式的忍辱负重、卧薪尝胆来麻痹外国人。我听说先前上海的兵勇好多都被洋人侮辱，自从你带湘军、淮军进驻上海以后，再也没有被侮辱的情况发生了。孔子说，能自治的国家，谁也不敢欺负。如果我们如果能够严肃法纪，各方面都做到清正廉明，自然不会无端受欺了。既然是这样，我们就要处处谦逊，就没有后患了。以柔怀远的策略就在此，自强之道也在此。

再谈谈各省海口的情况。外国与我们通商，就如我们内地盐务一样。两国通商就是外国把他们的土产放在中国内地销售。盐务就是把海滨产的盐通过口岸管理往内地销售。与外国通商从广东开始，进而扩展到福建、浙江，再到江苏、山东，最后到天津。盐务也是从广东开始，进而扩展到福建、浙江，再到江苏、山东，最后到了天津。我们是以耕战立国的。而西洋各国是以商战立国的，用兵的时候，就会重征商人的税费；没有战事时，就会顺应商人的发展意愿。商人的要求，他们的国家基本都会答应。他们派驻在我们国家的公使，代表他们国家的商人向我们提出要求，只有答应他们才会罢休。他们提出增加三个通商口岸，这不仅对他们的商人有好处，也有利于我们的商人。中外贸易，互通有无，购买外国人的商品，更应该是名正言顺。

阅典笔记

对于中西邦交，文正公有着自己独到的见解。他十分痛恨西方列强对中国的侵略，认为他们是没有受过教化的蛮夷。但对西方列强强迫我国开放通商口岸，文正公以为，开放通常口岸，可以互通有无，与我们的盐务一样，不仅有利于外商，也有利于中国。

峻法

十三

原典

世风既薄，人人各挟不靖之志，平居造作谣言，幸四方有事而欲为乱。稍待之以宽仁，愈嚣然自肆，白昼劫掠都市，视官长蔑如也。不治以严刑峻法，则鼠子纷起，将来无复措手之处。是以壹意残忍，冀回颓风于万一。书生岂解好杀，要以时势所迫，非是则无以锄强暴而安我孱弱之民。牧马者，去其害马者而已;牧羊者，去其扰群者而已。牧民之道，何独不然?

医者之治瘠痈，甚者必剜其腐肉而生其新肉。今日之劣弁羸兵，盖亦当之为简汰，以剜其腐者，痛加训练，以生其新者。不循此二道，则武备之弛，殆不知所底止。立法不难，行法为难。凡立一法，总须实实行之，且常常行之。

以精微之意，行吾威厉之事，期于死者无怨，生者知警，而后寸心乃安。待之之法，有应宽者二，有应严者二。应宽者，一则银钱慷慨大方，绝不计较，当充裕时，则数十百万掷如粪土，当穷窘时，则解囊分润，自甘困苦；一则不与争功，遇有胜仗，以全功归之，遇有保案，以优奖笼之。应严者，一则礼文疏淡，往还宜稀，书牍宜简，话不可多，情不可密；一则剖明是非，凡渠部弁勇有与官姓争讼，而适在吾辈辖境，及来诉告者，必当剖决曲直，毫不假借，请其严加惩治。应宽者，利也，名也；应严者，礼也，义也。四者兼全，而手下又有强兵，则无不可相处之悍将矣。

译文

世风日下，人人都不安分，平时无事造谣惑众，一旦天下出现变故就造事为乱，若对他们这些人稍微宽容一些，就会更加嚣张，肆无忌惮，敢在光天化日之下抢掠都市，目无官长。不对他们治以严刑竣法，这些鼠辈就会纷纷闹事，将来形成气候，就无法收拾了。因此我才要用残忍的手段，希望能扭转这颓废的风气，以防万一。其实读书人岂是嗜好杀戮的人，主要是现在为形势所迫，不用严刑峻法，就无法做到除暴安民。马不听使唤，牧马的人杀掉害群之马就行了；羊群乱哄，牧羊人只要去掉在群中起哄的羊就行了。管理百姓，难道就不能以同样的办法吗？

医生治疗瘦弱的痈疮病人，如果病情严重，就一定会剜掉腐烂的病肉，以便长出新肉。今天，我们军队中那些品行低劣、身体孱弱的士兵，也应该把他们淘汰，就像剜掉病人身上腐肉一样，然后严加训练，以便形成新的战斗力。如果不如此整顿，那么军队武力不知道废弛到什么程度才会打住。建立一些法规不是什么难事，难的是得到有效执行。每制定一条法规，都要实实在在地执行，而且要持之以恒，才不会废弛。

用严谨细致的态度，去做树立威严的事，以达到死的人没有怨恨、活着的人能得到警示的效果为本，这样，我们的内心才会得到安宁。关于处理的尺度，有两个方面应该从宽要求，两个方面应该从严掌握。应该从宽要求的，一是花钱慷慨大方，丝毫不计较，钱财很充裕的时候，能够动不动随便几十万、几百万地施舍，当钱财窘迫的时候，也能解囊相助，自甘困苦。二是不与他人争夺功劳，碰到打了胜仗，总是把功劳归于别人，碰到有因功叙保的情况，总是把最好的奖励来笼络他人。尺度应该从严掌握的，一是礼节要简单，往来要稀少，书信要简洁，话不要多，不要过于感情用事。二是剖析清楚是非对错，凡是你的部下将士中有与当地官员、百姓争斗、诉讼，又恰好在我们自己所驻的地方，跑来向我们求告、诉苦的情况，一定要弄清事情原委，是非对错，丝毫不要包庇，请他们严加惩治。应该从宽要求是“名”与“利”，应该从严掌握的是“礼”和“义”。这四个方面都做到了，而且手下又有有战斗力的军队，就没有什么不能友好相处的悍将了。

阅典笔记

古人云：乱世圣人生，治世圣人成。乱世之乱，主要在于人心浊乱，信仰无依，道德败坏，礼乐崩坏，信义无存，人欲横流，伦常失序，从而导致天怒人怨，灾难频乃，人们在迷途中狂奔，在焦虑中挣扎。在这种时代，就可能有圣人的坯子开始反思省察，躲进不被人知的角落去修心炼性，参悟大道，用一个旁观者的冷静心态去观察世间，从而发现其中的种种玄机，理出拨乱反正的思路，寻找医心救世的大药方。

外王

十四

原典

逆夷据地求和，深堪发指。卧之侧，岂容他人鼾睡！时事如此，忧患方深。至于令人敬畏，全在自立自强，不在装模作样。临难有不屈挠之节，临财有不沾染之廉，此威信也。《周易》立家之道，尚以有孚之威归反诸身，况立威于外域，求孚于异族，而可不反诸己哉！斯二者似迂远而不切合事情，实则质直而消患于无形。

凡恃己之所有夸人所无者，世之常情也；忽于所习见、震于所罕见者，亦世之常情也。轮船之速，洋炮之远，在英、法则夸其所独有，在中华则震于所罕见。若能陆续购买，据为己物，在中华则见惯而不惊，在英、法，亦渐失其所恃。购成之后，访募覃思之士，智巧之匠，始而演习，继而试造，不过一二年，火轮船必为中外官民通行之物，可以剿发逆，可以勤远略。

师夷之智，意在明靖内奸，暗御外侮也。列强乃数千年未有之强敌。师其智，购其轮船机器，不重在剿办发逆，而重在陆续购买，据为己有。粤中猖獗，良可愤叹。夷情有损于国体。有得轮船机器，仍可驯服，则此方生灵，免遭涂炭耳。有成此物，则显以宣中国之人心，即隐以折彼族之异谋。各处仿而行之，渐推渐广，以为中国自强之本。

译文

西方势力占据了我们的领土，还要求停战议和，实在令人愤慨。卧榻之侧，岂容他人酣睡！现在，国家面临着如此局势，实在让人非常忧心。要想改变这种局面，让西方有所畏惧，就要在国家的自强自立上面下功夫，不

要虚张声势，装模作样，这样于事无补。面对危难时，有不屈不挠的顽强气节，面对钱财时，有不染指的清廉操守，这才是树立威信的根本。《周易》中讲到的家庭强盛之道，尚且要求家庭成员都要具备使人信服的威望，何况一个国家要对外建立威信，使他国信服，我们怎么能不要求从自己做起呢！这两者看起来有些迂阔遥远，不切实际，实际上道理很简单很明确，只要做到就可以在不知不觉中消除很多祸患。

拿自己有的东西向没有的人炫耀，这是人之常情；忽视常见的东西，惊异于罕见的东西，这也是人之常情。轮船速度之快，洋炮射程之远，对于英、法来说，就是拿来炫耀的，对我们中国来说则会因为十分罕见而感觉非常惊异。如果能陆续地从他们那里购买轮船、大炮，让这些东西成为自己的东西，国人见得多了，就不会再惊讶了，而西方就会逐渐失去他们依仗的优势。买回来之后，访求一些善于思考的聪明人士来研究这些东西的原理，找些机智灵巧的工匠来研究这些东西的工艺，先操练熟悉，接着开始尝试仿造，用不了一两年，轮船、大炮就会成为中外国家的常见之物，我们可以它们用来围剿太平军，也可以服务于国家发展的长远战略。

学习西方的智慧，其目的在于两个方面：表面上我们是为了剿灭国内乱党，实际上我们还可以用来抵御西方列强。现在的西方列强，是我们数千年以来遇到的最强大的敌人。学习他们的智慧，购买他们的轮船机器，不是仅为了剿灭太平军，更重要的是买回来据为己有。广东那边西方势力很猖獗，实在令人愤慨。西方的横行霸道有损我们国家的尊严。如果得到了轮船、枪炮这些东西，我们还是可以制服这些外国列强的，使得当地的官民百姓免遭战争的涂炭。如果仿造成功，那么，我们就可以明确地向外展示中国人的智慧与能力，可以威慑西方列强侵略中国的野心。各地都应该仿效，逐渐推广开来，这才是中国自立强盛的根本。

阅典笔记

曾国藩的人生观是积极向上的，很少有颓废思想。即使面临这样一个时局不利的境地，他依然积极地看问题，想问题，解决问题。这种达观，世间罕有。他年轻时就立下宏愿，要挽回清王朝江河日下的颓势，再现康乾盛世，同时还要立德、立功、立言三不朽，成为一代圣贤，并为此奋斗了一生。

忠疑

十五

原典

盖君子之立身，在其所处。诚内度方寸，靡所于疚，则仰对昭昭，俯视伦物，宽不怍。故冶长无愧于其师，孟博不惭于其母，彼诚有以自伸于内耳。足下朴诚淳信，守己无求，无亡之灾，翩其相戾，顾衾对影，何悔何嫌。正宜益懋醇修，未可因是而增疑虑，稍渝素衷也。国藩滥竽此间，卒亦非善。肮脏之习，本不达于时趋，而逡循之修，亦难跻于先进。独是蜎守介介，期不深负知己之望，所知惟此之兢兢耳。

持矫揉之说者，譬杞柳以为桮棬，不知性命，必致戕贼仁义，是理以逆施而不顺矣。高虚无主见者，若浮萍遇于江湖，空谈性命，不复求诸形色，是理以豕恍不顺矣。惟察之以精，私意不自蔽，私欲不自挠，惺惺常存，斯随时见其顺焉。守之以一，以不贰自惕，以不已自循，栗栗惟惧，斯终身无不顺焉。此圣人尽性立命之极，亦即中人复性命之功也夫！

阅王夫之所注张子《正蒙》，于尽性知命之旨，略有所会。盖尽其所可知者，于己，性也；听其不可知者，于天，命也。《易·系辞》"尺蠖之屈"八句，尽性也；"过此以往"四句，知命也。农夫之服田力穑，勤者有秋，散惰者歉收，性也；为稼汤世，终归礁烂，命也。爱人，治人，礼人，性也；爱之而不亲，治之而不治，礼之而不答，命也。圣人之不可及处，在尽性以至于命。尽性犹下学之事，至于命则上达矣。当尽性之时，功力已至十分，而效验或有应有不应，圣人于此淡然泊然。若知之若不知之，若着力若不着力，此中消息最难体验。若于性分当尽之事，百倍其功以赴之，而俟命之学，则以淡泊如为宗，庶几其近道乎！

译文

君子安身立命的根本就在于他的处世态度。如果能够时时检讨，反躬自省，没有什么愧疚于人的事，那么仰望日月青天，俯视大在万物，就会因为没有内疚而感觉心广天地宽。所以春秋时无愧于老师的公冶长，无愧于母亲的孟博，都是修为有度、无愧于自己内心的人。如果你这个人，忠厚淳朴，诚实守信，严于律己而无过分要求，但无妄之灾却降临到你的头上，即使夜里对着枕衾孤影，又有什么可后悔和抱怨的呢？遭此变故，更应该加强自己的道德修养，不可因为变故而对前面的做法产生疑虑，违背你的初衷。我曾国藩也是滥竽充数，并非完美之人，有一些肮脏的气习本来跟不上时势，而且自己修行缓慢，难以与那些先贤相比。之所以默守这些耿直之气，就是为了不让好友失望，为此我才十分小心谨慎。

那些有着矫柔观点的人，就好比以杞柳枝条编制酒杯盘碟一样，不知道人的心性与天命，这样必然会伤害仁义之道，把正义之道倒行逆施，做什么事都不会顺利。大肆空谈而没有主见的人，就好像漂于江湖之中的浮萍，妄谈心性与天命，而不去切身体验，所以和他们讲什么“尽性知命”，简直是和蠢猪讲理，怎么可能讲通呢？只有细致深入，不隐瞒自己的私意，不放纵自己的私欲，时刻保持警惕的心态，假以时日，才可能真正明白“尽性知命”的道理。坚持专一，时时告诫自己忠贞不贰，持之以恒，小心谨慎，这样就可以使自己一生无往不利。这就是圣人将心性修养与人生使命贯通为一而安身立命的最高境界。

读由王夫之注解的北宋张载的《正蒙》一书，对于“尽性知命”的含义，略有体会。尽最大的努力去做好你能知道和了解的事，这对他自己来说，是“性”；而结果也会受到他不知道的东西的影响，这对天来说，是“命”。《易·系辞》中的“尺蠖之屈”（意思为尺蠖躬起身子）的八句话，讲的就是尽性；后面的四句，讲的是知命。农民耕种庄稼，勤劳的人有望秋后有收成，散漫懒惰的人秋后一定歉收，这就是“性”；在大旱之年种庄稼，无论怎么勤劳最终也可能绝收，这就是“命”。敬爱他人，教化他人，礼遇他人，这是“性”；敬爱他人而人家却不亲近他，教化他人而他人却不接受，礼遇他人而他人却不搭理，这就是“命”。圣人不可企及的地方，就是能够做到“尽性”而且达到“知命”。“尽性”跟读书读过了一样，而“知命”就是读了之后还经过深入思考形成学问。当一个人做到“尽性”时，他已经十分努力了，而最终期盼的结果则不同，有的好有的不好，但圣人会很平静，很淡泊。好像知道也好像不知道，好像努力了也好像没有努力，这里面的分寸最难把握。如果对于“性”分内应当尽力去做的事情百倍努力去做以求成功，而对于要听“命”的事情以淡泊为宗旨，这样就差不多接近大道了。

阅典笔记

那些将“五十而知天命”理解成“知天命”而“五十”的人，只是看到了生命的长度，并不理解生命的宽度。这个宽度对于夫子来说，是指天命可畏，非敬不可，不可逆天行事。很多人以为这是宿命论。我的看法恰恰相反，这是地地道道的奋斗论。在“知天命”前加上“尽人事”，才是真道。何谓尽人事？这是要我们尽心、诚意地对待一生中所碰到的每一件事情。很多人把夫子的“知天命”理解成年龄，这并没有错，说明要有一定的经验积累方可大彻大悟。但我要说，“知天命”，就是懂得以善待人，凡事出以善心。至于什么年龄才知天命，并不重要；重要的是，在许多人知、行背离的今天，自己如何把对天命的“知”付诸实践才是我们要修炼的功课。

十六 荀道

原典

文章之道，以气象光明俊伟为最难而可贵。如久雨初晴，登高山而望旷野；如楼俯大江，独坐明窗净几之下，而可以远眺；如英雄侠士，裼裘而来，绝无龌龊猥鄙之态。此三者皆光明俊伟之象。文中有此气象者，大抵得于天授，不尽关乎学术。自孟子、韩子而外，惟贾生及陆敬舆、苏子瞻得此气象最多。阳明之文亦有光明俊伟之象，虽辞旨不甚渊雅，而其轩爽洞达，如与晓事人语，表里粲然，中边俱彻，固自不可几及也。

古人绝大事业，恒以精心敬慎出之。以区区蜀汉一隅，而欲出师关中，北伐曹魏，其志愿之宏大，事势之艰危，亦古今所罕见。而此文不言其艰巨，但言志气宜恢宏，刑赏宜平允，君宜以亲贤纳言为务，臣宜以讨贼进谏为职而已。故知不朽之文，必自襟度远大、思虑精微始也。

三古盛时，圣君贤相承继熙洽，道德之精，沦于骨髓，而学问之意，达于闾巷。是以其时置兔之野人、汉阳之游女，皆含性贞娴吟咏；若伊莘、周召、凡伯、仲山甫之伦，其道足文工，又不待言。降及春秋，王泽衰竭，道固将废，文亦殆殊已。故孔子睹获麟，曰："吾道穷矣！"畏匡曰："斯文将丧！"于是慨然发愤，修订六籍，昭百王之法戒，垂千世而不刊。心至苦，事至盛也。仲尼即没，徒人分布，转相流衍。厥后聪明魁桀之士，或有识解撰著，大抵孔氏之苗裔。其文之醇驳，一视乎见道之多寡以为差：见道尤多者，文尤醇焉，孟轲是也；次多者，醇次焉；见少者，文驳焉；尤少者，尤驳焉。自荀、扬、庄、列、屈、贾而下，次第等差，略可指数。

译文

文章的思想表达，以气象光明俊伟最为难能可贵。就如同久雨初晴之时，登临高山，远眺旷野；就好像身处俯临大江的高楼之中，独坐明窗净几之下的极目远望；就好比阔步而来的英雄侠士，虽里衣袒露，但决无龌龊猥鄙之态。这三者都是光明俊伟的气象。文章中有这样的气象的人，大多是出自天赋，不光是后天的学问好坏。除孟子，韩非子之外，只有贾谊、陆贽、苏轼三人的文章得此气象最多。王阳明的文章也有这种光明俊伟的气象，虽然他的文章表达不是很雅致，但他的豁达爽朗、清晰透彻，读来就像与通晓事理的人叙谈一样，里里外外，无不清晰通透，这自有他人不可企及的地方。

古人成就的宏大事业，都是由于精心尽力、谨慎勤勉而成功的。就拿蜀汉来说，以偏居一隅之地，而打算出师关中，北伐曹魏，这种志愿的宏大，时势的艰难，也称得上亘古未见。但诸葛亮在《出师表》一文中却不谈事情的艰巨，只说军队志气要恢宏，赏罚要公允，君王要以亲贤纳言为根本，臣子要以讨贼进谏为职守。由此可见，不朽之作，一定是从胸怀远大、见识高远、思虑精微开始的。

三古昌盛之时，圣明之君、贤德之相，相得益彰，当时的道德之精要，深入人们的骨髓，学问之要义，传播于万民之中。所以，当时就算是置兔的野人、汉阳的游女，也都能理解吟咏。至于伊莘、周召、凡伯、仲山甫等人，他们高尚的道德、精深的文字表达，那就更不用说了。往后到了春秋的时候，先前君王的传统就衰竭了，道德就开始沦丧了，随之而来的文风就大不如前了。所以孔子看到连麒麟这样的祥瑞之物都有人猎获时，说："我们崇尚的道德完蛋了！"对匡人说："礼仪制度将要丧失了！"于是慨而发愤，修订六籍，来昭明先前圣君的法度，历经千年都不用更改。他们对现状的极度痛苦，反而成就了伟大事业。孔子去世之后，弟子分布各地，广为传播。到后来有一些聪明的人，撰写了有关道德的文章，大多是孔子的传人。他们的文章是醇厚还是驳杂，主要取决于他们对道的理解的深浅：对道理解特别深的人，他们的文章就特别醇厚，孟子就是对道理解特别深的人；稍差点的，他的醇厚就差点；见解少的人，他的文章就驳杂；见解特别少的人，他的文章就特别驳杂。从荀子、杨雄、庄子、列子、屈原、贾谊以来，次第等差，屈指可数。

阅典笔记

美德不仅是一个人的立身之本，也是立文之本。一个品质优秀的人，一定是一个有社会责任感的人。在正义与邪恶、光明和黑暗之间，他们总会作正确的抉择。一个品质优秀的文人，他们的艺术良知时时鲜活，如春花，似秋月，任是狂风暴雨，电闪雷鸣，都不能使其灭本真、失本色。他们宁可舍去生命，也不会动摇心中的艺术信念。失去了文人的良知，则失去了文章的灵魂；没有了文章的灵魂，语言再美，技巧再工，也不会有什么生命力。所以，要写好文章，则必先修美德。

藏锋

十七

原典

《扬雄传》云："君子得时则大行，不得时则龙蛇。"一曲一直，一伸一屈。如危行，伸也。言孙，即屈也。此诗畏高行之见伤，必言孙以自屈，龙蛇之道也。

诚中形外，根心生色。古来有道之士，其淡雅和润，无不达于面貌。余气象未稍进，岂耆欲有未淡邪？机心有未消邪？当猛省于寸衷，而取验于颜面。

凡民有血气之性，则翘然而思有以上人。恶卑而就高，恶贫而觊富，恶寂寂而思赫赫之名，此世人之恒情。而凡民之中有君子人者，率常终身幽默，暗然退藏。彼岂与人异性？诚见乎其大，而知众人所争者之不足深较也。自秦汉以来，迄于今日，达官贵人，何可胜数？当其高据势要，雍容进止，自以为才智加人万万。及夫身没观之，彼与当日这厮役贱卒，污行贾竖，营营而生、草草而死者，无以异也。而其间又有功业文学猎浮名者，自以为材智加人万万。及夫身没观之，彼与当日之厮役贱卒，污行贾竖，营营而生、草草而死者，亦无以甚异也。然则今日之处高位而获浮名者，自谓辞晦而居显，泰然自处于高明。曾不知其与眼前之厮役贱卒，污行贾竖之营营者行将同归于澌尽，而毫毛无以少异，岂不哀哉！

古之英雄，意量恢拓，规模宏远，而其训诫子弟，恒有恭谨厚藏，身体则如鼎之镇。以贵凌物，物不服；以威加人，人不厌。此易达事耳。声乐嬉游。不宜令过；蒱（pú）酒渔猎，一切勿为。供用奉身，皆有节度；

奇服异器，不宜兴长。又宜数引见佐史。相见不数，则彼我不亲；不亲，无因得尽人情；人情不尽，复何由知众事也。数君者，皆雄才大略，有经营四海之志，而其教诫子弟，则约旨卑思，敛抑已甚。

静中细思，古今亿万年，无有穷期。人生其间数十寒暑，仅须臾耳！大地数万里，不可纪极。人于其中，寝处游息，昼仅一室耳，夜仅一榻耳！古人书籍近人著述，浩如烟海，人生目光之所能及者，不过九牛之一毛耳！事变万端，美名百途，人生才力之所能办者，不过太仓之一粟耳！知天之长而吾所历者短，则遇忧患横逆之来，当小忍以待其定。知地之大而吾所居者小，则遇荣利争夺之境，当退让以守其雌。知书籍之多而吾所见者寡，则不敢以一得自喜，而当思择善而约守之。知事变之多而吾所办者少，则不敢以功名自矜，而当思举贤而共图之。夫如是，则自私自满之见可渐渐蠲除矣。

译文

《扬雄传》中说："君子得天时就要大展拳脚，不得天时就要退隐。"这里所说的"龙蛇"，就是讲的一曲一直，一伸一屈。比如行为端庄，品行高洁，这就是伸的一面。言语谦恭礼让，这就是屈的一面。这诗讲的是害怕品行高居当世而被伤害，所以言语谦恭礼让，以自屈求全，这就是"龙蛇"之道。

所谓相由心生，人的心态、情绪会反映到相貌上。自古以来的道德高尚的人，他们的淡泊高雅、亲近平和，没有哪个不在外表上自然流露出来。我的外表上流露出来的状态没有一点进步，这难道是我的贪图享受的意念还没有变得淡泊吗？难道是我的处心积虑算计别人的心思还没有消除吗？我应当强烈反省自己，以从外表上能得到验证。

大凡有血气之性的人，都会生出想超过他人的念头。讨厌卑下而追求高位，讨厌贫贱而希图富贵，讨厌默默无闻而思慕显赫的名声，这是世人的常情。而那些普通人中有血性的人，大都是终生沉寂，悄悄退守。难道他们跟一般人天性相异吗？事实上他们是看到了大的方面，而知道一般人所争逐的不值得计较。自从秦汉以来，直到今天，所谓达官贵人，哪里能数得清呢？当他们高居权势要职时，举止仪态从容高雅，自以为有超过他人万倍的才智。但到他们死后看，就跟当时杂役贱卒、从事低下行当的买卖人、浑浑噩噩地活着又死去的人，没有什么不同的。而其中又有所谓依靠功业文章猎取浮名的人，也自以为才智超过他人万倍。但到他们死后看，他们跟当日的杂役贱卒、从事低下行当的买卖人、浑浑噩噩地活着又死去的人，是没有什么特别不同的。既然这样，那么今日那些身居高位而取得虚名的人，以为自己以文章蕴含高深义理才地位显贵，因而毫无愧色地自认为高明，而不知道自己跟眼前那些杂役贱卒、从事低下行当的买卖人一样，都将要同归于干干净净，而没有丝毫差异，难道不让人感到悲哀吗！

古代的英雄，胸怀都很广大，事业规模宏大，而他们教训与告诫子孙，都是恭谨甚深，身体就如同鼎一样稳固。依仗高贵欺凌别人，别人难以服气；以威望加于人，人不讨厌。这是容易办到的事情。声色嬉游之类活动，不应该让他们太过度了；赌博、酗酒、钓鱼、狩猎，这一切都不要做。供身体享用的物品，都要有个限度；奇异的服装玩物，不应有太大兴趣。应该适宜地多多引见佐吏。与他们相见次数不多，他们与我就不亲近；不亲近就无法了解他们的心情；不了解他们的心情，又如何知道各类事情呢？这几位先生，都具备雄才大略，都有经营天下的志向，而他们教育、告诫子孙，都是意旨简约，从卑微处着想，收敛、抑制自己得很厉害。

静下来细细思考，古往今来已有亿万年，而且没有穷尽。人在其中生存，只不过几十年的时间，恰与一刹那相似！大地广阔几万里，无法知道它的边缘。人在上面生活，睡觉休息，活动游走，白天只需一间屋子，晚上只需要一张床！古人和近人写作的书籍，浩如烟海，人的目光所能涉及的，只不过是九牛一毛！世事千变万化，有各种途径的美名，而人一辈子的力量所能达到的，不过是巨大的米仓中的一粒米！懂得了时间无限而我所经历的时间极短，那么碰到了忧患逆境，就需稍作忍耐，等它安定。知道了大地宽广而我所居住的地方是如此的小，那么碰到了名利争夺之事，就懂得退让隐忍。知道了书籍是如此的多而我所看过的书是如此的少，就不会因为稍有心得就沾沾自喜，而应当考虑选择其中好的去持守。知道发生的事情很多而我所处理的很少，就不敢夸耀自己的功名，而应当考虑推举贤人以共同去处理。如果这么做了，自私自满的偏见就会慢慢被清除了。

阅典笔记

虚心使人进步。孔子曰："三人行，必有我师焉。"学无止境，天外有天，人外有人。无论在工作、学习还是生活中，我们都要以一种谦虚的态度去处事。只有这样，我们才会见贤思齐，不断弥补自身的不足，更好地完善自己。

十八 盈虚

原典

尝观《易》之道，察盈虚消息之理，而知人不可无缺陷也。日中则昃，月盈则亏，天有孤虚，地阙东南，未有常全而不缺者。“剥”也者，“复”之几也，君子以为可喜也。“夬”也者，“姤”之渐也，君子以为可危也。是故既吉矣，则由吝以趋于凶；既凶矣，则由悔以趋于吉。君子但知有悔耳。悔者，所以守其缺而不敢求全也。小人则时时求全。全者既得，而吝与凶随之矣。众人常缺，而一人常全——天道屈伸之故，岂若是不公乎？

天下事焉能尽如人意？古来成大事者，半是天缘凑泊，半是勉强迁就。

金陵之克，亦本朝之大勋，千古之大名，全凭天意主张，岂尽关乎人力？天于大名，吝之惜之，千靡百折，艰难拂乱，而后予之。老氏所谓“不敢为天下先”者，即不敢居第一等大名之意。弟前岁初进金陵，余屡信多危悚敬戒之辞，亦深知大名之不可强求。今少荃二年以来屡立奇功，肃清全苏。吾兄弟名望虽减，尚不致身败名裂，便是家门之福。老师虽久而朝廷无贬辞，大局无他变，即是吾兄弟之幸。只可畏天知命，不可怨天尤人。所以养身却病在此，所以持盈保泰亦在此。

谆谆慎守者但有二语，曰“有福不可享尽，有势不可使尽”而已。福不多享，故总以俭字为主，少用仆婢，少花银钱，自然惜福矣；势不多使，则少管闲事，少断是非，无感者亦无怕者，自然悠久矣。

余斟酌再三，非开缺不能同藉。平日则嫌其骤，功成身退，愈急愈好。

译文

我曾经研究《周易》中所讲述的道理，了解盈虚转化的原因，才知道人不可能没有缺陷。日中则昃，月盈则亏，天有孤虚，地阙东南，没有什么是完美无缺的。“剥”卦讲阴盛阳衰，小人得志而君子困顿，但这也含着与之对应的“复”卦，即阳气重生，生机再起，所以君子就认为得到了“剥”卦是可喜的。“夬”卦讲的是君子道长而小人道消，但它暗含着相应的“姤”卦，即阴气入侵，小人道又长，所以君子就以为得到“夬”卦就暗伏着危机。正是这个原因，本来是吉道，由于不愿意跟从而趋向凶了；本来是凶道，由于悔过而变为吉了。所以，一个算得上君子的人，只应该注意反省自己，检查诸过。知道了悔过，所以对缺陷也能以寻常心淡漠处理，不去苛求完美了。但小人就时时刻刻追求圆满。圆满的结果来时，吝与凶也随之而来了。大家都有缺陷，而独你一人十全十美——天道是屈伸转化的，难道会如此不公平？

天下之事哪能有如此尽如人意的？自古以来成就大事的人，一半是天缘巧合，一半是由后天努力勤勉侥幸所得。

攻克金陵，也是本朝的一件大功，这都是上天赐与的，哪会完全是人力做到的？上天对大功名非常吝惜，非要经过千锤百炼、艰难平乱之后不会给予。老子说的“不敢为天下先”，就是说的不敢领受天下第一等的大功名的意思。弟弟前年刚进金陵时，我给你写的信大多是危险、警戒的话，因为我深深地了解，大名是不可强求的。李鸿章这两年来屡立奇功，已肃清江苏全境太平军。我们兄弟的名望虽受影响而下降，但还不至于身败名裂，这就是家门之福。湘军疲劳困顿已很长时间了，但朝廷没有一句贬斥之词，现在的状况没有其他的变故，就是我们兄弟的幸运了。我们要敬畏上天，认知天命，不要怨天尤人。这样做就可以保养身体，除却疾病，也可以在功业圆满时保全自己。

诚恳恭敬、谨慎坚守的其实就只有两句话，即有福气的时候不要过度贪图享受，有权势的时候不要纵欲过度。有福气的时候不要过分贪图享受，还是要以节俭为主，少用仆婢，少花钱，这样就是惜福了；有权势的时候，就要少管闲事，少理是非，这样既不受恩，也不结仇，自然就能够保全得很长了。

我再三考虑，如果不主动请求朝廷开缺，恐怕是回不了老家了。平时生怕来得太快，现在功成名就之后，只想功成身退，希望越快越好。

阅典笔记

《左传·襄公十一年》："思则有备，有备无患。"处在安定的环境中要想到可能产生的危难、祸害。曾国藩就能够在安中考虑危机。在失望之余，要会发奋图强，坚持不懈，做出自己应有的努力。他认为，宇宙的时间与空间是无限的，人的寿命与见闻是有限的；知识和事务是无限的，人生所能读、能办的是有限的。人们应该用这种相对的观点来看待人生和个人的成败得失。而名声愈大，赏赐越厚，他的心情越紧张，行动越谦谨，唯恐不能保全末路。咸丰十一年，曾国藩接奉节制四省军事的命令，且喜且惧。他在日记中写道："余近浪得虚名，亦不知其所以然便获美誉。古之得虚名而值时艰者，往往不克保其终，思此不胜大惧。"所以，同治七年，曾国藩赴直隶总督任，离开南京时，地方官组织盛大欢送仪式。曾国藩对此并无得意之情，反增畏惧之感。而这种居安思危又不失乱中求定的精神，这才是他能成为末世圣人的主要原因。

家训

养心

篇一

曾国藩推崇自我修养的提升，而这种提升，最难在于“养心”。养心的境界在于不受外界所迫，而自然而然地自我约束，行善去恶。为此，曾国藩又提出了慎独、主敬、求仁、习劳的方法，达到心安、身强、人悦、神钦的境界，从而实现养心的目标。

此外，曾国藩进一步提出了“修身五箴”，即立志、居敬、主静、谨言、有恒五个自我修身的方法。值得注意的是，曾国藩在其反复强调的静心、谨慎、持之以恒等之外，提出了立志与修身的相互关系，认为立志既是修身的一部分，又能够推动修身的进程。

总之，本篇以养心为核心内容，不仅阐述了什么是养心，更提供了怎么养心的实用方法，可谓曾国藩多年来自我修身的总结。

一　日课四条

慎独主敬　求仁习劳

原典

一曰慎独则心安。自修之道，莫难于养心。心既知有善，知有恶，而不能实用其力，以为善去恶，则谓之自欺。方寸之自欺与否，盖他人所不及知，而己独知之。故《大学》之诚意章，两言慎独。果能“好善如好好色，恶恶如恶恶臭”，力去人欲以存天理，则《大学》之所谓

"自慊",《中庸》之所谓"戒慎恐惧",皆能切实行之。即曾子之所谓"自反而缩",孟子所谓"仰不愧,俯不怍",所谓"养心莫善于寡欲",皆不外乎是。故能慎独,则内省不疚,可以对天地,质鬼神,断无"行有不慊于心则馁"之时。人无一内愧之事,则天君泰然,此心常快足宽平,是人生第一自强之道、第一寻药之方、守身之先务也。

二曰主敬则身强。"敬"之一字,孔门持以教人,春秋士大夫亦常言之。至程朱则千言万语,不离此旨。内而专静纯一,外而整齐严肃,敬之工夫也。出门如见大宾,使民如承大祭,敬之气象也。修己以安百姓,笃恭而天下平,敬之效验也。程子谓:"上下一于恭敬,则天地自位,万物自育,气无不和,四灵毕至,聪明睿智,皆由此出,以此事天飨帝。"盖谓敬则无美不备也。吾谓"敬"字切近之效,尤在能固人肌肤之会,筋骸之束。庄敬日强,安肆日偷,皆自然之征应。虽有衰年病躯,一遇坛庙祭献之时,战阵危急之际,亦不觉神为之悚,气为之振,斯足知敬能使人身强矣。若人无众寡,事无大小,一一恭敬,不能懈慢,则身体之强健,又何疑乎?

三曰求仁则人悦。凡人之生,皆得天地之理以成性,得天地之气以成形。我与民物,其大本乃同出一源。若但知私己而不知仁民爱物,是于大本一源之道,已悖而失之矣。至于尊官厚禄,高居人上,则有拯民溺救民饥之责;读书学古,粗知大义,即有觉后知觉后觉之责。若但知自了,而不知教养庶汇,是于天之所以厚我者,辜负甚大矣。孔门教人,莫大于求仁,而其最切者,莫要于"欲立立人,欲达达人"数语。立者,自立不惧,如富人百物有余,不假外求。达者,四达不悖,如贵人登高一呼,群山四应。人孰不欲己立己达?若能推以立人达人,则与物同春矣。后世论求仁者,莫精于张子之西铭。彼其视民胞物与,宏济群伦,皆事天者性分当然之事。必如此,乃可谓之人;不如此,则曰悖德,曰贼。诚如其说,则虽尽立天下之人,尽达天下之人,而曾无善劳之足言,人有不悦而归之者乎?

四曰习劳则神钦。凡人之情莫不好逸而恶劳。无论贵贱智愚老少,皆贪于逸而惮于劳,古今之所同也。人一日所着之衣,所进之食,与一日所行之事,所用之力相称,则旁人韪之,鬼神许之,以为彼自食其力也。若农夫织妇终岁勤动,以成数石之粟,数尺之布;而富贵之家，终岁逸乐，不管一业，而食必珍羞，衣必锦绣，酣豢高眠，一呼百诺。此天下最不平之事，鬼神所不许也！其能久乎？古之圣君贤相，若汤之昧旦不显，文王日昃不遑，周公夜以继日，坐以待旦，盖无时不以勤劳自励。《无逸》一篇，推之于勤则寿考，逸则夭亡，历历不爽。为一身计，则必操习技艺，磨练筋骨，困知勉行，操心危虑，而后可以增智慧而长才识；为天下计，则必己饥己溺，一夫不获，引为余辜。大禹之周乘四载，过门不入，墨子之摩顶放踵，以利天下，皆极俭以奉身，而极勤以救民。故荀子好称大禹墨翟之行，以其勤劳也。军兴以来，每见人有一材一技，能耐艰苦者，无不见用于人，见称于时。其绝无材技，不惯作劳者，皆唾弃于时，饥冻就毙。故勤则寿，逸则夭。勤则有材而见用，逸则无能而见弃。勤则博济斯民，而神祇钦仰；逸则无补于人，而神鬼不钦。是以君子欲为人神所凭依，莫大于习劳也。

余衰年多病，目疾日深，万难挽回。汝及诸侄辈，身体强壮者少。古之君子修己治家，必能心安身强，而后有振兴之象；必使人悦神钦，而后有骈集之祥。今书此四条，老年用自敬惕，以补昔岁之衍，并令二子各自勖勉。每夜以此四条相课，每月终以此四条相稽。仍寄诸侄共守，以期有成焉。

译文

第一条，慎独则心安。自我修养，没有比养心更难的。心里既然知道有善有恶，却不能真正尽力为善去恶，这就是自己欺骗自己。心里是否自欺，别人是不知道的，只有自己知道。所以，《大学》中“诚意”这一章节，两次说到慎独。如果真能做到“喜欢善如同喜好美色，讨厌恶如同讨厌恶臭”一样，尽力去掉人欲而存天理，那么《大学》中所说的自慊，《中庸》中所说的戒慎恐惧，都能够切实地做到。曾子所说的“问心无愧，天下都去得”，孟子所说的“俯仰无愧于天地”，所谓“养心，没有比寡欲更好”，都是这些内容。所以，能够慎独，则自我反省不会感到内疚，可以无愧于天地、鬼神，肯定不会“行为不合于心意而导致不安”。人若没有内心感到羞愧的事，心里就会泰然，常常感到愉快、平和，这是人生自强的首要之道、寻乐的最好方法、守身的首要之务。

第二条，主敬则身体强健。“敬”这个字，是孔孟用来教育人的，春秋

◎ **孟子（约前 372—前 289）**
名轲，字子舆。战国时期鲁国人，庆父后裔。中国古代著名思想家、教育家，战国时期儒家代表人物。著有《孟子》一书。孟子继承并发扬了孔子的思想，成为仅次于孔子的一代儒家宗师，有“亚圣”之称，与孔子合称为“孔孟”。

时的士大夫，也常常说到它。“二程”与朱子的千言万语，都离不开“敬”这个主旨。内心静定纯一，没有杂念，外表则整齐严肃，这就是敬的功夫。出门如同是去见重要的客人，役使老百姓如同是参加隆重的祭祀活动，这就是敬的气象。修养内心以安天下百姓，诚笃恭敬则天下太平，这就是敬的效验。程子说：“如果上上下下都恭敬，那么，天地自安本位，万物自己化育，风调雨顺，各种祥瑞都会出现，人的聪明睿智也都由此而产生。以此敬事上天，使天子感到满意。”所以说敬则一切美事都会齐备。我认为“敬”对人们最切近的功效，尤其在于能使人身体健康。人若庄敬，身体就越来越强；人若贪图安逸，身体则越来越差。这都是自然而然的事情。即使已是年迈多病，但一遇到庙会祭祀等重大活动，或者是在战场上碰到危急时刻，也会觉得精神为之一振，仅这点就足以证明“敬”能够使人身体强壮。如果人能在无论人少或人多，无论事情大小的情况下，都能一一恭敬地做，不敢松懈怠慢，那么，身体必然强健，又有什么值得怀疑的呢？

第三条，如果追求仁，人们就会感到愉快。大凡人出生，都是禀赋天地之理而成性，得天地气而成形体的。我与百姓及世间万物，从根本上说同出一源。如果只知道爱惜自己而不知道为百姓万物着想，那么，就违背了这同一的根本。至于做大官，享受优厚的俸禄，高居于百姓之上，则有拯救百姓于痛苦、饥饿之中的职责。读圣贤书，学习古人，粗略知道了其中的大义，就有启蒙还不知大义之人的责任。如果只知道自我完善，而不知道教养百姓，就会大大地辜负了上天厚待我的本心。儒家教育，最重要的就是教育人们要追求仁，而其中最急切的，就是“自己若想成就事业，首先就要帮助别人成就事业；自己想要显达，首先就要帮助别人显达”这几句话。已经成就事业的人，对自己能否成功是不用担心的，如同富人本就很富裕，并不需要去向别人借一样；已显达的人，继续显达的途径很多，好比是身份尊贵的人，登高一呼，四面响应的人就很多一样。人哪有不想自己成就事业让自己显达的呢？如果能够推己及人，让别人也能成就事业，能够显达，那么，就像万物回春一样美满了。后世谈论追求仁，没有超过张载的《西铭》的。他认为推行仁于百姓与世间万物，广济天下苍生，都是敬事上天的人理所应当做的事。只有这样做，才算是人；否则就违背了做人的准则，只能算贼。如果人们真的如张载所说的那样，那么使天下的人都能成就事业，都能够显达，自己却任劳任怨，天下还有谁能不心悦诚服地拥戴他呢？

第四条，习惯于勤劳，则神仙都会钦佩。人之常情，没有不好逸恶劳的。不论贵贱、智愚、老少，都贪图安逸，害怕劳苦，这是古今都相同的。人一天所穿的衣服、所吃的饭，与他一天所做的事、所出的力相称，那么旁人就会认可，鬼神就会赞同，认为他是自食其力了。至于种田的农民、织布的妇女，一年到头勤勉辛劳，不过获得几石粟、几尺布；而富贵人家，终年安逸享乐，一件事都不做，吃的是山珍海味，穿的是绫罗绸缎，豢养很多奴才，高枕而眠，一呼百应。这是天下最不公平的事，鬼神都不会赞同！这能够长久吗？古代的圣明君主、贤德宰相，比如商汤通宵达旦地工作，周文王无暇吃饭，周公废寝忘食，坐待天亮，都时时以勤劳激励自己。《无逸》这个篇章，推论到人若勤劳便会长寿，人若贪图安逸便会夭亡，这是屡试不爽的。为自己着想，则必须习练技艺，磨练筋骨，遇到困惑不断地学习，不断勉励自己身体力行，居安思危，这样才会增加智慧，增长才干。为天下着想，则必须自己忍受饥饿劳苦，只要有一人没有收获，就应当视作是自己的罪过。大禹治水，历尽辛劳，三过家门而不入；墨子不辞辛劳，为天下人谋福利。他们都是自己非常节俭，拯救百姓却极为勤勉。荀子偏爱大禹、墨子的行为，就是因为他们勤劳的缘故。自从我开展军事工作以来，往往见到有一技之长、能忍受艰难困苦的人，都能被人任用，得到当时人的称赞；而那些没有才能，也无一技之长，又不习惯勤劳的人，都被当时人所唾弃，最后冻饿而死。因此，勤劳的人便会长寿，安逸的人就会夭折。勤劳，便有才能，就能为人所用；安逸，则无才能，就会被人抛弃。勤劳，便能普济众生，连神都会钦佩仰慕；安逸，则无任何价值，神鬼都不会保佑他。所以，君子若要成为人们和神都能信赖的人，最重要的就是要习惯于勤劳。

我到老年后，身体多病，眼病也越来越厉害，这种状况已很难改变。你和诸位侄子中，身体强壮的很少。古代的君子自我修养，治理家业，一定要身心强健，然后才能使家业振兴；一定要做到人人悦服，鬼神钦敬，然后才会有各种运气到来。现在写这四条日课，一方面是我年老时用来自我激励，以弥补以往的不足，同时也是要勉励两个儿子，每天晚上都按这四条去学习，到每个月终时则用这四条来考核。同时请诸位侄子共同遵守，希望他们能有所成就。

触类旁通

◎ 通典

羊祜诫子修德

羊祜在《诫子书》中教育儿子如何处世待人时写道："吾少受先君之教，能言之年，便召以典文；年九岁，便诲以《诗》《书》，然尚无乡人之称，无清异之名。今之职位，谬恩之加耳，非吾力所能致也。吾不如先君远矣！汝等复不如吾。咨度弘伟，恐汝兄弟未之能也；奇异独达，察汝等将无分也。恭为德首，慎为行基，愿汝等言则忠信，行则笃敬，无口许人以财，无传不经之谈，无听毁誉之语。闻人之过，耳可得受，口不得宣，思而后动，若言行无信，身受大谤，自人刑论，岂复惜汝？耻之祖考思乃父言，纂父教，各讽诵之。"

◎ **羊祜（221—278）**
西晋大臣。字叔子。泰山南城（今山东费县西）人，其妹为司马师妻。司马昭时掌机密。晋代魏后坐镇襄阳都督荆州诸军事，曾上表奏请伐吴。博学能文，著有《老子传》等。虽出身士族，但力行节俭，常将禄俸散给族人、军士，家无余财。襄阳百姓在岘山立祠建碑纪念羊祜，道途相望，相率流涕，杜预因称为"堕泪碑"。

◎ 评价

西晋名臣羊祜，一生不仅以功勋著称，更以品德称善。他的《诫子书》，先从自身说起，告诉儿子他从小就受到严格的家庭教育，但在乡里还无"清异"之名；启发儿子应更加修养品德；训诫儿子说话要老实守信用，对人要宽厚恭敬，不传无根据的话，不要听信诽谤和赞誉的话，要谦逊谨慎，三思而后行，切忌言行无信，招来祸灾，辱没祖宗。

◎ 通典

长孙皇后“慎独则心安”

唐太宗李世民的皇后长孙氏，知书明礼，经常帮助太宗皇帝处理国事。

长孙皇后喜好读书，颇有见地，特别留意将公益摆在首要位置。一次，太宗退朝回宫，对魏征屡屡犯颜直谏非常恼怒，愤恨地说：“必杀此田舍翁！”长孙皇后问明原委，马上更换朝服，神态恭敬地站立于庭上。太宗大惑不解，惊问缘故，皇后说：“君主圣明方会有骨鲠之臣，岂敢不施贺礼。”太宗恍然大悟，遂转怒为喜。长孙皇后地位显赫，但从不假公济私，多次阻止太宗用其亲属担任要职。长孙皇后自己生活俭朴，并常以之来教育晚辈。她曾对太子说：“为太子，患有无德操功名，岂患家中缺少用具！”长孙皇后对下人也关怀备至。有时，太宗无理谴责宫人，皇后便站出来为他们伸冤，使宫内刑无枉滥。皇后依凭高尚的品德赢得大家一致爱戴。皇后为使太宗安心朝政，操劳过度，身染重病，但在弥留之际，仍念念不忘国事，叮嘱太宗去奢任贤，勿宠外戚，简办丧事。

长孙皇后的哥哥长孙无忌，过去与李世民是布衣之交，是开国元勋之一，李世民便把最机要的事委托给他，让他自由出入宫禁，并任命他为宰相。长孙皇后听说后坚决不同意，每遇机会便向唐太宗奏道：“我已成为皇后，尊贵到了极点，实在不愿意兄弟子侄占据朝廷要职。汉代吕氏、霍氏乱政的历史，应当引为深刻的教训，真诚希望圣明的唐朝不要用我的兄长长孙无忌作为宰相。”但太宗皇帝没有接受她的意见，还是任用长孙无

◎ **蔡邕**（133—192）
字伯喈，陈留圉（今河南杞县）人，东汉文学家、书法家，通晓经史、天文、音律，擅长辞赋。曾因弹劾宦官被流放朔方。献帝时董卓强迫他出仕为侍御史，官左中郎将。董卓被诛后，为王允所捕，死于狱中。

忌做左武侯大将军、吏部尚书、右仆射。长孙皇后又私下让兄长无忌一再去请求辞官，太宗没办法只好应允，改任长孙无忌为开府仪同三司。长孙皇后知道后，这才高兴地同意了。长孙皇后去世后，唐太宗非常伤心，认为自己从此“失一良佐”。

◎ 评价

智谏太宗也好，劝诫无忌也罢，长孙皇后既没有阿谀奉承讨好皇帝，也没有扩张势力扶持家族；相反，她认为自己所做的事情是扬善去恶的事情，做起来心安理得。这就是曾国藩所说的“慎独则心安”。

◎ 通典

蔡邕《女训》育才女

东汉末年的才女蔡文姬，可谓是德才兼备、内外兼修的典范，历来受到人们的推崇。其父蔡邕，乃是当时大名鼎鼎的文学家和书法家。蔡邕曾有《女训》一文，专门提到女子的思想和修养问题：

“心犹首面也，是以甚致饰焉。面一旦不修，则尘垢秽之。心一朝不思善，则邪恶入之。咸知饰其面，不修其心，

◎ **蔡文姬**（约117—？）
名琰，陈留圉（今河南杞县）人，蔡邕之女。博学有才辩，深谙音律。献帝兴平年间，被南匈奴所掳。曹操惜友爱才，以金璧赎归，再嫁屯田都尉董祀，令其补辑其父失散之著述，其忆写400余篇。有《胡笳十八拍》《悲愤诗》等，倾述战乱之苦及归汉时母子别离之惨，哀怨激愤，感人至深。

惑矣。夫面之不饰，愚者谓之丑。心之不修，贤者谓之恶。愚者谓之丑犹可，贤者谓之恶，将何容焉。

“故览照拭面则思其心之洁也，傅脂则思其心之和也，加粉则思其心之鲜也，泽发则思其心之顺也，用栉则思其心之理也，立髻则思其心之正也，摄鬓则思其心之整也。”

◎ 评价

蔡邕用爱美之心人皆有之的普通心理现象，反复强调做人修养品德、净化心灵比美化容貌更重要，要求女儿整发修面、美化自身时，莫忘修养心性，崇尚节操。这和曾国藩“内而专静纯一，外而整齐严肃”的“主敬”有异曲同工之妙。

二　守静

神明如日之升　身体如鼎之镇

原典

神明则如日之升，身体则如鼎之镇，此二语可守者也。惟心到静极时，所谓未发之中，寂然不动之体，毕竟未体验出真境来。意者，只是闭藏之极，逗出一点生意来，如冬至一阳初动时乎。贞之固也，乃所以为元也；蛰之怀也，乃所以为启也。谷之坚实也，乃所以为始播之种子也；然则不可以为种子者，不可谓之坚实之谷也。此中无满腔生意，若万物皆资始于我心者，不可谓之至静之境也。然则静极生阳，盖一点生物之仁心也，息息静极，仁心之不息，其参天两地之至诚乎？颜子三月不违，亦可谓洗心退藏极静中之真乐者矣。

译文

心神清明像太阳升起一样，身体则如同鼎一样立地不动。这两句话是应当遵循的。心到静极时，这是喜怒哀乐未发之时，身体寂然不动，毕竟还没体验出真正的意境。只是思想意识闭藏到了极点，才招引出来一点生气，如同冬至时节的一阳初动。坚贞不移，这就是“元”；等春雷一响，这就是“启”。坚实的谷物，才用来播种；不能用来做种子的谷物，不能说是坚实的谷物。因为其中没有满满的生机，就好比万物的生长都依赖于“我执”之心一样，只要还有“我”这个概念，就还不可以说到了至静的境界。但是，静极生阳，因为一点生物的仁心，每一气息静极，仁心不息，这不就是天地间的诚吗？颜子三个月不违仁，也可以说是到静极的境界中获得真正快乐的人了。

原典

我辈求静，欲异乎禅氏入定，冥然罔觉之旨，其必验之此心。有所谓一阳初动，万物资始者，庶可谓之静极，可谓之未发之中，寂然不动之体也。不然，深闭固拒，心如死灰，自以为静，而生理或几乎息矣，况乎其不能静也。有或扰之，不且憧憧往来乎？深观道体，盖阴先于阳信矣。然非实由体验得来，终掠影之谈也。

译文

我们求静，想要与禅门的入定不同，必须用心体验这细密而又未可觉察的意旨。所谓的一阳初动（编者按：一阳初动，指《易经》乾卦中第一爻变复：初九，潜龙勿用，盛阳之下，一阳生而变，六变临、泰、大壮、夬、乾，方达到乾卦总象解中《彖传》所去的“万物资始”），万物由此生长，才可以说静极，可以说喜怒哀乐还未生发，身体寂然不动。不然的话，一味求静，心如死灰，自认为是静，实际上生理的机能都几乎丧失了，何况这样做并不能静。如果有外在的干扰，心不就又不安定了吗？我深入地体察这一个道理，认为阴极复生阳才有了一阳初动。但倘若不是亲身体验，始终只能是浮光掠影地说说罢了。

原典

自戒惧而约之，以至于至静之中，虽少偏倚，而其守不失，则极其中而天地位。此绵绵者，由动以之静也。自谨独而精之，以至于应物之处，无少差谬，而无适不然，则极其和而万物育。此穆穆者，由静以之动也。由静之动，有神主之；由动之静，有鬼司之。终始往来，一敬贯之。

译文

从因为戒惧而约束自己，以至在至静的境界中，虽然没有什么偏颇，但内心之操守不失，则达到了“中”的境界，天地由此立位。此种绵绵不息的样子，就是由动而到静。从慎独而精进，以至在待人接物方面极少差错，没有不合适、不正确的地方，则达到了“和”的境界，万物由此化育。这种肃穆之象，是由静到动。从静到动，有神在那儿主持；从动到静，有鬼在那儿司察。动静之间的这种循环往复，靠“敬”来加以贯穿。

原典

静坐思，心正气顺，必须到“天地位，万物育”田地方好;默坐思，此心须常有满腔生意。杂念憧憧，将何以极力扫却？勉之！

译文

静坐而思，心灵坦荡，气血和顺，必须达到“天地位，万物育”的境地，才算有效验。默坐而思，心灵中一定要常常充满生意。杂念丛生，靠什么东西来把它们全部排除？一定要勤加努力！

三　进德修业

只有进德修业两事靠得住

原典

吾人只有进德修业两事靠得住。进德，则孝悌仁义是也；修业，则诗文作字是也。此二者由我作主，得尺则我之尺也，得寸则我之寸也。今日进一分德，便算积了一升谷;明日修一分业，又算余了一文钱。德业并增，则家私日起。至于功名富贵，悉由命定，丝毫不能自主。

译文

我们只有增进德行和研修学业这两件事靠得住。进德，就是恪守孝悌仁义；修业，就是写诗词文章、写字。这两件事可以由自己做主：进步一尺，这个一尺就是我的；进步一寸，这个一寸也是我的。今天进了一分德就像积存了一升谷一样，明天修了一分业又像富余了一文钱一样。德和业一起增加，家中的财产也就越来越多。至于功名富贵，这都是命里注定的，自己一点都不能做主。

触类旁通

◎ 通典

遗财不如遗德

《家范》为北宋著名政治家、史学家、散文家司马光所著，历代推崇为家教的范本。全书共十九篇，系统地阐述了封建家庭的伦理关系、治家原则，以及修身养性和为人处世之道。书中引用了许多儒家经典中的治家、修身格言，对后世颇有启发。该书还收集了大量历代治家有方的实例和典范，为后人树立了楷模。《家范》中写道：

“为人祖者，莫不思利其后世。然果能利之者，鲜矣。何以言之？今之为后世谋者，不过广营生计以遗之。田畴连阡陌，邸肆跨坊曲，粟麦盈仓，金帛充箧笥，慊慊然求之犹未足，施施然自以为子子孙孙累世用之莫能尽也。然不知以义方训其子，以礼法齐其家。自于数十年中勤身苦体以聚之，而子孙于时岁之间奢靡游荡以散之，反笑其祖考之愚不知自娱，又怨其吝啬，无恩于我，而厉虐之也。始则欺绐攘窃，以充其欲；不足，则立券举债于人，俟其死而偿之。观其意，惟患其考之寿也。甚者至于有疾不疗，阴行鸩毒，亦有之矣。然而向之所以利后世者，适足以长子孙之恶而为身祸也。顷尝有士大夫，其先亦国朝名臣也，家甚富而尤吝啬，斗升之粟、尺寸之帛，必身自出纳，锁而封之，昼则佩钥于身，夜则置钥于枕下。病甚，困绝不知人，子孙窃其钥，开藏室，发箧笥，取其财。其人

◎ **司马光**（1019—1086）
字君实，号迂夫，晚年号迂叟，世称涑水先生，陕州夏县涑水乡（今山西运城夏县）人。北宋著名的史学家、散文家。原本支持渐进的政治改革，王安石变法后，成为反对变法的领袖人物。生平著作甚多，最重要的为史学巨著《资治通鉴》。

后苏，即扪枕下，求钥不得，愤怒遂卒。其子孙不哭，相丐争匿其财，逐致斗讼。其处女亦蒙首执牒，自讦于府庭，以争嫁资，为乡党笑。盖由子孙自幼及长，惟知有利，不知有义故也。夫生生之资，固人所不能无，然勿求多余，多余希不为累矣。使其子孙果贤耶，岂蔬粝布褐不能自营，至死于道路乎？若其不贤耶，虽积金满堂，奚益哉？多藏以遗子孙，吾见其愚之甚也。然而贤圣皆不顾子孙之匮乏邪？曰，何为其然也？昔者圣人遗子孙以德以礼，贤人遗子孙以廉以俭。舜自侧微积德至于为帝，子孙保之，享国百世而不绝。周自后稷、公刘、太王、王季、文王，积德累功，至于武王而有天下。其诗曰：治厥孙谋，以燕翼子。言丰德泽，明礼法，以遗后世而安固之也。故能子孙承统八百余年，其支庶犹为天下之显，诸侯棋布于海内。其为利岂不大哉！”

◎ 评价

司马光认为，做长辈的都想造福于子孙后代，但真正能够做到这点的人却很少。因为这些人只知道给子孙留下财物，而不知道用道义训诫子孙，用礼法治理家庭。其结果是助长了子孙的许多不良行为，甚至产生斗讼、盼父母早死等弊端。相反，圣人给子孙留下的遗产是德和礼，贤人给子孙留下的遗产是廉与俭。他例举了舜积德为帝，享国百年等事例，忠告人们，遗德于子孙后代远比遗财于后代更为有益。

四　修身五箴

立志居敬　谨言有恒

原典

五箴并序

少不自立，荏苒遂洎。今兹盖古人学成之年，而吾碌碌尚如斯也，不其戚矣！继是以往，人事日纷，德慧日损，下流之赴，抑又可知。夫疾所以益智，逸豫所以亡身。仆以中才，而履安顺，将欲刻苦而自振拔，谅哉！其难之欤！作五箴以自创云。

立志箴

煌煌先哲，彼不犹人。藐焉小子，亦父母之身！聪明福禄，予我者厚哉！弃天而佚，是及凶灾。积悔累千，其终也已！往者不可追，请从今始。荷道以躬，兴之以言！一息尚存，永矢弗谖！

居敬箴

天地定位，二五胚胎。鼎焉作配，实曰三才。俨恪齐明，以凝女命。女之不庄，伐生戕性。谁人可慢？何事可弛？弛事者无成，慢人者反尔。纵彼不反，亦长吾骄。人则下女，天罚昭昭！

主静箴

斋宿日观，天鸡一鸣。万籁俱息，但闻钟声。后有毒蛇，前有猛虎，神定不慑，谁敢予侮？岂伊避人？日对三军，我虑则一，彼纷不纷。驰骛半生，曾不自主。今其老矣，殆扰扰以终古。

谨言箴

巧语悦人，自扰其身。闲言送日，亦搅女神。解人不夸，夸者不解。道听途说，智笑愚骇。骇者终明，谓女贾欺。笑者鄙女，虽矢犹疑。尤悔既丛，铭以自攻。铭而复蹈，嗟女既耄。

有恒箴

自吾识字，百历及兹，二十有八载，则无一知。曩者所忻，阅时而鄙。故者既抛，新者旋徙。德业之不常，是为物迁。尔之再食，曾未闻惑愆。黍黍之增，久乃盈斗。天君司命，敢告马走。

译文

五箴并序

年少时不求自立，任光阴流逝。古人在我现在的年纪已经学有所成了，而我却仍是碌碌无为，太让人伤感了！从现在开始，牵涉的人事越来越多，德行一天天减少，渐趋下流，这又是可预知的。疾病能增长人的智慧，安逸能让人丧亡。我只是中等天赋，却事业顺利，因此想下苦功使自己振奋向上，可以想像，这究竟会多难！所以创作此《五箴》。

立志箴

那些彪炳千古的先哲，他们也是普通人。我虽然藐小，但也是父母所生，给予我聪明福禄，这已是太丰厚了。不顾天道，惯于安逸，这会招来凶灾。积聚的悔恨已有上千，该是终止的时候了。已经逝去的岁月已无法挽回，那就从今天开始吧。承担道义，并用语言加以发扬。只要一息尚存，发誓不会忘记。

居敬箴

天地定位后，万物化育。鼎足而配，称为天地人三才。庄严恭敬，整齐严用，并最终诞生了你的生命。你内心不端庄，残生害性。哪个人可以对他傲慢？哪件事可以随意放松处置？处事放松的人会一事无成，对人傲慢的人别人也会对你傲慢。他人即使不加回击，也会助长你的骄气。人们最终会看不起你，这显然就是天罚。

主静箴

住在日观，听见天鸡鸣叫。万籁俱寂，只闻观中的钟声。身后是毒蛇，身前是猛虎，但只要神定心泰，谁敢欺侮我？难道不是它们避人？好比面对三军，我的思虑专一，不会因为他们的纷扰而动摇。半辈子奔走涯逐，还未曾自已做过主。等到垂垂老矣，还是浮浮躁躁，一无所成，那时悔之晚矣！

谨言箴

用花言巧语取悦于人，最终只能给自身带来灾祸。闲言碎语，也会搅乱你的心神。理解的人不夸耀，夸耀的人不理解。那些道听途说的东西，让智者笑话，让愚者惊骇。那惊骇的人弄清原委以后，会说你欺骗。笑话你的人会鄙视你，即使你很直率也会怀疑你。最终忧患愧悔丛集，便铭记下来一定要改正。铭记以后仍然蹈其覆辙，可叹你已经老了。

有恒箴

自从我识字，有各种经历，至今已有二十八年，却没有增添什么知识。

以前所喜欢的东西，过了一段时间后又加以鄙弃。既抛弃了以前的东西，新增加的东西也得而又抛。德业的进修，不能持之以恒，常为外物所左右。你如果一而再，再而三地食言，不能改过，恐怕连所谓的过错都不会再听到了。人应该有恒心，正如一粒一粒的黍米积聚一样，时间长了就能装满一斗。主宰着命运的老天爷啊，我斗胆发誓，自此立下恒心！君子一言，驷马难追。

触类旁通

◎ 通典

诸葛亮诫子

曾国藩把立志与道德修养连在了一起。当然，他并不是第一个这样做的。诸葛亮也曾经在《诫子书》中说过："夫君子之行，静以修身，俭以养德，非澹泊无以明志，非宁静无以致远。夫学须静也，才须学也，非学无以广才，非志无以成学。淫慢则不能励精，险躁则不能治性。年与时驰，意与日去，遂成枯落，非守穷庐，将复何及！"

◎ 评价

诸葛亮告诫儿子要成为高风亮节、真才实学、对社会有贡献的人。他将德育和智育看成相互联系的统一体，提出：不修养品德，就没有远大的志向；没有远大的志向，就不能勤奋治学；不勤奋学习，就没有出色才干。反之，追求安乐，意志涣散，随着年华的流逝，没有什么才能，碌碌无为，最终悔恨也来不及了。

◎ **诸葛亮**（181—234）
字孔明，号卧龙，琅琊阳都（今山东临沂沂南）人。蜀汉丞相，三国时期杰出的政治家、战略家、发明家、军事家。在世时被封为武乡侯，谥曰忠武侯。代表作有《出师表》《诫子书》等。发明木牛流马、孔明灯等。

五　修身课程

十二条课程　终日惕厉

原典

一、敬——整齐严肃，无时不惧。无事时，心在腔子里。应事时，专一不杂。清明在躬，如日之升。

二、静坐——每日不拘何时，静坐四刻，体验来复之仁心。正位凝命，如鼎之镇。

三、早起——黎明即起。醒后勿沾恋。

四、读书不二——一书未完，不看他书。东翻西阅，徒务外为人。

五、读史——丙申年，购廿三史。大人曰："尔借钱买书，吾不惜极力为尔弥缝。尔能圈点一遍，则不负我矣。"嗣后每日圈点十页，间断不孝。

六、谨言——刻刻留心，第一工夫。

七、养气——气藏丹田。无不可对人言之事。

八、保身——十二月奉大人手谕曰："节劳、节欲、节饮食。时时当作养病。"

九、日知所亡——每日读书，记录心得语，有求深意是徇人。

十、月无忘所能——每月作诗文数首，以验积理之多寡，养气之盛否。可一味耽著，最易溺心丧志。

十一、作字——饭后写字半时。凡笔墨应酬，当作自己课程。凡事不可待明日，愈积愈难清。

十二、夜不出门——旷功疲神，切戒切戒！

译文

一、敬——身心整齐严肃，时刻都心怀惧意。没有事情时，身心安泰。应对事情时，要心神专一。身心的清明，要像太阳刚升起时一样。

二、静坐——每天不管什么时候，都要抽出时间静坐四刻，体验反复往来的仁心。身正心专，如鼎镇山河般庄严。

三、早起——天一亮就起。醒来后不要贪恋被窝。

四、读书不二———一本书还没有看完，就不去看别的书。不要东翻西阅，去追求一些表面的知识。

五、读史——丙申年，买来二十三史阅读。父亲说："你借钱买书，我会尽力替你归还。你如能把这些书圈点一遍，就是没有辜负我。"从此以后每天圈点十页，若间断了，就是不孝。

六、谨言——每时每刻都要留心言行，这是首要工夫。

七、养气——气沉丹田，平心静气，则胸怀坦荡，没有不可告人之事。

八、保身——十二月，接到父亲的手谕，要我"节劳、节欲、节饮食。时时刻刻好比在养病一般。"

九、日知所亡——每天读书，都要把心得记录下来，并探求其中的深意。

十、月无忘所能——每个月写作几首诗文，以检验自己获得了多少道理，积养的正气是否旺盛。但如果沉溺于这些东西，也最容易让人丧失斗志。

十一、作字——饭后写半个时辰的字。应该把写字作为自己的课程。不要把事情放到明天来处理，这样会造成事情堆积，无法清理。

十二、夜不出门——这会造成精神疲惫，旷废功夫，必须严加戒绝。

触类旁通

道光十年（1830），已满 19 岁的曾国藩，与 10 岁的弟弟国潢去衡阳唐氏家塾，跟汪觉庵学习。国潢伶俐，有问必答，甚得塾师欢心，常被夸奖；而曾国藩沉默寡言，塾师对他的诗文只用"也好"二字敷衍。一天，曾国藩背书不流畅，塾师训斥他说："你这个生成的蠢货，一副戳牛屁股的相！你将来要是有点出息，我给你背伞！"谁知，这句气恼时的话，曾国藩始终记在心中。道光十八年（1838），他在京城参加会试，高中进士，还乡拜谢老师汪觉庵时，特地带了把伞，进门便放在汪家的神龛侧。后来告辞，他起身便走，刚到槽门口，突然对送行的汪觉庵说："我忘了带伞。"汪觉庵连忙双手拦住说："曾大人在此稍候，等我去取来便是。"汪觉庵取了伞再来时，曾国藩不冷不热地说："谢谢汪老师，今天给我背伞了！"汪觉庵猛想起往年的话，半晌哭笑不得，只有长揖而已。

可见，曾国藩在少年和青年时与普通人一样，也是斤斤计较、睚眦必报的。但是，与一般人不同的是，曾国藩并不长期沉溺于此，而是十分注重自己道德品行的提高，而具体运用的方法就是自我反省。曾国藩年轻时，有一天到陈岱云住处，与岱云谈论诗歌。曾国藩“倾筐倒箩，言无不尽”，他把自己看到的、听到的、想到的，一股脑地全部吐露出来，一直到半夜才回家。到家后，他就后悔了：自己这样天天沉溺于诗文，而不从戒惧、慎独上切实用功，已经自误了，难道还要以此误人吗？

第二天，冯树堂来访，于是他把陈岱云约来。三个人聊备酒菜，畅谈起来。冯树堂与陈岱云都很节制，只有曾国藩高谈阔论，无休无止。所谈的内容仍然是昨天晚上的话题，然而曾国藩却反反复复，沾沾自喜。朋友散后，曾国藩又检讨起来：忘记了韩愈《知名箴》中的训告，只重视外表，而轻视了内修，夸夸其谈，几乎成了自己的恶习啊！曾国藩的长处就是他能反省自己。

曾国藩不仅注重自我反省，而且特别注重听取朋友的意见，从他们的建议和评价中获得自己道德修养的努力方向。

道光二十三年二月的一天，曾国藩的好朋友邵蕙西当着曾国藩的面数落了他几件事：一是怠慢，说他结交朋友不能长久，不能恭敬；二是自以为是，说他看诗文多固执己见；三是虚伪，说他对人能作出几副面孔。

蕙西的话虽少，但件件是实，句句属真，直截了当，锋芒所向，直指曾国藩的病处。曾国藩在日记中写道：我有朋友，直率啊！我每天沉溺在大恶之中而不能自知！

这事给曾国藩很大刺激，他在另一篇日记中写道：我对客人有怠慢的样子。面对这样的良友，不能产生忌惮的心情，拿什么来吸取别人的长处？这是拒友人于千里之外啊！接待宾客尚且如此，不必再问闲居的时候了。偃息烟火，静修容颜又怎么说呢？

朋友有了过错，蕙西不指出来，那是蕙西的过错；朋友指出了过错，曾国藩不改正，那是曾国藩的过错。现在是一个直言不讳，一个表示痛改前非，正如朱熹《四书集注》中所说的：责善朋友之道也。

曾国藩既有邵蕙西这样的诤友，也有吴竹如那样的挚友。同年二月的一天，吴竹如与曾国藩促膝谈心，谈到他平生的交往，把曾国藩以知己相许。他说：“凡是阁下您所有的以期望许诺下的言语，信了它就足以滋长您自以为是的私念，不信它又恐怕辜负了您相知相许的真情，我只好自始至终怀着恐惧的心理。”几句话，不温不火，不恼不怒，字字力若千斤。曾国藩曾记下了他的感受：听了吴竹如的几句话，我悚然汗下。竹如对我的敬重，简直是将神明收敛在内心。我有什么德行能担当得起呢？连日来安逸放肆，怎么能成为竹如的知己？实在是玷污竹如啊！

但是，有了在道德修养上努力的方向和行动，并不意味着曾国藩立刻就成了圣人；恰恰相反，我们从当时曾国藩的一些家书中可以发现，曾国藩也曾是一个很小气的人，也会为自己升官发财而沾沾自喜。

道光二十七年（1847）四月，曾国藩参加翰詹大考，列二等第四名。至此，他才最后通过了仕途上层层的八股制考试。六月初二日，他升迁至内阁学士，兼礼部侍郎衔。擢次如此之快，连曾国藩本人也深感意外。他于十七日写信给祖父说，自己“由从四品骤升二品，超越四级，迁擢不次，惶悚实深”。话虽然这般说，实际上他却按捺不住内心的激情，同一天，给叔父母写信说：“常恐祖宗积累之福，自我一人享尽。”

第二天，曾国藩又给在家的三个弟弟写信，不无自负地说，“湖南三十七岁至二品者，本朝尚无一人”，“近来中进士十年得阁学者，惟壬辰季仙九师、乙未张小浦及予三人”。因此，他叮咛诸弟说：“祖母大人葬后，家中诸事顺遂，祖父之病已好，予之癣疾亦愈，且骤升至二品，则风水之好可知，万万不可改葬。若再改葬，则谓之不祥，且大不孝矣。”

另外，曾国藩认为，在温室中培养出来的道德修养毕竟是十分脆弱的，只有在激烈的矛盾冲突中仍能保持高洁的操守、圆融的处事手腕，才是一个人道德修养的真境界。这个问题，在曾国藩投笔从戎，亲自领导镇压太平天国运动的过程中反映得极为明显。

咸丰七年（1857），曾国藩在军事上受挫，心灰意冷时，父亲去世的噩耗又传到了。曾国藩便立刻率曾国华、曾国荃回籍奔丧，大有急流勇退的意思。

此次曾国藩弃军奔丧，已属不忠，此后又以复出作为要求实权的砝码，这与他平日示人的理学家面孔大相径庭。因此，他招来了种种指责与非议，再次成为舆论的中心。朋友的规劝、指责，曾国藩还可以接受，如吴敏树致书曾国藩，谈道：“曾公之事，暴于天下，人皆知其有为而为，非从其利者。今贼未平，军未少息，而叠遭家故，犹望终制，盖其心诚有不能安者。曾公诚不可无是心，其有是心而非讹言之者，人又知之。……奏折中常以不填宫衔致被旨责，其心事明白，实非寻常所见。”

好朋友罗汝怀也写信给曾国藩，指责他不应不分轻重缓急：“夫夺情之事，本出于变，而变之中又有轻重缓急之辨。……且夫丧服者一身家之私事，丧乱者天下之公愤。人臣之身既致，且不得自遂其私。……至并丧制而夺之，必事势之万无可已。故其事不及于位卑任轻之人。今以九重绮畀，四海属望，而下同乡闾之匹士，固守经曲之常轨，一再曰：‘两次夺情，从去所无。’岂足以为解手？”最令他难堪的是，“左宗棠在骆秉章幕中，肆口诋毁，一时哗然和之”。曾国藩自知心亏理缺，无法辩解，只能忍耐。但左宗棠的所作所为，却使他一直耿耿于怀，在其后谈及此事时，他仍感愤懑：“我生平以诚自信，彼乃罪我欺，故此心不免耿耿。”在内外交困的情况下，曾国藩忧心忡忡，遂导致失眠。朋友欧阳兆熊深知其病根所在，一方面为他荐医生诊治失眠，另一方面为他开了一个治心病的药方：“岐、黄可医身病，黄、老可医心病。”欧阳兆熊借用黄、老来讽劝曾国藩，暗喻他过去所采取的铁血政策未免有失偏颇。

自率湘军东征以来，曾国藩有胜有败，四处碰壁，究其原因，固然是由于没有得到清政府的充分信任而未授予地方实权所致。同时，曾国藩也感悟到自己在修养方面也有很多弱点，在为人处事方面固执己见，自命不凡，一味蛮干。后来，他在写给弟弟的信中，谈到由于改变了处世方法所带来的收获：“兄自问近年得力惟有一悔字诀。兄昔年自负本领甚大，可屈可伸，可行可藏。又每见得人家不是。自从丁巳、戊午大悔大悟之后，乃知自己全无本领，凡事都见得人家有几分是处。故自戊午至今九载，与四十岁以前大不相同，大约以能立能达为体，以不怨不尤为用。立者，发奋自强，站得住也；达者，办事圆融，行得通也。”

因此一年以后，当他再次出山时，他则变得善于应酬，左右逢源。他自己也承认，“余此次再出，已满十个月。论寸心之沉毅愤发志在乎贼，尚不如前次之志；至于应酬周到，有信必复，公牍必于本日完毕，则远胜于前”。以前，曾国藩对官场的逢迎、谄媚及腐败十分厌恶，不愿为伍，为此所到之处，常与人发生矛盾，从而受到排挤，经常成为舆论讽喻的中心。“国藩从宦有年，饱历京洛风尘。达官贵人，优容养望，与在下者软熟和同之气，盖已稔知之。而愤尝积不能平，乃变而为慷慨激烈、斩爽肮脏之一途，思欲稍易三四十年不白不黑、不痛不痒、牢不可破之习。而矫枉过正，或不免流于意气之偏，以是屡蹈怨尤，丛讥取戾。”

经过多年的实践，曾国藩深深地意识到，仅凭他一人的力量，是无法扭转官场这种状况的；如若继续为官，那么唯一的途径，就是去学习，去适应。如他自己所说：“吾往年在官，与官场中落落不合，几至到处荆榛。此次改弦易辙，稍觉相安。”此一改变，说明曾国藩在宦海沉浮中日趋世故了。

然而，认识的转变过程，如同经历炼狱再生一样，需要经历痛苦的自省。每当他自悟昨日的是与非时，常常为追忆昔日“愧悔”的情绪氛围所笼罩。因此，在家守制的日子里，曾国藩脾气很坏，常常因为小事迁怒诸弟，一年之中和曾国荃、曾国华、曾国葆都有过口角。在三河镇战役中，曾国华遭遇不幸，这使曾国藩陷入深深的自责中。在其后的家信里，他屡次检讨自己在家期间的所作所为。如，他在咸丰八年（1858）十一月十二日的家信中写道：“去年在家，因小事而生嫌衅，实吾度量不宏，辞气不平，有以致之，实有愧于为兄之道。千愧万悔，夫复何言……去年我兄弟意见不和，今遭温弟之大变。和气致祥，乖气至戾，果有明证。”同年十二月初三日又提道，“吾去年在家，以小事急竟，所言皆锱铢细故。而今思之，不值一笑。负我温弟，既愧对我祖我父，悔恨何极！当竭力作文数首，以赎余薄愆，求沅弟写石刻碑……亦足以摅我心中抑郁悔恨之怀”。

在此之后，人们对曾国藩的评价可谓褒贬不一。

语言学家俞樾在《曾涤生相侯六十寿序》等文中极力推崇曾国藩，但他的弟子章太炎则一反老师之所为，在《检论》中极力贬斥曾国藩，说：“曾国藩者，誉之则为圣相，谳之则为元凶，要其天资亟功名善变人也。始在翰林，艳举声律书法以歆诸弟；稍游诸公名卿间，而慕声誉，沾沾以文辞蔽道真；金陵之举，功成于历试，亦有群率张其羽翮，非深根宁极，举而措之为事业也。”“死三十年，其家人犹曰‘吾祖民贼’，悲夫！虽孝子慈孙，百世不能改也！”孙中山在《〈太平天国战史〉序》中，更明确地说曾国藩是“不明春秋大义”的“汉不肖子孙”。自《汉奸刽子手曾国藩的一生》刊出后，曾国藩更声名扫地。文章认为，“曾国藩那一套反革命本领，只能暂时摧残太平天国一类的初期的幼稚革命，想搬运来以破坏久经锻炼的中国人民的民主主义革命事业，就绝无成功的可能了”。

曾国藩的事功、文学已成为过去，其功过是非，难免会智仁各见。但是，他注重道德修养，并时时以品德上的进步惕厉自己。这么一种积极向上的风格和态度，无疑是值得后人借鉴和学习的。

学问 篇二

“敏而好学，不耻下问”，自春秋以降，学习本身，成为了我们文化中一个优良传统。

曾国藩有深厚的儒学底蕴，称为一代大师也不为过。他对于学习，对于读书、作文都有很高的要求。本篇是其关于求学、治学的论述。

曾国藩首先谈及的是“为学之道”，强调学习的态度。求学之道，一要虚心（“吾人为学，最要虚心”），一要求新，一要刻苦（“日新又新，百倍其功”）。而对于古人的研究成果，曾国藩针对当时人们推崇理学、好评贬汉唐诸儒的做法，又提出了“为学之道，不可轻率评讥古人”的思想。

具体论及方法，曾国藩指出，“‘看’、‘读’、‘写’、‘作’四者，每日不可缺一”。读书要循序渐进，精益求精；写作要“情极真挚”，积累素材。

一 为学之道

吾人为学 最要虚心

原典

为学之道，不可轻率评讥古人。惟堂上乃可判堂下之曲直，惟仲尼乃可等百世之子。惟学问远过古人，乃可评讥古人，而等差其高下。今人讲理学者，动好评贬汉唐诸儒，而等差之；讲汉学者，又好评贬宋儒而等差之——皆狂妄不知自量之习。譬如文理不能之童生，而令

衡阅乡会试卷，所定甲乙，岂有当哉？善学者于古人之书，一一虚心涵咏，而不妄加评骘，斯可哉。

译文

学问之道，不可轻率地去评价或讥笑古人。只有在堂上的人才能评判堂下之人的曲直是非，只有孔子才能评判百世。只有学问远远超过了古人，才可以讥评古人，排列古人的高下位置。现在讲理学的人，动不动就喜欢贬评汉唐时的儒家，并排列其高下次序。讲汉学的人，又喜欢贬评宋儒的高下。这都是狂妄而又不自量力的陋习。就好比文理未通的童生，让他去阅读衡量乡试的考卷，他所确定的高下次序，怎么会恰当呢？善于学习的人应该对古人的书籍逐一虚心诵读，而不去妄加评论，这样做才是恰当的。

原典

吾人为学，最要虚心。尝见朋友中有美材者，往往恃才傲物，动谓人不如己。见乡墨，则骂乡墨不通；见会墨，则骂会墨不通。既骂房官，又骂主考；未入学者，则骂学院。平心而论，己之所以诗文，实亦无胜人之处；不特无胜人之处，而且有不堪对人之处。只为不肯反求诸己，便都见得人家不是。既骂考官，又骂同考而先得者。傲气既长，终不进功，所以潦倒一生而无寸进也。

余平生科名，极为顺遂，惟小考七次始售。然每次不进，未尝敢出一怨言，但深愧自己试场之诗文太丑而已。至今思之，如芒在背。当时之不敢怨言，诸弟问父亲，叔父及朱尧阶便知。盖场屋之中，只有文丑而侥幸者，断无文佳而埋没者，此一定之理也。三房十四叔非不勤读，只为傲气太胜，自满自足，遂不能有所成。

京城之中，亦多有自满之人，识者见之，发一冷笑而已。又有当名士者，鄙科名为粪土，或好作诗古，或好讲考据，或好谈理学，嚣嚣然自以为压倒一切矣。自识者观之，彼其所造，曾无几何，亦足发一冷笑而已。故吾人用功，力除傲气，力戒自满，毋为人所冷笑，乃有进步也。

译文

我们从事学问，最要虚心，曾经见到朋友中有资质很好的人，往往恃才傲物，动辄就说别人不如自己。见到乡墨，就骂乡墨不通；见到会墨，就骂会墨不通。既骂房官，又骂主考官；还未入学的人，就骂学院。然而平心而论，他自己所作的诗文，也没有什么超过人家的地方；不光没有超过人家的地方，而且还有无法让人看的地方。只是因为不愿意看到自己的短处，所以就光看到别人的不足。既骂了考官，又骂与他一同考试而先中的人。傲气长后，就不会有什么进步，所以就一生潦倒而已。

我平生于科名之事上极为顺利，只是小考时考了七次才中。然而每次不中，未曾说过一句怨言，只是为自己在考场上写的诗文太差惭愧而已。至今想起来，仍有如芒刺在背的感觉。当时我不敢口出怨言，这件事你们问父亲、叔父、朱尧阶就可以知道。因为考场之中，只有因为文章太差而侥幸得中的人，绝对没有文章写得好而被埋没的，这是理所当然。三房十四叔并不是读书不勤，只是因为太傲气，自满自足，所以没有中。

京城中也有很多自满的人，有见识的人知道了，也就对此发一声冷笑而已。又有那些自认为是名士的人，鄙视科举视同粪土一般，有的喜欢作古诗，有的喜欢讲考据，有的喜欢谈理学，气焰嚣张，自认为压倒了一切。而在有见识的人看来，他们所做的事，没有多少是有价值的，也只值得发一声冷笑而已。所以我们这些人读书用功，要努力除掉傲气，戒掉自满，不要被人冷笑，然后才会有进步。

原典

天下凡物加倍磨治，皆能变换本质，别生精彩，何况人之于学？但能日新又新，百倍其功，何患不变化气质，超凡入圣！

译文

天下所有的东西只要花力气去磨治，都能改变它的本质，而成为别的精彩的东西，更何况人追求学问呢？只要每天接受新的道理，花百倍的功夫，又担心什么不能变化自己的气质，超凡入圣呢！

原典

处人处事之所以不当者，以其知之不明也。若巨细周知，表里洞彻，则处之自有方术矣！吾之所以不能周知者，以不好问、不善问耳。

译文

人们处理问题不够恰当，是因为没有把道理搞清楚。如果对事情的大小、内外都一清二楚，就自然会有好的处理办法。我之所以对事情的大小内外不能遍知，是因为我不喜欢问、不善于问的缘故。

触类旁通

◎ 通典

刘邦《手敕太子文》

汉朝开国皇帝刘邦，自幼无学识，也很看不起读书人。到打败项羽、建立汉朝以后，刘邦仍然重武力，轻诗书，以“居马上得天下”自矜。其臣陆贾提出重视儒学的建议，被刘邦所采纳。

刘邦临终前，对于这一点仍然念念不忘，在谕告太子刘盈的《手敕太子文》中写道：

“吾遭乱世，当秦禁学，自喜，谓读书无益。洎践阼以来时方省书，乃使人知作者之意。追思昔所行，多不是。

“尧舜不以天下与子而与他人，此非为不惜天下，但子不中立耳。人有好牛马尚惜，况天下耶。吾以尔是元子，早有立意，群臣咸称汝友四皓，吾所不能致，而为汝来，为可任为事也。今定汝为嗣。

◎ **汉孝惠帝刘盈（前211—前188）**

汉朝第二位皇帝，前195—前188年在位。汉高帝刘邦和高后吕雉之子。在位期间，继续推行刘邦时期的修养生息政策，但实际权力掌握在其母吕雉手中。后因不满吕雉之残忍，抑郁而终。

“吾生不学书，但读书问字而逐知耳。以致故不大工。然亦足自辞解。今视汝书犹不如吾。汝可勤学习，每个疏宜自书，勿使人也。

“汝见萧、曹、张、陈诸公侯，吾同时人，倍年于汝者皆拜。并语于汝诸弟。

“吾得疾逐困，以如意母子相累。其余诸儿，皆自足立，哀此儿犹小也。”

◎ 评价

《手敕太子文》，翻译成现代文大体意思是：

“我遭逢动乱不安的时代，正赶上秦皇焚书坑儒，禁止求学，我很高兴，认为读书没有什么用处。直到登基，我才明白了读书的重要，于是让别人讲解，了解作者的意思。回想以前的所作所为，实在有很多不对的地方。

“古代尧舜不把天下传给自己的儿子，却让给别人，并不是不珍视天下，而是因为他们的儿子不足以担当大任。人们有品种良好的牛马，还都很珍惜，况且是天下呢？你是我的谪传长子，我早就有意确立你为我的继承人。大臣们都称赞你的朋友‘商山四皓’。我曾经想邀请他们没有成功，他们今天却为了你而来，由此看来你可以承担重任。现在我决定你为我的继承人。

“我平生没有学书，不过在读书问字时知道一些而已。因此文词写得不大工整，但还算能够表达自己的意思。现在看你作的书，还不如我。你应当勤奋地学习，每次献上的奏议应该自己写，不要让别人代笔。

“你见到萧何、曹参、张良、陈平，还有和我同辈的公侯，岁数比你大一倍的长者，都要依礼下拜。也要把这些话告诉你的弟弟们。

“我现在重病缠身，使我担心牵挂的是如意母子。其他的儿子都可以自立了，我怜悯这个孩子太小了。”

重视学业，是中华民族的优秀传统和习惯。这个习惯，不仅存在于士大夫之家、耕读之家，即使贵为天子，也无法不去遵行。刘邦在临终前谕告太子的文书中，表达了他对太子学识浅薄极为不安，告诫太子要立志治学，处理朝政要自己亲自动手，不要使人代劳，要尊敬老一辈开国元勋。

二 读书之法

看读写作四者 缺一不可

原典

读书之法，“看”、“读”、“写”、“作”四者，每日不可缺一。看者，如尔去年看史记、汉书、韩文、近思录，今年看周易折中之类，是也。读者，如四书、诗、书、易经、左传诸经，昭明文选，李杜韩苏之诗，韩欧曾王之文，非高声朗诵则不能得其雄伟之概，非密咏恬吟则不能探其深远之韵。譬之富家居积：看书，则在外贸易，获利三倍者也；读书，则在家慎守，不轻花费者也。譬之兵家战争：看书，则攻城略地，开拓土宇者也；读书，则深沟垒，得地能守者也。看书如子夏之“日知所亡”相近，读书与“无忘所能”相近，二者不可偏废。

译文

读书的方法，看、读、写、作这四个字，每天都缺一不可。看的，就是像你去年看《史记》、《汉书》、韩文和《近思录》，今年看《周易》折中之类。读的，就是像《四书》、《诗》、《书》、《易经》、《左传》等经典，《昭明文选》，李白、杜甫、韩愈、苏轼的诗，韩愈、欧阳修、曾凡、王安石的文章，不高声朗诵就无法体会其中雄伟的气概，不反复吟咏就无法掌握它意味深远的音韵。用有钱人家积贮财富来作比喻：看书，就是在外贸易，可获三倍之利；读书，就是在家慎守家财，轻易不去花费。用战争来比喻：看书，就是攻城略地，开拓疆土；读书，就是深挖沟、高筑垒，得地以后能守护。看书与子夏的“日知所亡”相近，读书则与“无忘所能”相近，两者不可偏废。

原典

凡读书有难解者，不必遽求甚解；有一字不能记者，不必苦求强记。只须从容涵咏，今日看几篇，明日看几篇，久久自然有益。但于已阅过者，自作暗号，略批几字，否则历久忘其为已阅未阅矣。

译文

凡是读书有难懂的地方，不要希望一下子就把它弄懂；有一个字记不下来，也不要苦苦强求地把它记下来。只要从容从事，今天看几篇，明天看几篇，时间一久，自然就有好处。但对于已经看过的地方，要作上记录，略批几个字，否则时间一久就会忘了自己是否已经看过。

原典

读书之道，朝闻道而夕死，殊不易易。闻道者，必真知而笃信之。吾辈自己不能自信，心中已无把握，焉能闻道?

译文

读书之道，即使要做到一朝顿悟，便下决心弃恶从善，也十分不容易。闻道，必须是真的理解道后信奉于它。如果我们自己都不相信自己的所学所知，内心对真道就失去了正确的理解，又怎么能闻道呢?

原典

学问之事，以日知月无亡为吃紧语；文章之事，以读书多积理富为要。

读书之志，须以困勉之功，志大人之学。

译文

学问，以每日增长新知而不忘记为关键；文章，以多读书多懂道理为关键。

读书的志向，一定要困而勉之，奋发向上。

原典

读书穷理，不辨得极虚之心，则失自窒矣。

不能主一之咎，由于习之不熟，由于志之不立，而实由于知之不直。若真见得，不主一之害心废学，便如食乌喙之杀人，则必主一矣。不能主一，无择无守，则虽念念在四书五经上，亦只算游思杂念，心无统摄故也。

译文

读书求理，如果不让自己的内心毫无杂念，那么就会自我堵塞了。

不能专一投人，是因为学习得不够精透，是因为道理没搞明白，而这实际上说明，根本就只是似懂非懂。如果真的知道，就会知道不专注的害处，就如吃土附子会死人一样，这样就一定能专注了。不能专注，就会不知所学，就无法择其善者而从守，那么，即使把心念都放在四书五经上，也只能称得上是游思杂念，这都是因为不专心的缘故。

原典

窃经心专一经，不可泛骛。读经以研寻义理为本，考据名物为末。读经有一“耐”字诀：一句不通，不看下句；今日不通，明日再读；今年不精，明年再读。此所谓“耐”也！读史之法莫妙于设身处地，每一处，如我便与当时之人酬酢笑语于其间。不必人人皆能记也，但记一人，则恍如接其人；不必事事皆能记也，但记一事，则恍如亲其事。经以穷理，史以考事，舍此二者，更别无学矣！

译文

我认为读书时，一定要专注于一经，不可泛泛而读。读经以研讨义理为根本，考据只是枝节。读经需要掌握一个“耐”字诀：一句话没有看懂，就不看下一句；今天没有读懂，就明天再读；今年不精通，就明年再读。这就是所谓的“耐”。读史的方法最好的就是设身处地，每读到一处，就好比自己正与当时的人在对答应酬。不一定要把每个人都记下来，只要记住一个人，就好比与这个人相接触一样；不一定每件事都要记下来，只要记住一件事，就好比自己亲身经历这件事一样。读经以明理，读史以知事，如果不是为了这两个目的，我们还学个啥？

原典

盖士人读书，第一要有志，第二要有识，第三要有恒。有志则不甘为下流；有识则知学问无尽，不敢以一得自足，如河伯之观海，如井蛙之窥天，皆无识者也；有恒则断无不成之事。此三者缺一不可。诸弟此时惟有识不可以骤几；至于有志，有恒，则诸弟勉之而已。

译文

读书人读书，第一要有志向，第二要有见识，第三要有恒心。有志向则自己不甘心为下等人；有见识则知道学无止境，不敢稍有心得就自满自足，譬如观海的河伯，观天的井蛙，都是没有见识的人；有恒心则没有成不了的事情。这三元素缺一不可。各位弟弟，现在一定要明白知识不可速求，才会做到有志向，有恒心，希望你们能勉力而行。

触类旁通

中国传统文化对于读书历来极为重视，认为齐家、治国、平天下都离不开读书，不读书的人就是愚笨、贱鄙的。

曾国藩一生最辉煌的成就虽是军事上的，但他的爱好读书也是为世人所传诵的。从曾国藩一生读书的经历来看，他在道光十五年入京参加会试前，读的是“子曰诗云”，习的是帖括制艺，眼界不广，学识不宽。会试报罢，暂留京师，开始涉猎诗、古文，尤好韩愈的文章。第二年会试又报罢，他买回一套二十三史，孜孜细读，将近一年。这才使他的学识逐渐开拓。道光十八年入翰苑后，清闲少事，他更励志学习，广泛阅览，且勤作笔记，分“茶余偶谈、过隙影、馈贫粮、诗文抄、诗文草”五门，手抄笔摘；加上他在京都有不少良师益友，切磋扶持，不间时日，因而学识大进。可以说，京官十二年，是曾国藩后来成为一代大儒的坚实的奠基期。

十二年中，曾国藩博览经、史、子、集。道光二十二年，他“定刚日读经，柔日读史”，所订“日课”十二条中，也有“读史”一项。他读得最细的，是《左传》《国语》《史记》《汉书》和《易知录》等。

曾国藩的晚年也是在读书中度过的。同治十一年（1872），是曾国藩在世的最后一个年头，当时，他患病已多年。这年正月二十三日，他右足麻木，中医称为“肝风”。病愈后，他对二女纪曜说：“吾适以大限将至，不自意又能复常也。”二十六日，前河道总督苏廷魁路过金陵，他出城迎接，在轿中还背诵《四书》。忽然间，颤抖的手指着旁边的戈什哈，似欲说点什么，却口噤不能出声，“似将动风抽掣者”，只得急回署中。延医服药，医者均谓他“心血过亏”。随后，病情旋发旋止，旋止旋发。但他依然不辍公事，不废阅读，《理学宗传》数本，日不释手。

二月初三日，他还阅看了《理学宗传》中的《张子》一卷，写了日记。而这天的日记，竟是他从道光十九年以来极少间断的日记册中的最后一页，他在上面留下了他生平写的最后一个字。第二天午后，他由长子曾纪泽陪同，在总督府后的西花园散步时，屡向前蹴，忽喊足麻，却已抽搐。儿子急扶他至花厅，他已不能言语。于是更衣端坐，家人环集左右。三刻钟后，即目瞑气息。

这位19世纪五六十年代的中国政治和军事舞台上叱咤风云而又温文尔雅的曾国藩，只活到六十二岁，就带着“学业一无所成，德行一无所许”的自艾自责而过早地谢世了。但从中亦可看出，曾国藩确实可以称得上活到老、学到老的典型。

三　作文

修辞以立诚　忌巧言雕饰

原典

凡作文诗，有情极真挚，不得不倾吐之时。然必须平日积理既富不假思索，左右逢原。其所言之理，足以达其胸中至真至正之情。作文时无镌刻字句之苦，文成后无郁塞不吐之情，皆平日读书积理之功也。若平日酝酿不深，则虽有真情欲吐，而理不足以达之，不得不临时寻思义理。义理非一时所可取办，则不得求工于字句。至于雕饰字句，则巧言取悦，作伪日拙，所谓修辞立诚者，荡然失其本旨矣。以后真情激发之时，则必视胸中义理何如。如取如携，倾而出之可也。不然，而须临时取办，则不如不作，作则必巧伪媚人矣。

译文

凡是作文写诗，都有真情实感，不得不一吐为快的时候。但必须要在平时积累了丰富的道理，这样才能不假思索，想写什么就能写出什么。而说出来的话，也才能充分表达心中的真切感情。在写文章时没有因为雕琢字句而苦恼，文章写成后也没有阻隔不清的感觉，这都是平时读书积理多而带来的效验。如果平时考虑得不深入，那么即使有真情想要倾吐，也无法表达清楚道理，从而不得不临时去探寻义理。而义理并不是一时就可获得的，于是只好去追求字句工整。至于作文时沉溺于雕字饰句，就会想通过巧言来取悦于人，更为拙劣，以至于要通过修辞来表达其心意，这已失去了“诚”之本旨了。以后当遇到真情表露的时候，一定要看胸中的义理怎么样，只有能随意获取这些义理才行。否则的话，要靠临时去取办，那还不如不作文，因为这时作出来的文章一定是用巧伪的手段来取悦于人。

原典

明德、新民、止至善，皆我分内事也。若读书不能体贴到身上去，谓此三项与我身了不相涉，则读书何用？虽使能文能诗，博雅自诩，亦只算得识字之牧猪奴耳，岂得谓之明理有用之人也乎？朝廷以制艺取士，亦谓其能代圣贤立言，必能明圣贤之理，行圣贤之行，可以居官莅民、整躬率物也。若以明德、新民为分外事，则虽能文能诗，而于修己治人之道实茫然不讲，朝廷用此等人作官，与用牧猪奴作官何以异哉？

译文

明德行、造福于民、达到至善，这都是我分内应做的事情。如果读书不能落实到自己身上，认为以上三项与自己毫不相干，那么，读书还有什么用处？尽管能写文章，能作诗，卖弄自己的博学高雅，也只能算是一个认得字的放猪奴，怎么能算得上是深明大义的有用人才呢？朝廷依据考试中文章的优劣选用人才，认为这些人既然能够替圣贤立言，也就必然懂得圣贤的道理，可以身居官位治理百姓，兢兢业业地处理事情了。如果认为深明德行、造福于民是分外的事，那么，即使能写文章、作诗词，却丝毫不懂得修身养性、治理国家的道理，朝廷用这样的人做官，与用放猪奴做官又有什么区别呢？

原典

三古盛时，圣君贤相承继熙洽，道德之精，沦于骨髓，而学问之意，达于闾巷。是以其时置兔之野人、汉阳之游女，皆含性贞娴，吟咏；

若伊莘、周召、凡伯、仲山甫之伦，其道足文工，又不待言。降及春秋，王泽衰竭，道固将废，文亦殆殊已。故孔子睹获麟，曰："吾道穷矣！"畏匡曰："斯文将丧！"于是慨然发愤，修订六籍，昭百王之法戒，垂千世而不刊。心至苦，事至盛也。仲尼即没，徒人分布，转相流衍。厥后聪明魁桀之士，或有识解撰著，大抵孔氏之苗裔。其文之醇驳，一视乎见道之多寡以为差：见道尤多者，文尤醇焉，孟轲是也；次多者，醇次焉；见少者，文驳焉；尤少者，尤驳焉。自荀、扬、庄、列、屈、贾而下，次第等差，略可指数。

译文

夏、商、周三代全盛时期，圣明的君主和贤德的辅相代代相继，社会和睦安宁，道德的精义深入到人们的心灵深处，而对学问的追求，扩展到普通的乡村。因此，当时哪怕是捕兔子的乡野之人，以及在汉阳游玩的女子，都天性贞静，擅长吟咏；至于像伊莘、周召、凡伯、仲山甫这些人，他们德行完善，工于作文，就用不着再说了。到了春秋时期，王道的恩泽衰竭了，大道也将要废弛，文章也渐渐变异了。所以当孔子看到了被捕获的麒麟，就哀叹说："我追求的大道要完了！"对匡人说："古代的礼乐制度将要丧失了！"于是发愤修订六经，昭示帝王的法则，流传千代而不可更改。其用心良苦，事业盛大啊！孔子去世之后，他的门徒四散分布，不断传播发展他的学问。后来聪明杰出的人士，有的人理解其旨意并撰文著书，他们大体上都是孔子的传人。他们的文章是醇厚还是驳杂，完全根据他们反映大道的多少而确定：把握大道最多的人，他的文章特别醇厚，孟轲便是这样的人；把握大道次多的人，他的文章就比较醇厚；把握大道少的人，他的文章就驳杂；把握大道最少的人，他的文章就最驳杂。从荀况、扬雄、庄子、列子、屈原、贾谊以下，他们的高低等次，屈指可数。

原典

文章之道，以气象光明俊伟为最难而可贵。如久雨初晴，登高山而望旷野；如楼俯大江，独坐明窗净几之下，而可以远眺；如英雄侠士，裼裘而来，绝无龌龊猥鄙之态。此三者皆光明俊伟之象。文中有此气

◎ 西狩获麟

象者，大抵得于天授，不尽关乎学术。自孟子、韩子而外，惟贾生及陆敬舆、苏子瞻得此气象最多。阳明之文亦有光明俊伟之象，虽辞旨不甚渊雅，而其轩爽洞达，如与晓事人语，表里粲然，中边俱彻，固自不可几及也。

译文

文章写作之道，气象光明宏伟是最难能可贵的。如同多日淫雨的天空刚刚放晴，登上高山之巅眺望平旷的原野；如同登上大江边耸立的高楼，独自在明窗净几旁坐着极目远望；如同英雄侠士，虽里衣袒露，没有丝毫污浊猥琐之态。这三个事例都是光明宏伟的气象。文章中之所以能够具此境界，基本上得于天赋，与人的后天学习修养没有太大的关系。除孟轲、韩愈外，只有贾谊、陆贽、苏轼达到这一气象相对最多。王守仁的文章也有光明宏伟的气象，虽说用词意旨不很渊深高雅，但其中事理明达，读来好比与懂道理的人在谈话一样，形式内容都很透彻，确实是不能轻易达到的。

触类旁通

◎ 通典

《颜氏家训》中的作文之道

南北朝时期，著名思想家、教育家、文学家颜之推撰写了一部《颜氏家训》，直接开后世"家训"之先河。在《颜氏家训》，也有类似关于作文之道的论述，翻译成今文如下：

"古人的文章，显示大才超俗之气，体式文采、艺术特色，和今天相距确实很远；只是收集编次，粗疏质朴，还不算细致。现今世上文章音律和谐靡丽，章句匹偶对称，避讳精密详细，比以往的文章优胜许多。应该以古代的体式为主，现在的文辞为次，并且必须两者共存，不能偏废其中之一。

"学问有利钝，文章有巧拙。纯学累积功力，不妨精晓熟练；拙文研摩思索，毕竟粗劣拙陋。只要成为学士，自然能够做人处世。肯定缺乏天赋才能，就不要勉强执笔写作。我看到世上的人，最没有才气情思的，却自称清美华丽，将丑陋拙劣流传散布。江南人给他起了个绰号叫'许痴符'。近来在并州，士族中有一人，好写可笑的诗赋，戏言嘲弄邢邵、魏收诸公。众人和他一起嘲弄，虚情假意地称赞评说，他因此杀牛滤酒，引以为豪。他的妻子是个有高明见识的妇人，哭泣着劝他。这个人叹息说：'才华不被妻子承认，更何况行路之人！'他到死也不醒悟。了解、知道自己叫做'明'，这确实很难。

学习写文章，先要和亲友们商议。得到他们的评议裁断，然后脱稿；千万不要固执己见、自以为是，被旁人取笑。自古以来执笔撰写文章的人，怎么可以说得完？然而说到宏丽、精华，不过几十篇罢了。只要不让文章失去剪裁结构，文章的意味可以欣赏，就可以称为有才之士；要求改变风俗、压倒当世，确实要等到黄河澄清了！"

◎ 评价

做学问、写文章，这是中国历代重视的优秀传统，也是教育的重中之重。时至今日，作文仍然在语文考试中占有重要地位。

四　求学三耻

无穷受用　来自有始有终

原典

余生平有三耻：学问各途，皆略涉其涯矣，独天文、算学，毫无所知，虽恒星五纬亦不识认，一耻也；每作一事，治一业，辄有始无终，二耻也；少时作字，不能临摹一家之体，遂致屡变而无所成，钝而不适于用，近岁在军，因作字太钝，废阁殊多，三耻也。尔若为克家之子，当思雪此三耻。

推步算学，纵难通晓；恒星五纬，观认尚易。家中言天文之书，有十七史中各天文志，及五礼通考中所辑观象授时一种。每夜认明恒星二三座，不过数月，可异识矣。凡作一事，无论大小难易，皆宜有始有终。作字时先求圆匀，次求敏捷。若一日能作楷书一万，少或七八千，愈多愈熟，则手腕毫不费力。将来以之为学，则手抄书；以之从政，则案无留牍。无穷受用皆自写字之匀而且捷生出。三者皆足弥吾之缺憾矣。

译文

我生平有三件耻事：对于各种学问，都略有了解了，只是对天文、算学，一无所知，即连恒星五纬都不认识，这是一耻。每做一件事，从事一项活动，常常有始无终，这是二耻。小时候写字，不能临摹一家的书法，因为常常变更而一无所成，迟钝而不实用；近年在军中，因为写字太迟钝，常常搁置。这是三耻。如果你想成克己持家的人，应该记得雪此三耻。

推演算学，纵然难以通晓，识别恒星和五大行星，还是比较容易认识的。家里有关天文方面的书，有十七史中的《天文志》以及《五礼通考》中的关于观象授时的内容。每天晚上认得恒星二三座，用不了几个月，在这方面就会与以前不同。凡是做一件事，不管这件事大小难易，都应该有始有终。

写字时要先求圆匀，再求快捷。如果一天能写楷书一万，或最少七八千字，写得越多就会越熟练，手腕也会不觉得费力。将来凭此去学习，就可以手抄群书；凭它去从政，案几上就不会有遗留的文牍。这些无穷的受用都来自于写字的圆匀、快捷。这三件事足可弥补我的缺憾了。

居家之道

篇三

曾国藩很重视家庭教育，这也是其对后世最大的魅力之一。曾国藩所重视的，仍然是孝悌、和睦、严治这些持家的重要因素。他所讲的一切治家原则，都是围绕这三个因素展开的。

而更为后人所重视的是，曾国藩对名门望族“三代而衰”的现象，有着深刻的反思。曾国藩说，家败之道有四，即“礼仪全废者败”、“兄弟欺诈者败”、“妇女淫乱者败”、“子弟傲慢者败”。由此又引出了四个“身败之道”：“骄盈凌物者败”、“昏惰任下者败”、“贪刻兼至者败”、“反复无信者败”。这些言论，颇为震耳欲聩、发人深省。

一　孝

独孝友则立获吉庆

原典

孝友为家庭之祥瑞。凡所称因果报应，他事或不尽验，独孝友则立获吉庆，反是则立获殃祸，无不验者。吾早岁久宦京师，于存养之道多疏，后来展转兵间，多获诸弟之助，而吾毫无裨益于诸弟。余兄弟姊妹各家，均有田宅之安，大抵皆九弟扶助之力。我身殁之后，尔等事两叔如父，事叔母如母，视堂兄弟如手足。凡事皆从省啬，独待

诸叔之家，则处处从厚。待堂兄弟以德业相劝，过失相规，期于彼此有成，为第一要义。其次则亲之欲其贵，爱之欲其富。常常以吉祥善事代诸昆季默为祷祝，自当神人共钦。

译文

孝和友爱是家庭的祥瑞。人们常说的因果报应，在其他事情上未必全部能应验，唯独在孝悌友爱就立即获得吉庆、不孝悌友爱就立即招来灾祸这个问题上，没有不应验的。我早年长期在京城任官，常常荒废修养之道，后来从事军务，得到各位弟弟的帮助很多，而自己对各位弟弟却无丝毫帮助。我的兄弟姊妹的家庭，所以都能有田有宅，大概都是九弟的功劳。我身体残疾之后，你们对待两位叔叔像对待父亲一样，对待叔母像对待母亲一样，把堂兄弟看成是自己的手足之亲。你们凡事都很节俭，只有对待各位叔叔的家庭，则处处都很大方。对待堂兄弟应该以德业相劝戒，纠正他们的过失，希望他们有所成就，这是最重要的。其次就是要亲近爱惜他们，希望他们富贵。常常替他们祈祷吉祥之事，这样人神都会钦服。

◎ 二十四孝之一：啮指痛心

◎ 二十四孝之一：孝感动天

原典

凡子之孝父母，必作人有规矩，办事有条理，亲族赖之，远近服之，然后父母愈爱之，此孝之大者也。若作人毫不讲究，办事毫无道理，为亲族所唾骂，远近所鄙弃，则贻父母以羞辱，纵使常奉甘旨，常亲定省，亦不得谓之孝矣。敬神者之烧香酬愿，亦犹事亲者之甘旨定省，实无大益。若作人不苟，办事不错，百姓赖之，远近服之，则神必鉴之佑之！胜于烧香酬愿多矣。

译文

凡是子女孝顺父母，一定是做人有规矩，办事有条理，亲戚们都依赖他，远近之人都佩服他，父母也因此更爱他，这就是大孝。如果做人没有档次，办事毫无道理，为亲族所唾骂，远近之人都鄙弃他，从而给父母带来了羞辱，这样的人即使常常用美食供奉父母，并常常探视父母，也称不上是孝。敬神的人在那儿烧香还愿，也与子女常常以美食供奉父母一样，没有什么实际的好处。如果做人一丝不苟，办事有规矩，百姓信赖他，远近的人佩服他，那么神一定会保佑他。这样做比烧香还愿强多了。

原典

吾所望于诸弟者，不在科名之有无，第一则孝悌为瑞，其次则文章不朽。诸弟若果能自立，当务其大者远者，毋徒汲汲于进学也。

译文

我对各位弟弟所期望的，不是你们能否考上科举，而是希望你们孝悌，希望你们写的文章能够传诸后世。各位弟弟如果真的能够自立，应当追求大而远的目标，而不应该一味盯着学业进步。

原典

凡天下官宦之家，多只一代享用便尽，其子孙始而骄佚，继而流荡，终而沟壑，能庆延一二代者鲜矣。商贾之家，勤俭者能延三四代；耕读之家，谨朴者能延五六代；孝友之家，则可以绵延十代八代。我今赖祖宗之积累，少年早达，深恐其以一身享用殆尽，故教诸弟及儿

辈，但愿其为耕读孝友之家，不愿其为仕宦之家。若不能看透此层道理，则虽巍科显宦，终算不得祖父之贤肖、我家之功臣。若能看透此道理，则我钦佩之至。澄弟每以我升官得差，便谓我肖子贤孙，殊不知此非贤肖也。如以为贤肖，则李林甫、卢怀慎辈，何尝不位极人臣，舄奕一时，讵得谓之贤肖哉？予自问学浅识薄，谬膺高位，然所刻刻留心者，此时虽在宦海之中，却时作上岸之计。要令罢官家居之日，己身可以淡泊，妻子可服劳，可对祖父兄弟，可以对宗族乡党，如是而已。

译文

世上凡是官宦家庭，往往最多一代人便享用殆尽，其子孙开始时骄奢淫佚，继而放荡不羁，最终走向堕落，能延续一两代都是很少见的。巨商富贾的家庭，能保持勤俭的能延续三四代；农耕读书的家族，谨慎朴实的能延续五六代；孝悌友爱的家族，则能延续十代八代。我现在依赖祖宗积德，少年时就得志，唯恐我一人就把福气享用殆尽，因此教育各位弟弟和子女，希望成为耕田读书、孝悌友爱的家族，而不愿成为仕宦家族。如果不能识透这层道理，即使在科举考试中名列前茅，取得显赫的官位，终究算不上先辈的贤德孝顺的后代，算不上是我家的功臣。如果能识透这层道理，我将异常钦佩。澄弟常常因为我升官，便说我是孝子贤孙，却不知道这并非贤德孝顺。如果以升官为贤德孝顺，那么李林甫、卢怀慎之流，何尝不位列臣子之首，显赫一时，难道可以说他们是孝子贤孙吗？我深知自己学浅才疏，偶得高位，但时刻关注的问题是现在我虽在仕途宦海之中，却时刻作着弃官上岸的打算。希望到了弃官回家的时候，自己可以淡泊名利，妻子儿女可以在家劳动，可以对得起祖父兄弟，对得起家族乡党，仅此而已。

触类旁通

◎ 通典

孙元觉智救祖父

春秋时，陈留有位少年叫孙元觉，从小孝顺父母，聪睿机智，尊敬长辈。可是他父亲却极不孝顺，恨不得孙元觉的爷爷早点过世。

一天，父亲忽然把病弱的祖父装在筐里，要把他扔进深山。元觉跪着请求，父亲不理，推车进山。他将老人扔在地上，转身要走，元觉却拾起筐说："我要带回家，到你老了，也要用它送你到这里。"

父亲大惊："你怎么说出这种话？"元觉说："父亲怎样教育儿子，儿子就怎样做。"父亲悔悟了，忙把老人接回家，从此十分孝敬他。

◎ 李密（224—287）
一名虔，字令伯，犍为武阳（今四川省眉山市彭山县）人。西晋文学家。初仕蜀汉，后仕西晋。有《陈情表》流传于后世，被传颂为孝道的典范。

李密辞官

晋代的李密幼年丧父，母亲何氏改嫁，他是祖母刘氏将他抚养成人的。李密对祖母十分孝敬，祖母有病时，他都昼夜守护，亲尝汤药，并利用照顾祖母的空闲时间刻苦读书。

李密曾在蜀汉做过小官，蜀亡后，因其才能出众被晋武帝任命为太子洗马。他上书晋武帝说："我自幼是孤儿，是祖母刘氏将我抚养成人的。现在她年老多病，经常卧床不起，离不开我的照顾。可您却叫我做官，我实在是左右为难。好在本朝提倡以孝治天下，对老人十分优待，现在我的祖母已经96岁了，可以说是'日薄西山，气息奄奄；人命危浅，朝不虑夕'。如果我去做官就无人为她送终。我今年才44岁，报效国家的时间还长，但孝敬祖母的时间却不多了。'乌鸟私情，愿乞终养'。"晋武帝看了他的上书后，很受感动，答应了他的要求。这样，李密一直等到为祖母送终以后，才外出做官。

◎ 评价

在中国历史上，流传着许多关于孝的可歌可泣的故事。孝为百善之首，所以曾国藩的家训中，绝对不会少了这一条。他称孝为"家庭之祥瑞"，这确实是不错的。一个子女不孝的家庭，是不可能和睦吉祥的。

“功名之地，自古难居”

作为朝廷官员，常常会碰到忠孝不能两全的尴尬局面，针对这一情况，该如何处置呢？曾国藩是主张孝大于忠的，如他坚决反对墨绖（dié）从戎，即守孝期间参与军事生活。如咸丰元年，当他在京城听说江忠源墨绖从戎时，他曾振振有词，力加阻止。江忠源字常孺，号岷樵，湖南新宁人，道光十七年举人。道光二十七年（1847）曾在家乡办团练，镇压瑶民起义。接着，历任浙江省秀水、丽水知县。大学士赛尚阿至广西围歼太平军之前，在左景桥上书言事，其中有一条提及江忠源善带兵，疏调他至军前效力。曾国藩闻此事，欲行阻止，而赛公已经出发了。此时江忠源正在家守制，得谕旨，即与其弟江忠浚募乡勇五百人，奔赴在广西的副都统乌兰泰帐下。曾国藩立即写信给正在粤中为大军筹粮饷的友人严正基说：“岷樵读礼山中，谊为乡里御寇，然墨绖从戎，则非所宜。弟比有书，告其不必远出。君子爱人以德，似应如此。阁下以为然焉否也？”他以“爱人以德”的姿态，动员友人来劝阻江忠源。他还直接给江忠源写信说：“粤西盗贼方炽，足下所居，逼迫烽火，团练防守，未可以已。或有企慕谋勇，招之从军，则苫块之余，不宜轻往。期关大节，计之宜豫。”不久，再次写信给江忠源说：“吾子在忧戚之中，宜托疾以辞，庶上不违君命，下不废丧礼。”又说：“顷闻吾弟被命即行，虽军旅墨衰，自古所有。然国朝惟以施之武弁，而语文员则皆听其尽制，无夺情之召。”他还为江忠源出主意说：“所可幸者，闻尚在乌公幕府，未尝署一官，领一职，犹为无害于义。将来功成之后，凡有保奏议叙，一概辞去，且预将此意禀明乌公转达赛公，再三恳告。如不保叙，则仍效力行间，终始其事；如不允从，则托疾归去。”“若略得奖叙，则似为利而出，大节一亏，终身不得为完人矣。”在曾国藩看来，最好不要墨绖从戎，去了也只效力不当官，只有这样，才叫忠孝两全。他再次警告说：“君子大节，当为世所取法，未可苟焉也。”

到咸丰二年（1852）十月，曾国藩在家守制，犹写信给友人刘蓉说：“岷樵去年墨绖从戎，国藩曾以书责之，谓其大节已亏。”

但是，曾国藩自己不久即碰上尴尬局面：一是母死，朝廷又命他出来办团练；二是在办团练期间父死。面对这种忠孝无法两全的局面，他采取了一个特殊的姿态：出来为朝廷做事，但不受官职。但是曾国藩的本意如何，就不得而知了。

咸丰四年（1854）八月十九日，湘军会师之后，曾国藩向咸丰帝上了一个恭谢天恩折，说自己丁忧在籍，墨绖从戎，“常负疚于神明”，不敢仰邀议叙，仍荷温纶宠锡，惭悚交增。“嗣后湖南一军或者克复城池，再立功绩，无论何项褒荣，何项议叙，微臣概不接受。”

在曾国藩上谢恩折后仅四天，即八月二十三日（10月14日），湘军登上了武昌城头，太平军守城将领黄再兴、石凤魁于先天夜里已带领精壮仓惶逃往武昌下游的田家镇去了。此时，杨霈的军队尚在汉阳以北，但杨抢先向朝廷报捷。咸丰帝看了他的奏报，批道：“曾国藩等攻剿武汉情形尚未奏到。塔齐布陆路官兵，此时谅已与曾国藩水陆合为一军，着俟杨霈抵省后，商榷挑选精兵，水陆进剿。朕日盼捷音之至也。”咸丰帝对当时情况不明，指令也模糊不清。待湘军攻占武昌十二天后，即九月初五日（10月26日），咸丰帝才看到曾国藩的《官军水陆大捷，武昌、汉阳两城同日克复折》，他兴奋之极，批道：“览奏欣慰。”并立即嘉奖攻克武昌、汉阳有功人员，其中“曾国藩着赏给二品顶戴，署理湖北巡抚，并加恩赏戴花翎”。在这以前，朝廷任命团练大员为巡抚，已有先例，这就是诏授楚勇头目江忠源为安徽巡抚。九月十二日（11月2日）咸丰帝又批道：“览奏感慰实深。获此大胜，殊非意料所及。朕将兢业自持，叩天速赦民劫也。”

但是，在九月初五日的廷寄中，咸丰帝却埋下了一个伏笔：“曾国藩虽系署任巡抚，而剿贼之事重于地方。”聪明绝顶的曾国藩接到署湖北巡抚的任命后，立即于九月十三日（10月3日）上折，陈述了一通署湖北巡抚“于公事毫无所益”、“于私心万难自安”的道理，说自己将率后帮水师即日启行，转瞬出鄂入皖，“鄂垣善后事宜，既不能一为兼顾”，因此恳请另“简派贤员接任湖北巡抚，以重疆寄”。他在同一天给诸弟的信中说：“兄意母丧未除，断不敢受官职。若一经受职，则二年来之苦心孤诣，似全为博取高官美职，何以对吾母地下？何以对宗族乡党？方寸之地，何以自安？”又说：“兄以在籍之官，募勇造船，成此一番事业。其名震一时，自不待言。人之好名，谁不如我？我有美名，则人必有受不美之名与虽美而远不能及之名者。相形之际，盖难为情。”他一点也不掩盖自己的“好名”。然而他却想到，一旦成名，将得罪于名教，受讥于乡党，见嫉于友僚，因而深痛“功名之地，自古难居”。忠孝两全，真是难啊！

二 和

和气蒸蒸而家必兴

原典

夫家和则福自生。若一家之中，兄有言弟无不从，弟有请兄无不应，和气蒸蒸而家不兴者，未之有也；反是而不败者，亦未之有也！

译文

家庭和睦自然就会带来福气。如果一家之中，对哥哥说的话做弟弟的无不听从，对弟弟的请求哥哥无不答应，如此和气蒸腾而家庭仍不兴旺的，还没有见过；与此相反而家庭不衰败的，也还没有过。

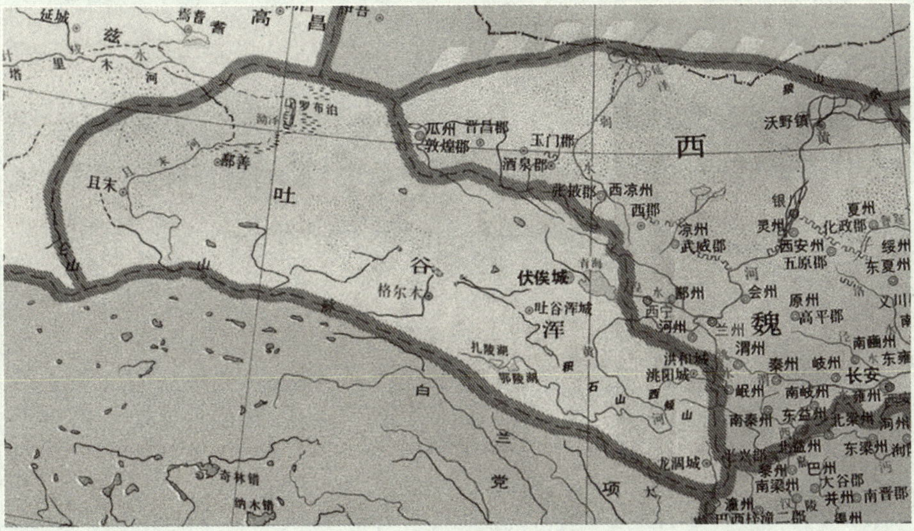

◎ 吐谷浑王国

触类旁通

◎ 通典

单箭易断，众箭难折

424年11月，吐谷浑威王阿柴临终前把自己的二十个儿子叫到床前，让他们每人拿出一支箭来。阿柴从二十支箭中拿出一支来，让弟弟慕利延把箭折断。慕利延很轻易地就把箭折断了。阿柴又把其余十九支箭让他一齐折断，慕利延费了很大力气也没有把箭折断。阿柴对儿子们说：“你们都看到了吧，一支箭很容易折断，很多支箭则不易折断。这说明你们只有团结起来，力量才会强大。所以你们应同心协力，保国安家。”说罢气绝身亡。

◎ 评价

这个事情后来经过变化，成为了我们更为熟悉的“折筷子”的故事，用来说明团结力量大。

◎ 通典

尉迟恭的糟糠之妻

尉迟恭是唐朝的大将，他辅助李世民打下江山，战功卓著。有一天，唐太宗对尉迟恭说：“我把女儿嫁给你，你愿意吗？”尉迟恭则说：“我的妻子虽然才不著，貌不美，但我们是夫妻，有夫妻之情。我记得古人曾说过这样的一句话：‘一个人富贵而不弃妻，这才是一种美好的品德。’我很羡慕这样做的人。我希望您收回成命，不要这样考虑了。”唐太宗听后，认为他说得对，便停止了要收尉迟恭为婿的想法。

◎ 评价

家庭和睦的前提，就是维持家庭的稳定。尉迟恭不忘旧情，不忍舍弃糟糠之妻，不始乱终弃，这是非常令人敬佩的。

◎ 通典

李清照与赵明诚

南宋女词人李清照，别号易安居士。其父是当时著名学者李格非，其母王氏亦甚有才情，所以李清照自幼便受到良好的教育。她的词作感情真挚，语言雅隽，善于使用白描手法，为文俏奇，情调低回缠绵，有许多传世之作。

李清照是在 1102 年同赵明诚结婚的。赵明诚发现，自己的妻子是个见识不凡、精通诗书、才气过人的女子；李清照也了解到，赵明诚对权势利禄十分淡漠，醉心于历代文化、古迹的研究，特别长于金石碑帖。共同的爱好和清高的志趣，大大加深了他们之间的感情，使他们成为一对为祖国文化事业而奋斗的夫妇。

这对夫妇的生活很拮据。为了得到文物书籍，他们常常把钱花光了，就典当自己的衣服，务必把所发现的书籍、文物买回家中。他们废寝忘食，相对而坐，把买来的东西反复欣赏、琢磨。后来，赵明诚当了知府，家境稍稍好转起来。但收购文物是耗资无边的，因而他们的生活依然贫困、清苦。有一天，夫妇俩在街上遇到一幅南唐画家徐熙的《牡丹图》出售，卖主要价 20 万两。他们历来对徐熙的作品爱不释手，便将画取到家中，再筹措现款。但是，他们绞尽脑汁，也没法凑到 20 万两。那幅《牡丹图》在家里放了两天，只好怅然归还了卖主。他们对于文物古籍，对于文化事业爱得那么深，兴趣和爱好以及观点多么一致呀！

◎ **李清照**（1084—1155）
济南章丘人，号易安居士。宋代女词人，婉约派代表。词清新委婉，感情真挚，且以北宋南宋生活变化呈现不同特点。其文学创作具鲜明独特的艺术风格，居婉约派之首，对后世影响较大，称为“易安体”。有《易安居士文集》等传世。

共同的爱好使李清照夫妇生活和谐，充满高尚的情趣。李清照博闻强识，能够面对千万卷图书，回答出某人某事在某书、某卷甚至某页上。赵明诚常常故意考她，以茶为赌，谁胜谁先喝一杯茶，但总是输给她。正因为对事业的倾心热爱和夫妇之间的密切合作，他们“虽处忧患困穷，而志不屈”。这样，精心收藏、考证，日积月累，夫妇拥有大批金石珍品和几万卷图书。到北宋灭亡的时候，已有书15车，藏书占了十几个房间。

赵明诚专心于金石，而在诗词方面李清照高出一筹。夫妇之间互相敬重，很有情趣。相传赵明诚起初想同妻子比一下文才高低。李清照写给赵明诚一首咏菊花的词《醉花阴》。赵明诚埋头三天不出门，写了50首《醉花阴》，和李清照写的放到一起，让精通诗词的内行人、好朋友赵德夫欣赏，品评。赵德夫反复对比，认为李清照写的那首最好，并指出妙在哪里。正是由于赵明诚的支持、敬重与协助，李清照才能够在诗词方面发挥自己的才能，写下了大量婉约、曲折、新颖的词，成为中国文学史上首屈一指的女词人。

然而，李清照夫妇的生活和事业，因金兵入侵，受到了沉重的打击。1127年，战火使北宋灭亡，李清照夫妇逃往江南，辗转流亡，背井离乡。他们大半生搜集的金石书画等艺术珍品大半毁于战火或丢失，这对他们的打击是致命的。在国家危难之时，他们不顾个人安危，奋力保护文物珍品。

1127年，赵明诚在赴任途中病死。李清照埋葬了自己的丈夫，按着丈夫的遗嘱保护着宝贵的文物图书。她辗转几千里，历尽艰难险阻，但仍然保存着部分珍贵文物；最后编成《金石录》，并写了后序，以告慰九泉之下的丈夫。

三　严

不严之流弊不可胜言

原典

治家贵严，严父常多教子；不严则子弟之习气日就佚惰，而流弊不可胜言矣。故《易》曰：“威如，吉！”欲严而有威，必本于庄敬，不苟言。不苟笑，故曰“威如之吉”，反身之谓也。

译文

治家以严为贵，严父对子女的教育常常多；教育不严的话，子女就会一天比一天骄逸懒惰，其流弊数不胜数。所以《易》说："威如，吉！"想要既严又威，一定要以端庄恭敬为根本，不苟言笑。所以"威如之吉"，是说建立威信反过来对自己的好处。

触类旁通

◎ 通典

"昔孟母，择邻处；子不学，断机杼"

孟子名珂，是继孔子之后的儒家代表人物，是战国时期著名的思想家和文学家。先世是鲁国公族。受业于子思的门人。他将孔子的"仁"发展成为"仁政"，宣传"仁者无敌"的思想，被后人称为"亚圣"。

◎ 孟母教子

少年时期的孟子贪玩不好学习，他经常跑到一个离家不远的墓地玩耍，学着挖坑埋死人，有时连饭都忘记吃。对此，孟母心里非常焦急，苦苦思索如何为孟子挑一个良好的学习环境，免得他四处乱跑。想来想去，她决定把家搬到街市附近去住。但是没想到，繁华的街市和来往这里的商人，也很分散孟子的注意力。出于好奇，孟子甚至常跟随商人学着在街上叫卖，把读书学习的事完全抛在脑后。

不久，孟母得知了这种情况，并从中得到启发：原来小孩子都有一个特性，接近什么就学什么。她觉得此地也不是教育儿子的好环境，于是又产生了第二次搬家的想法。过了一段时间，孟母把家迁到了一所学堂旁边。此后孟子果然体会出母亲二次搬家的良苦用心，开始进学堂用心读书。

孟母不仅懂得客观环境对培养学习兴趣和钻研精神的重要性，也懂得只有经过千锤百炼、不断努力和反复教育才能造就刻苦好学、坚持不懈的精神。

因此，孟母除了注意选择良好的客观环境、进行必要的督促外，还注意启发孟子主观上的自觉性，使他明白要努力学习的道理。

孟子上了学堂，虽然比从前用功，但仍然经常贪玩好耍，并不十分努力、专心对待学业。孟母仍很担忧。一天，孟母正在堂前织布，又见孟子早早就从学堂跑回家，就马上放下手中的活，问孟子是何原因。孟子是因不愿读书，背着老师逃学的，但看见母亲严肃的样子，就撒谎说："我是和平时一样放学回来的呀！"孟母听了很痛心。她沉思片刻，拿起剪刀把织布机上的纱线统统剪断，而且不再说什么，只坐在一边流泪。孟子见状，心里非常紧张、害怕，小心地走上前，问母亲是什么原因使她这样难过。这时，孟母语重心长地对他说："要你好好读书，增长知识，能够成才。像你现在这样经常中途逃学，不求上进，这不就等于用剪刀剪断纱线，织不成布一样吗？"孟子听了母亲的教诲，感动得痛哭流涕，暗下决心要努力学习。

◎ 孟母三迁

从此，孟子懂得了学习必须持之以恒的道理，并且经过他长期坚持不懈的努力，终于在学业上取得了突出的成就，被称为"亚圣"。

四　五种遗规

我辈踵而行之，极易为力

原典

五种遗规，四弟须日日循之，句句学之。我所望于四弟者，惟此而已。家中蒙祖父厚德余荫，我得忝列卿贰。若使兄弟、妯娌不和睦，

后辈子女无法则，则骄奢淫佚，立见消败，虽贵为宰相，何足取哉？我家祖父、父亲、叔父三位大人，规矩极严，榜样极好，我辈踵而行之，极易为力。别家无好榜样者，亦须自立门户，自立规条，况我家祖父现样，岂可不遵行之，而忍令堕落之乎？现在我不在家，一切望四弟作主。兄弟不和，四弟之罪也！妯娌不睦，四弟之罪也！后辈骄恣不法，四弟之罪也！我有三事奉劝四弟，一曰"勤"，二曰"早起"，三曰"看五种遗规"。四弟信此三语，便是爱兄、敬兄；若不信此三语，便是弁髦老兄。我家将来气象之兴衰，全系乎四弟一人之身。六弟近来气性极和平，今年以来，未曾动气，自是我家近气象。惟兄弟俱懒，我以有事而懒，六弟无事而亦懒，是我不甚满意处。若二人俱劝，则气象更兴旺矣。

译文

五种遗规，四弟一定要天天遵循，句句学习。我期望四弟的，也就是这些。家里承蒙祖父的厚德和余荫，使我官居高位，假如兄弟、妯娌不和睦，子孙后代没有规矩，那么人人骄奢淫逸，很快就会衰败，即使贵为宰相，又有什么用呢？我们家里的祖父、父亲、叔父三位大人，规矩都极严，是极好的榜样，我们跟着他们学，是很容易的事。别的家庭没有好的榜样，尚且要自立门户，自订条规，何况我家有祖父这样现成的榜样，怎么能不遵而行之，而竟忍心加以抛弃呢？现在我不在家，一切都希望四弟作主。兄弟、妯娌之间不和睦，这是四弟的过错。子孙辈骄横恣肆，不守规矩，是四弟的过错。我有三件事奉劝四弟，一叫"勤"，二叫"早起"，三叫"看五种遗规"。四弟相信这三句话，便是爱我、敬我；如果不相信这三句话，就是看不起我。将来我们家兴衰与否，全部取决于四弟一人。近来六弟的气性极为平和，今年以来，未曾动过气，这是我们家近来的好气象。只是兄弟们都很懒惰，我是因为有别的事而懒，六弟则是没有别的事也懒，这是我不很满意的地方。如果两个人都能改正，那么气象就会更加兴旺了。

五　八字诀

治家之道，一切以星冈公为法

原典

余与沅弟论治家之道，一切以星冈公为法，大约有八字诀。头四字，即上年所称“书蔬鱼猪”也；又四字则曰“早扫考宝”。早者，起早也；扫者，扫屋也；考者，祖先祭祀，敬奉显考、王考、曾祖考，言考而妣可该也；宝者，亲族乡里，时时周旋，贺喜吊丧，问疾济急。星冈公尝曰:“人待人，无价之宝也。”星冈公生平于此数端，最为认真，故余戏为八字诀曰“书蔬鱼猪，早扫考宝”也。此言虽涉谐谑，而拟即写屏上，以祝贤弟夫妇寿辰，使后世子孙知吾兄弟家教，亦知吾兄弟风趣也。弟以为然否?

译文

我与沅弟讨论治家之道，一切都以祖父星冈公所定的办法为准，大约有八字诀。头四个字，即上年所说的书、蔬、鱼、猪；另有四个字称早、扫、考、宝。早就是早起；扫就是扫屋；考就是祭祀祖先，敬奉先父、祖父、曾祖父，说先父也就包括先母；宝，就是亲族和乡里之人，经常互相来往，贺喜吊丧，询问疾病，同济急难。星冈公曾经说：“人待人是无价之宝。”星冈公生前对于这些事都极为认真，所以我把它总结为“书蔬鱼猪，早扫考宝”。这句话虽然近于谐谑，但我想把它写在屏上，以祝贺你们夫妇的寿辰，使后世的子孙知道我们兄弟的家教，也知道我们兄弟的风趣。你认为对吗?

原典

“早扫考宝，书蔬鱼猪”八字，是吾家历代规模。吾自嘉庆末年至道光十九年，见王考星冈公日日有常，不改此度。不信医药、地仙、和尚、师巫、祷祝等事，亦弟所一一亲见者。吾辈守得一分，则家道多保得几年。望弟督率纪泽及诸侄切实行之。

译文

“早扫考宝，书蔬鱼猪”八个字，是我们家历代的家训。我从嘉庆末年到道光十九年，见到星冈公天天守常，不改这种规矩。他不信医药、地仙、和尚、师巫、祷祝等事情，也是你亲自一一见到的。我们对这些规矩守住一分，家道就可以多保住几年。希望你领着纪泽和各位侄子切实遵行它。

原典

昔吾祖星冈公，最讲治家之法：第一起早，第二打扫洁净，第三诚修祭祀，第四善待亲族邻里。凡亲族邻里来家，无不恭敬款接，有急必周济之，有讼必排解之，有喜必庆贺之，有疾必问，有丧必吊。此四事之外，于读书种菜等事，尤为刻刻留心。故余近写家信，常常提及“书蔬鱼猪”四端者，盖祖父相传之定法也。尔现读书无暇，此八事纵不能一一亲自经理，而不可不识得此意。请朱运四先生细心经理，八者缺一不可。

其诚修祭祀一端，则必须尔母随时留必。凡器皿第一等好者，留作祭祀之用；饮食第一等好者，亦备祭祀之需。凡人家不讲究祭祀，纵然兴旺，亦不久长。至要！至要！

译文

过去我的祖父星冈公，最讲究治家的规矩：第一要早起，第二要把房子打扫干净，第三要虔诚祭祀，第四对亲族、邻居要善待。凡是亲戚、邻居来我家，都是恭敬接待，有急难一定会周济，有争讼一定帮助排解，有喜事必表示庆贺，有疾病一定去慰问，有丧事必去吊唁。除了这四件事之外，他对于读书、种菜等事情，尤其时刻留意。所以我近来写家信，常常提到“书蔬鱼猪”这四件事，因为这是祖父传下来的规矩。你现在一心读书，没有空暇，这八件事即使自己不能一一亲自料理，但对此都要有认识。请朱运四先生对此细心料理，这八件事缺一不可。

至于虔诚祭祖这件事，一定要你母亲随时留意。凡是最好的器皿，要留作祭祀用；凡是最好的饮食，也要留作祭祀用。普通人家不讲究祭祀，这样的家庭即使兴旺，也无法长久，所以非常重要。

触类旁通

曾星冈严教子孙

提到家训，曾国藩言必称星冈公。星冈公是曾国藩的祖父，原名兴，字玉屏，中年改名星冈。他继承祖业，占有一百多亩水田和多处山林、屋宇。家中“自道光元年即处顺境，历三十余年均报平安”。正因为如此，他青年时放荡游冶，酒食征逐。直到父亲死后，已过而立之年的曾星冈，挑起了一家重担，才收心治产业。他曾有一段很坦率的自述：“吾少耽游惰，往还湘潭市肆，与裘马少年相逐，或日高酣寝。长老有讥以浮薄，将覆其家者。余闻而立起自责，货马徒行。自是终身未明而起。余年三十五，始讲求农事。居枕高嵋山下，垄峻如梯，田小如瓦。吾凿石决壤，开十数畛而通为一，然后耕夫易于从事。吾听宵行水，听虫鸟鸣声以知节候，观露上禾颠以为乐。种蔬半畦，晨而耘，吾任之；夕而粪，庸保任之。入而饲豕，出而养鱼，彼此杂职之。”他是一个既拥有山林田产，又雇有佣工，自己只参加辅助劳动的财主。他的儿子曾竹亭则以读书、教书终其身。这样的家庭当然已算不了“农家”，他们的子孙当然也就算不了“农家子弟”了。

曾星冈还常常插手地方事务，武断乡曲，“声如洪钟，见者惮慑”。他自述道：“邻里讼争，吾尝居间以解两家之纷，其尤无状者，厉辞诘责，势若霆催，而理如的破，悍夫往往神沮，或具樽酒通殷勤，一笑散去。”从这篇明显地带有美化痕迹的《大界墓表》看，从曾星冈的儿子曾竹亭后来担任湘乡全县团练总头目，“僻在穷乡，志在军国”的情况看，曾星冈、曾竹亭两代都是地方上的绅士。

曾国藩就是出生在这样的家庭中，受祖父曾星冈、父亲曾竹亭的影响很深。

曾星冈性格暴烈，言行专横，即使对妻子王氏也是如此。王氏“虔事夫子，卑诎已甚，时逢愠怒，则竦息减食，甘受折辱，以回眷睐”。曾星冈“对子孙诸侄，则严肃异常，遇佳时令节，尤为凛不可犯”。他“气象尊严，凛然难犯”，对儿子曾竹亭尤其严峻，“往往稠人广坐，壮声呵斥；或有所不快于他人，亦痛绳长子，竟日诘数愆尤。间作激宕之辞，以为岂少我耶？举家耸惧”。儿子竹亭则“起敬起孝，屏气扶墙，踌躇徐进，愉色如初”。曾星冈是这个封建家庭中威严的最高统治者。

然而，他对子孙们的严格与严厉，在另一方面却有助于子孙的成长。道光十九年（1839）十一月初一日，曾国藩动身进京散馆，在这之前的十月二十日早晨，他站在阶前向祖父说："此次进京，求公教训。"曾星冈说："尔的官是做不尽的，尔的才是好的，但不可傲。满招损，谦受益。尔若不傲，更好全了。"祖父的言传身教，对曾国藩极有影响，他写道："遗训不远，至今尚如耳提面命。"他有意重提此事，用以与诸弟共勉。在另一处，曾国藩写道："余尝细观星冈公仪表绝人，全在一'重'字。余行路容止亦颇重厚，盖取法于星冈公。"甚至对于祖父的那种粗暴、凛然而不可犯，曾国藩也理解为："盖亦具有一种收啬之气，不使家中欢乐过节，流于放肆也。"曾国藩还写道："吾家祖父教人，亦以'懦弱无刚'四字为大耻，故男儿自立，必须有倔强之气。"曾星冈的言行，对曾国藩的性格的形成，是起了很大的影响的。所以，曾国藩对祖父终生敬服。他获得高官厚禄以后，仍然说："国藩与国荃遂以微功列封疆而膺高爵，而高年及见吾祖者，咸谓吾兄弟威重智略，不逮府君远甚也。"他甚至为祖父深抱委屈，认为"王考府君群威仪言论，实有雄伟非常之概，而终老山林，曾无奇遇重事，一发其意"。

六　三不信

不信医药　不信僧巫　不信地仙

原典

吾祖父星冈公在时，不信医药，不信僧巫，不信地仙。卓识定志，确乎不可摇夺，实为子孙者所当遵守。近年家中兄弟子侄于此三者，皆不免相反。余之不信僧巫，不信地仙，颇能谨遵祖训父训，而不能不信药。自八年秋起，常服鹿茸丸，是亦不能继志之一端也。以后当渐渐戒止。并函诫诸弟，戒信僧巫、地仙等事，以绍述家风。

译文

我的祖父星冈公在世时，不信医药，不信僧人、巫师，不信地仙。其远见卓识，意志坚决，丝毫不可动摇，这确实是子孙所应当遵守的。近年来家中的兄弟子侄对于这“三不信”，都有相反的看法。我不信僧人、巫师，不信地仙，较能遵守祖父和父亲的训诫，只是不能不信医药。从（本朝）八年秋天起，我常常服鹿茸丸，这是我不能继承遗志的一个方面。以后应当慢慢戒除。所以我专门写信告诫各位弟弟，不要信僧人、巫医、地仙等方面的事，以承续我家传统。

◎ 通典

《颜氏家训》与佛教

与《曾国藩家训》齐名的《颜氏家训》，却与曾国藩有着完全不同的见解。颜之推竭力宣传佛教可信：

“三世之事，信而有征，家世归心，勿轻慢也。其间妙旨，具诸经论，不复于此，少能赞述；但惧汝曹犹未牢固，略重劝诱尔。原夫四尘五荫，剖析形有；六舟三驾，运载群生。万行归空，千门入善，辩才智惠，岂徒《七经》、百氏之博哉？明非尧、舜、周、孔所及也。内外两教，本为一体，渐积为异，深浅不同。内典初门，设五种禁。外典仁义礼智信，皆与之符。仁者，不杀之禁也；义者，不盗之禁也；礼者，不邪之禁也；智者，不酒之禁也；信者，不妄之禁也。至如畋狩、军旅、燕享、刑罚，因民之性，不可卒除，就为之节，使不淫滥尔。归周、孔而背释宗，何其迷也！”

这段话是说：

佛教中过去、现在与未来之事，是可信而且有应验的，因此，我家世代都要一心向佛，对其不要轻佻怠慢。佛教的精妙之处，已完全体现在佛经中了，在此一两句话也说不清楚。但我担心你们尚未牢记在心，便再简略地重复一下，以作为对你们的劝告和教导。推究起来，佛经对世间万物的戒、住、坏、灭皆有剖析；《易经》也说明阴阳和合才有了万物化生，万法万相，都逃不了变易，逃不了坏灭，世物并无实有。若非，实有则不当变，不当或至坏灭。所以说，一切皆因缘和合而化生，所以说万法皆空。各样入善法门、辩才智慧，难道只有《七经》、诸子百家吗？佛经的智慧明显是尧、舜、周公、孔子所不能比的。内、外两教，原是一体，逐渐积久而成为不同的教派，深浅也不相同。佛典初始的禁要，设有五种禁戒。儒家经典所倡的仁、义、礼、智、信等人生诫条，都和佛门五禁相符。仁是不杀的禁戒，义是不盗的禁戒，礼是不邪的禁戒，智是不酒的禁戒，信是不妄语的禁戒。至于田猎、军旅、宴享、刑罚，要根据民众的本性而教化之，不能仓促废除，据这五禁制定出它的行为规范，使民众的行为不超过限度。归依周公、孔子而背离释宗，是多么迷误啊！

◎ 评价

从曾国藩关于“三不信”的论述来看，曾国藩有时确实迂得可以。不信医药，在现在看来是愚昧落后的表现。因为身体不好，曾国藩只能信医药，却又想努力把它戒掉，未免荒唐。至于僧人、地仙之事，属个人信仰方面的事，也不一定非要绝之而后快。

七　八本、三致祥

吾教子弟　不离八本、三致祥

原典

吾教子弟，不离八本、三致祥。八者，曰：读古书以训诂为本，作诗文以声调为本，养亲以得欢心为本，养生以少恼怒为本，立身以不妄语为本，治家以不晏起为本，居官以不要钱为本，行军以不扰民为本。三者，曰：孝致祥，勤致祥，恕致祥。吾父竹亭公之教人，则专重“孝”字。其少壮敬亲，暮年爱亲，出于至诚，故吾纂墓铭仅叙一事。吾祖星冈公之教人，则有八字、三不信。八者，曰：考、宝、早、扫、书、蔬、鱼、猪。三者，曰僧巫，曰地仙，曰医药，皆不信也。

处兹乱世，银钱愈少，则愈可免祸；用度愈省，则愈可养福。尔兄弟奉母，除“劳”字“俭”字之外，别无安身之法。吾当军事极危，辄将此二字叮嘱一篇，此外亦别无遗训之语。尔可禀告诸叔及尔母无忘。

译文

我教育子弟，不离开八本、三致祥。八本指的是：读古书以训诂为本，写诗作文以声调为本，赡养长辈以得他们的欢心为本，养生以减少恼怒为本，立身以不胡说为本，治家以不晚起为本，做官以不贪钱为本，行军以不扰民为本。三致祥指的是：孝带来祥瑞，勤带来吉祥，恕带来祥和。我的父亲竹亭公在教育别人时，专门注重一个“孝”字。他少壮时敬长辈，晚年时爱长辈，都出于至诚，所以我编纂墓志铭时只说这一件事。我的祖父星冈公在教人时，则有八字、三不信。八字是考、宝、早、扫、书、蔬、鱼、猪。三不信，是僧巫、地仙、医药都不相信。

身处这个乱世中，银钱越少，越可以免去灾祸；花费越省，越可以养福。你们兄弟奉养母亲，除了“劳、俭”这两个字外，没有更好的安身办法。我每当遇到军事极危险时，常常把这两个字叮嘱一遍，除此之外没有别的遗训。你可以告诉你的各位叔叔和你母亲，请他们不要忘记。

原典

凡事皆有至浅至深之道，不可须臾离者。因欲名其堂曰八本堂，其目曰：读书以训诂为本，诗文以声调为本，事亲以得欢心为本，养生以少恼怒为本，立身以不妄语为本，居家以不晏起为本，居官以不要钱为本，行军以不扰民为本。古人格言尽多，要之每事有第一义，必不可不竭力为之者。得之如探骊得珠，失之如舍本根图枝叶。古人格言虽多，亦在乎吾人之慎择而已矣！

译文

所有事情都有至深至浅的道理，片刻都不能离开。因此想命名所居之堂为八本堂，其条目为：读书以训诂为本，诗文以声调为本，事亲以得欢心为本，养生以少恼怒为本，立身以不妄语为本，居家以不晚起为本，做官以不要钱为本，行军以不扰民为本。古人的格言很多，关键是每件事都有其至关重要的意义，不能不竭力去做的。得到了它就好比探骊得珠，失去了它则好比舍弃根本而贪图枝叶。古人的格言虽然很多，我们也需谨慎地加以选择。

八 骨肉之情

骨肉之情愈挚 则责之愈切

原典

惟骨肉之情愈挚，则望之愈殷；望之愈殷，则责之愈切。度日如年，居室如围墙，望好音如万金之获，闻谣言如风声鹤唳，又加以堂上之悬思，重以严寒之逼人，其不能出怨言以相挂者，情之至也。然为兄者，观此二字，则虽典谅其情，亦不能不责之。非责其情，责其字句，不检点耳，何芥蒂之有哉？

译文

骨肉之情越是真挚，对他的期望也越殷切；期望越殷切，要求也就越严厉。我现在度日如年，在家居住好比生活在围墙之中，盼望佳音如同等待获得万两黄金一样，听到谣言即感到风声鹤唳，加上对父母牵挂担忧，又为严酷冷漠的环境所逼，但我却无法埋怨每个关心我的人，这是真情之至。然而，作为兄长，看到“兄长”这两个字，虽然明白兄长当有护念之情，也不能不批评兄弟，不是指责其中包含的情意，而是指责语言不够检点，又有什么芥蒂呢？

原典

至于兄弟之际，吾亦惟爱之以德，不欲爱之以姑息。教之以勤俭，劝之以习劳守朴，爱兄弟以德也；丰衣美食，俯仰如意，爱兄弟以姑息也。姑息之爱，使兄弟惰肢体，长骄气，将来丧德亏行，是即我率兄弟以不孝也，吾不敢也！

译文

至于兄弟之间，我也只是用德去爱护他们，不喜欢相互姑息。用勤俭相教，用“习劳守朴”相劝勉，这是兄弟之间以德相爱；丰衣美食，随心所欲，这是兄弟之间以姑息相爱。姑息，会使兄弟们四体不勤，充满骄气，将来做出丧德败行之事，这是我领着兄弟们干不孝的事，我不敢这么做。

触类旁通

◎ 通典

《颜氏家训》中的“论悌”

《颜氏家训》对于“悌”有这样的论述：

自有人类以来，便有了夫妇；有了夫妇，便有了父子；有了父子，便有了兄弟。一家亲人的关系，就只有这三种。由此开始，上下左右，各种亲戚，一直到九族，都是从这三种关系中派生出来的。所以在人类的各种关系中，这三种关系最为重要，感情不能不深厚。

兄弟，是同一对父母所生，血缘关系极为密切。在幼年时期，兄弟前偎后依，同一张桌上吃饭，同一件衣服传递着穿，读书使用同一本书，游玩同去一个地方，即使是无理昏聩之人，也不能不相互友爱。但等到成年以后，分别娶了妻，生了子，即使再忠诚厚道之人，对兄弟之间的感情也不能不有所衰减了。因为妯娌关系和兄弟关系比较起来,毕竟要疏远淡漠多了。现在让彼此疏远淡漠的妯娌来制约深厚的兄弟感情，就像用圆盖去覆盖一个方底的物体一样，必然难以完全吻合。只有那种友爱之情特别深厚牢固，不为妻子所动的人，才不会受到影响。

妯娌，是家庭各种矛盾的挑起者。与其让骨肉同胞居于其间反目为仇，还不如让他们异地居住；因这样起码还可以时时互相怀念。况且，兄弟之间若发展到形同路人，那么处于是非之地，很少不产生隔阂的。之所以如此，是因为他们处理家族事务却怀着个人私情，肩负家族重任却不讲兄弟情义。如果人们能够经常反省自己，体谅别人，视兄弟子女为自己的子女，便不会产生这种忧患了。

曾国藩照应曾国荃

曾国藩重视骨肉之情，尤为明显地表现在他对九弟曾国荃的照应上。

金陵攻破后的一个月中，朝廷又是追问天京财产的下落，又是追问李秀成的下落，使曾氏兄弟心惊肉跳。“归功于己”而趾高气扬的曾国荃此时患有“湿毒”，左肩下乳上生一毒，又肝旺气虚，“病在水不能生木”，“非药物所能为力”，加上连日遭此政治上的重大打击，更是郁郁不得志，常生无名之火。他虽为得胜之臣，实似丧家之犬。曾国藩在金陵见到曾国荃的此种情状，心痛似绞。他七月廿八日回到安庆后，于廿九日，八月初二日、初五日、初六日、初九日、十四日、十六日、十九日接连写信给曾国荃，一方面反复表示自己的“实深廑系”，一方面对老九进行多方的劝慰和关照，极力吹捧说：“弟所成就者，业已卓然不朽。”他甚至不惜屈己以谀弟，说：“从古有大勋劳者，不过本身得一爵耳。弟则本身既挣一爵，以赠送阿兄一爵。弟之赠送此礼，人或忽而不察，弟或谦而不居，而余深知之。顷已详告妻、子知之，将来必遍告家人宗族知之。”又说：“天下之道，无感不应，无诎不伸。以吾心之且怜且敬，知外间亦必千里应之，亦必怜弟敬弟，万口同声。”与此同时，他又对老九稍加规劝：“弟不若就现有之功，而加之以读书养气，小心大度，以求德亦日进，言亦日醇。比如筑室，弟之立功已有绝大基址，绝好结构，以后但加装修工夫。何必汲汲皇皇，茫乎无主乎？”但曾国藩所说的这些言辞，曾国荃似乎都听不进去。曾国藩也就按捺不住，骂道：“弟若不知自爱，懊怒不已，剥丧元气，则真太愚矣！”

同治三年（1864）八月二十日为曾国荃四十一岁生日。曾国藩从八月二十五日至九月初三日在安庆特地写了十三首寿诗，并把它写成手卷，赠送曾国荃。他写信给曾国荃，说他写这些诗，“一则以纪泽寿文不甚惬意。一则以近来接各贺信，皆称吾弟为古今仅见”。他坦率地说：“若非弟之九年苦战，吾何能享此大名？故略陈众人所颂者，以为祝寿也。”又说，他写这十三首七绝，是欲“使儿曹歌以侑觞。盖欲使后世知沅甫立功之苦，兴家之不易，常思敬慎以守之”。故全诗极力为曾国荃评功摆好，说他“一剑须臾龙变化，准能终古老泥蟠”，称颂他于咸丰八年（1858）十五日攻占吉安，是“书生初试大功时”；称颂他咸丰十一年（1861）八月初一日攻占安庆，“上感三光下百神”；称颂他攻占金陵，是“昆阳一捷天下悦”，“正赋周宣六月篇”。此时，曾国荃肝气尚旺，抑郁未平，所以思虑深沉的曾国藩，在第一首中劈头便说：

九载艰难下百城，漫天箕口复纵横。

今朝一酌黄花酒，始与阿连庆更生。

九年中使国荃疲于奔命的“艰难”，固然在于与太平军的刀来枪往，更在于对付统治阶级内部的“漫天箕口”。同治三年四月初三日，曾国藩写信告诉老九说：“近来外侮纷至迭乘，余日夜战兢恐惧，若有大祸即临眉睫者。”

金陵之战既已得手，曾国藩暂时渡过了这些“艰难”与“大祸”，而这竟使曾国藩称为“更生”！回首往事，简直令人再度战战兢兢。然而曾氏兄弟当前仍然“左列钟铭右谤书”，誉和毁并生，不得不令人相信：“人间随处有乘除。”最后，曾国藩终归道出了自己写这些寿诗以劝谕老九的本意：“低头一拜屠羊说，万事浮云过太虚”，“已寿斯民复寿身，指衣归钓五湖春”，让曾国荃懂得功成身退的“长生诀”。

九　居家四败

士大夫之家旋踵而败，根于居家四败

原典

士大夫之家旋踵而败，往往不如乡里耕读人家之耐久。所以致败之由大约不出数端。家败之道有四，曰：礼仪全废者败，兄弟欺诈者败，妇女淫乱者败，子弟傲慢者败。身败之道有四，曰：骄盈凌物者败，昏惰任下者败，贪刻兼至者败，反复无信者败。未有八者全无一失而无故倾覆者也。

译文

士大夫之家有的很快衰败，往往还不如乡里耕读人家家运持久。造成衰败的原因，大约不出这样几个方面。家庭衰败的原因有四：彻底废弃礼仪之家衰败，兄弟相互欺诈之家衰败，妇女淫荡秽乱之家衰败，子弟骄傲轻慢别人之家衰败。一个人衰败的原因也有四方面：骄傲自满、欺凌别人的人衰败，昏庸懒惰、轻信下人的人衰败，贪婪刻薄的人衰败，反复无常、不讲信义的人衰败。从来没有见过没有这些弊病而无故败家覆身的事情。

触类旁通

在另一处，曾国藩这样论述“居家四败”：妇女奢淫者败，子弟骄怠者败，兄弟不和者败，侮师慢客者败。

其意思与上文的差不多，只是具体内容略有出入：妇女淫乱改成了妇女奢淫，兄弟欺诈改成了兄弟不和，子弟傲慢改成了子弟骄怠，礼义全废改成了侮师慢客。

从上述曾国藩关于居家之道的论述可以看出，曾国藩对家教是极为重视的，而至于儿孙，经过他的教诲引导，亦大多琢玉成器。儿子纪泽，是清末著名的外交家，1881 年在与沙皇俄国的交涉中，收回了新疆特克斯流域大片领土；另一个儿子纪鸿，淡于功名，精研数学，有代数著作数种。家风所及，孙辈和曾孙辈也颇多学者名士，学有所成。曾国藩的家教，历来被世人重视；因为，即使时过境迁，他的许多言论和方法仍大可借鉴。

家书

1

男国藩跪禀：

父亲大人万福金安，自闰三月十四日，在都门拜送父亲，嗣后共接家信五封。五月十五日，父亲到长沙发信，内有四弟信，六弟文章五首。谨悉祖父母大人康强，家中老幼平安，诸弟读书发奋，并喜父亲出京，一路顺畅，自京至省，仅三十余日，真极神速。

迩际①男身体如常，每夜早眠，起亦渐早。惟不耐久思，思多则头昏，故常冥心于无用，优游涵养，以谨守父亲保身之训。九弟功课有常，《礼记》九本已点完，《鉴》已看至《三国》，《斯文精粹》诗文，各已读半本，诗略进功，文章未进功。男亦不求速效，观其领悟，已有心得，大约手不从心耳。

甲三于四月下旬能行走，不须扶持，尚未能言，无乳可食，每日一粥两饭。家妇身体亦好，已有梦熊之喜，婢仆皆如故。

今年新进士龙翰臣得状元，系前任湘乡知县见田年伯之世兄。同乡六人，得四庶常、两知县。复试单已于闰三月十六日付回，兹又付呈殿试朝考全单。

同乡京官如故。郑莘田给谏服阙来京，梅霖生病势沉重，深为可虑。黎樾乔老前辈处，父亲未去辞行，男已道达此意。广东之事，四月十八日得捷音，兹将抄报付回。

男等在京，自知谨慎，堂上各老人，不必挂怀。家中事，兰姊去年生育，是男是女？楚善事如何成就？伏望示知。男谨禀，即请母亲大人万福金安。

道光二十一年五月十八日

注释

①迩际：现在，目前。

译文

儿子国藩跪着禀告：

父亲大人万福金安。自从闰三月十四日，在京城城门拜送父亲回家，后来共接到家信五封。五月十五日，父亲到长沙发信，里面有四弟的信，六弟的文章五首。我已经知道祖父母大人身体康健强壮，家里老小都平安，诸位弟弟发奋读书，并且高兴地知道父亲离京后一路顺畅，从京城到省城，只用了三十多天，真是神速。

眼下儿子身体如常，每晚早睡，起得也早。只是不能用脑过度，过度了便头昏。所以经常静下心来让脑子不想任何事情，身心悠闲以加强涵养功夫，以便谨敬地遵守父亲关于保身的训示。九弟的功课很正常，《礼记》九本已点读完毕，《资治通鉴》已看到《三国》，《斯文精粹》诗文各读了半本，诗歌稍有进步，文章没有进步。但也不求很快见效。看他对书的领会程度，已经有些心得，大约只是手不从心，还表达不出吧。

甲三在四月下旬已能行走，不要别人扶持，还不能说话，没有乳吃，每天一顿粥两顿饭。家妇身体也好，已有生男的喜兆，婢女仆从都与原来一样。

今年新进士龙翰臣得了状元，是前任湘乡知县见田年伯的世兄。同乡六个，得了四个庶常、两个知县。复试单已经在闰三月十六日寄回，现又寄呈殿试朝考的全单。

同乡的京官还是那些。郑莘田给谏服阙来京城。梅霖生病势严重，很是可虑。黎樾乔老前辈那里，父亲没有去辞行，儿子已代为致意。广东的事，四月十八日得捷报，现将抄报寄回。

儿子等在京城，自己知道谨慎从事，堂上各位老人，不必挂念。家里的事，兰姐去年生育，是男是女？楚善的事怎样成全？儿子希望大人告诉一下。儿子恭敬禀告，顺祝母亲大人万福金安。

道光二十一年五月十八日

2

男国藩跪禀：

父母亲大人万福金安。十月廿二，奉到手谕，敬悉一切。郑小珊处，小隙[①]已解。男人前于过失，每自忽略，自十月以来，念念改过，虽小必惩。其详具载示弟书中。

耳鸣近日略好，然微劳即鸣。每日除应酬外，不能不略自用功，虽欲节劳，实难再节。手谕示以节劳，节欲，节饮食，谨当时时省记。

萧辛五先生处寄信，不识靠得住否？龙翰臣父子，已于十一月初一日到；布匹线索，俱已照单收到，惟茶叶尚在黄恕皆处。恕皆有信与男，本月可到也。男妇及孙男女等皆平安，余详于弟书，谨禀。

道光二十二年一月二十六日

注释

①隙：嫌隙。

译文

儿子国藩跪着禀告：

父母亲大人万福金安。十月二十二日，收到手谕，敬悉一切。郑小珊那里，小小嫌隙已经化解。儿子以前对于过失，每每自己忽略了。自十月以来，念念不忘改过，问题虽小也要惩戒。详细情况都写在给弟弟的信中。

耳鸣近日稍好了些，但稍微劳累一点便又响起来了。每天除应酬外，不能不略为自己用功，虽想节劳，实在难以再节了。手谕训示儿子节劳，节欲，节饮食，我一定时刻牢记遵守。

萧辛五先生那里寄信，不知可靠不？龙翰臣父子，已在十一月初一日到了。布匹、线索，都已照单子收到，只是茶叶还在黄恕皆那里。恕皆有信给我，本月可以到。儿媳妇和孙儿和孙女都平安，其余的详细写在给弟弟的信中，谨此禀告。

道光二十二年一月二十六日

3

诸位贤弟足下：

十月廿一，接九弟在长沙所发信，内途中日记六页，外药子一包。廿二接九月初二日家信，欣悉以慰。

自九弟出京后，余无日不忧虑，诚恐道路变故多端，难以臆揣。及读来书，果不出吾所料，千辛万苦，始得到家，幸哉幸哉！郑伴之下不足恃，余早已知之矣。郁滋堂如此之好，余实不胜感激！在长沙时，曾未道及彭山屺，何也？

四弟来信甚详。其发愤自励之志，溢于行间，然必欲找馆出外，此何意也？不过谓家塾离家太近，容易耽阁，不如出外较净耳。然出外从师，则无甚耽搁；若出夕做书，其耽搁更甚于家塾矣。

且苟能发奋自立，则家塾可读书，即旷野之地、热闹之场亦可读书，负薪牧豕[1]皆可读书。苟不能发奋自立，则家塾不宜读书，即清净之乡、神仙之境皆不能读书。何必择地，何必择时，但自问立志之真不真耳。

六弟自怨数奇[2]，余亦深以为然。然屈于小试，辄发牢骚，吾窃笑其志之小而所忧之不大也。君子之立志也，有民胞物与之量，有内圣外王之业，而后不忝于父母之所生，不愧为天地之完人。故其为忧也，以不如舜不如周公为忧也，以德不修学不讲为忧也。是故顽民梗化则忧之，蛮夷猾夏则忧之，小人在位、贤人否闭则忧之，匹夫匹妇不被己泽忧之。所谓悲天命而悯人穷，此君子之所忧也。若夫一体之屈伸，一家之饥饱，世俗之荣斥得失、贵贱毁誉，君子固不暇忧及此也。六弟屈于小试，自称数奇，余穷笑其所忧之不大也。

盖人不读书则已，亦既自名曰读书人，则必从事于《大学》。《大学》之纲领有三，明德新民止至善，皆我分内事也。昔卖书不能体贴到身上去，谓此三项与我身毫不相涉，则读书何用？虽使能文能诗，博雅自诩，亦只算识字之牧猪奴耳，岂不谓之明理有用之人也？朝廷以制艺取士，亦谓其能代圣贤立言，必能明圣贤之理，行圣贤之行，可以居官莅民，整躬率物也。若以明德新民为分外事，则虽能文能诗，而于修己治人之道实茫然不讲，朝廷用此等人作官，与用牧猪奴作官何以异哉？

然则既自名为读书人，则《大学》之纲领皆己立身切要之事明矣。其修目有八，自我观之，其致功之处，则仅二者而已，曰格物，曰诚意。格物，致知之事也。诚意，力行之事也。物者何？即所谓本末之物也。身心意知、家国天下，皆物也。天地万物，皆物也。日用常行之事，皆物也。格者，即格物而穷其理也。如事亲定省，物也。究其所以当定省之理，即格物也。事兄随行，物也。究其所以当定省之理，即格物也。吾心，物也。究其存心之理，又博究其省察涵养以存心之理，即格物也。吾身，物也。究其敬身之理，又博究其立齐坐尸[3]以敬身之理，即格物也。每日所看之书，句句皆物也。切己体察，穷其理，即格物也。知一句便行一句，此力行之事也。此二者并进，下学在此，上达亦在此。

吾友吴竹如格物工夫颇深，一事一物，皆求其理。倭艮峰先生则诚意工夫极严，每日有日课册。一日之中，一念之差，一事之失，一言一默，皆笔之于书，书皆楷字。三月则订一本，自乙未年起，今三十本矣。尽其慎独之严，虽妄念偶动，必即时克治，而著之于书。故所读之书，句句皆切身之要药。兹将艮峰先生日课，钞三叶付归，与诸弟看。

余自十月初一日起，亦照艮峰样，每日一念一事，皆写之于册，以便触目克治，亦写楷书。冯树堂与余同日记起，亦有日课册。树堂极为虚心，爱我如兄弟，敬我如师，将来必有所成。余向来有无恒之弊，自此写日课本子起，可保终身有恒矣。盖明师益友，重重夹持，能进不能退也。本欲抄余日课册付诸弟阅，因今日镜海先生来，要将个子带回去，故不及钞。十一月有折差，准抄几叶付回也。

余之益友，如倭艮峰之瑟僩[4]，令人对之肃然。吴竹如、窦兰泉之精义，一言一事，必求至是。吴子序、邵慧西之谈经，深思有辨。何子贞之谈字，其精妙处，无一不合，其谈诗尤最符契[5]。子贞深喜吾诗，故吾自十月来，已作诗十八首，兹抄二叶付回，与诸弟阅。冯树堂、陈岱云之立志，汲汲不遑，亦良友也。镜海先生，吾虽未尝执贽[6]请业，而心已师之矣。

吾每作书与诸弟，不觉其言之长，想诸弟或厌烦难看矣。然诸弟苟有长信与我，我实乐之，如获至宝。人固各有性情也。

余自十月初一起记日课，念念欲改过自新。思从前与小珊有隙，实是一朝之忿，不近人情，即欲登门谢罪。恰好初九日小珊来拜寿，是夜余即至小珊家久谈。十三日与岱云合队，请小珊吃饭，从此欢笑如初，前隙盖释矣。近事大略如此，容再读书。国藩手具。

道光二十二年十月二十六日

注释

①负薪：背柴。相传汉代朱买臣背着柴草时还刻苦读书。牧豕：放猪。相传汉代函宫一边放猪，一边还在听讲解经书。

②数奇：这时指命运不好，遇事不利。古人认为单数不吉。

③立齐坐尸：语出《曲礼》：立如齐，坐如尸。意为站得像祭祀前斋戒时那样恭敬，坐得像扮先祖接受祭祀的受祭人一样端正。

④僩：胸襟开阔。

⑤符契：符和、契合。

⑥贽：拜见师长时所持的礼物。

译文

诸位贤弟足下：

十月二十一日，接到九弟在长沙所发的信里面有路上日记六页，外药子一包。二十二日接到九月初二日家信，欣悉一切聊以自慰。

自从九弟离京城后，我没有一天不忧虑，深怕道路变故多端难以预料。等读了来信，果然不出我之所料，千辛万苦，才得到达，幸运！真是幸运！与郑同行不足以依靠，我早知道了。郁滋堂这样好，我实在感激不尽。在长沙时，没有提到彭山屺，为什么？

四弟来信写得很详细。他发奋自励的志向，流露在字里行间，但一定要出外找学堂，这是什么意思？不过说家塾学堂离家里太近，容易耽搁，不如外出安静。然而出外从师，自然没有耽搁；如果是出外教书，那耽搁起来，比在家塾里还厉害。

而且真能发奋自立，那么家塾可以读书，旷野地方、热闹场所也可以读书，背柴、放猪都可以读书。如不能发奋自立，那么家塾不宜读书，就是清净的地方、神仙的环境都不宜读书。何必要选择地方，何必要选择时间，只要问自己：自立的志向是不是真的。

六弟埋怨自己的命运不佳，我也深以为然。但只是小试失利，就发牢骚，我暗笑他志向小而心中的忧虑不大。君子立志，有为民众请命的器量，有内修圣人的德行、外建王者称霸天下的雄功，然后才不负父母生育自己之恩，不愧为天地间的一个完全的人。所以，一个君子所忧虑的，是自己不如舜，不如周公，是德行没有修炼，学问没有大成。所以，君子因顽固的刁民难以感化而忧，因野蛮的夷、狡猾的夏不能征服而忧，因小人在位、贤人远遁而忧，因天下百姓没有得到自己的恩泽而忧。所以说，君子的忧虑是悲天命而怜悯百姓穷苦。如果是一个人的委屈和伸志，一家人的饥和饱，世俗所说的荣与辱、得与失、贵与贱、毁与誉，君子还没有工夫为这些去忧虑呢。六弟委屈于一次小试，自称命运不佳，我暗笑他所忧的东西太小了。

不读书便罢了，只要自称为读书人，就一定要熟读并遵行《大学》的教导。《大学》的纲要有三点：明德、新民、止至善。这些都是我们的分内事。如果读书不能用到身上去，说这三点与我毫不相干，那读书又有什么用？虽说能写文能作诗，博学雅闻自己吹嘘自己，也只算得一个识字的牧童而已，岂可算是个明白事理的有用人？朝廷以制艺来录取士人，也是说他能代替圣人贤人立言，必须明白圣贤的道理，行圣贤的行为，可以为官管理民众，整躬率物。如果以为明德、新民为分外事，那虽能文能诗，而对于修身治人的道理茫茫然不懂，朝廷用这种人做官，和用牧童做官又有何区别呢？

既然自称读书人，那么就应该明白《大学》的纲领都是自己立身的重大事情。《大学》应修的科目共有八个方面，依我看来，取得功效的地方，只有两条，一条叫格物，一条叫诚意。格物，致知的事情；诚意，力行的事情。物是什么？就是本末的物。身、心、意、知、家、国、天下，都是物。天地万物，都是物。日常用的、做的，都是物。格，是研究事物原理。如侍奉父母，晨昏定省，是物。明白为何要侍奉父母的理由，就是格物。跟随兄长，是物。研究为何应当跟随兄长的理由，就是格物。我的心，是物。研究自己的心存在的道理，深入研究心的省悟、观察、作用及因何成为此状的道理，就是格物。我的身体，是物。研究如何郑重对待身体，深入研究为何坐得端正、站得恭敬才是符合礼仪规范的道理，就是格物。每天所看的书，句句都是物。切己体察，穷究其理，就是格物。学会一个道理就按这条道理去做，这是力行的事。两者并进，下学在这里，上达也在这里。

我的朋友吴竹如格物功夫很深，一事一物，都要弄明白它的道理。倭艮峰先生诚意功夫很严，每天有日课册子。一天之中，一念之差，一事之失，一言一默，都会写下来，字都是正楷。三个月订一本，从乙未年起，已订了三十本。因他慎独严格，虽出现妄念偶动，必定马上克服，写在书上。所以他读的书，句句都是切合自身的良药。现将艮峰先生日课，抄三页寄回，给弟弟们看。

我从十月初一日起，也照艮峰一样，每天一个念头、一件事情都写在册子上，以便随时看见了加以克服，也写正楷。冯树堂和我同日记起，也有日课册子。树堂非常虚心，爱护我如同兄弟，敬重我如同老师，将来一定有所成就。我向来有无恒心的毛病，从写日记本子开始，可以保证一生有恒心了。明师益友，一重又一重夹持我，只能进不能退。本想抄我的日课册给弟弟们看，今天镜海先生来，要将本子带回，所以来不及抄。十一月有通信兵，准定抄几页寄回。

我的益友，如倭艮峰，外貌端庄，胸襟开阔，令人肃然起敬。吴竹如、窦兰泉精研究义，一言一事，实事求是。吴子序、邵蕙西谈经，深思明辨。何子贞谈字，其精妙处，与我无一不合，谈诗尤其意见一致。子贞很喜欢我的诗，所以我从十月以来，已作了十八首，现抄两页寄回，给弟弟看。冯树堂、陈岱云立志，虽急切但从不卖弄自己，也是良友。镜海先生，我虽然没有拿着礼物去请求授业，而心里早已师从他了。

我每次写信与诸位弟弟，不知不觉就会写得很长，诸位弟弟可能厌烦不想看。但弟弟们如有长信给我，我实在很快乐，如获至宝。人真是各有各的性格啊！

我从十月初一日起记日课，念念不忘想改过自新。回忆从前与小珊有点嫌隙，实在是一时气愤，不近人情，马上想登门谢罪。恰好初九日小珊来拜寿，当天晚上我到小珊家谈了很久。十三日与岱云合伙，请小珊吃饭，从此欢笑如初，嫌隙烟消云散。近来的事大致这样，容我以后再写。兄国藩手题。

道光二十二年十月二十六日

4

男国藩跪禀：

父母亲大人万福金安。六月廿日，接六弟五月十二书；七月十六，接四弟、九弟五月廿九日书。皆言忙迫之至，寥寥数语，字迹潦草，即县试案首前列，皆不写出。同乡有同日接信者，即考古老先生，皆已详载。同一折差也，各家发信，迟十余日而从容；诸弟发信，早十余日而忙迫[①]，何也？且次次忙迫，无一次从容者，又何也？

男等在京，大小平安。同乡诸家皆好，惟汤海秋于七月八日得病，初九日未刻即逝。八月十八考教习，冯树堂、郭筠仙、朱啸山皆取。湖南今年考差，仅何子贞得差，余皆未放，惟陈岱云光景[②]最苦。男因去年之病，反以不放为乐。王仕四已善为遣回，率五大约在粮船回，现尚未定；渠身体平安，二妹不必挂心。叔父之病，男累求详信直告，至今未得，实不放心。

甲三读《尔雅》，每日二十余字，颇肯率教[③]。六弟今年正月信，欲从罗维山处附来，男甚喜之！后来信绝不提及，不知何故？所付来京之文，殊不甚好。在省读书二年，不见长进，男心实忧之，而无如何，只恨男不善教诲而已。大抵第一要除骄傲气习。中无所有，而夜郎自大，此最坏事。四弟、九弟虽不长进，亦不自满。求大人教六弟，总期不自满足为要。余俟续陈。男谨禀。

道光二十四年七月廿日

注释

①忙迫：意指忙碌。

②光景：情形。

③率教：听教。

译文

儿子国藩跪着禀告：

父母亲大人万福金安。六月二十日，接到六弟五月十二日的信；七月十六日，接到四弟、九弟五月二十九日的信——都说非常忙，寥寥几句话，字迹也潦草，便是县里考试的头名和前几名是谁，都没有告诉我。同乡中间有同一天接到信的，就是考古老先生，人家的信都详细写了。同是一通信兵，各家发信，迟十多天而从容不迫。弟弟们早十多天而如此忙碌，为什么？并且每次都说忙，没有一次从容，又为什么？

儿等在京城，大小平安。同乡的各家都好，只是汤海秋在七月八日生病，初九日未时便逝世了。八月二十八日考教习，冯树堂、郭筠仙、朱啸山都中了。湖南今年的考差，只有何子贞得了，其余的都没有放，只陈岱云的情形最苦。儿子因去年的病，反而以为不放我而高兴。王仕四已经妥善地遣送回去，率五大约乘粮船回，不知现在走到哪儿了。他们身体平安，二妹不必挂念。叔父的病，儿子多次请求详细据实告诉我，至今没有收到，实在不放心。

甲三读《尔雅》，每天二十多字，颇能接受书中教导。六弟今年正月的信，想从罗维山处附课，儿子很高兴。后来的信绝不提这件事，不知为什么？所寄来的信，写得不好。在省读书两年，看不见进步，儿子心里很忧虑，又无可奈可，只恨儿子不善于教诲。六弟大约第一要去掉骄傲气习。心中学识匮乏，又夜郎自大，这个最坏事。四弟、九弟虽说不长进，但不自满。求双亲大人教导六弟，总之，我希望他不要自满自足，这个最要紧。其余下次再陈告。儿子谨禀。

道光二十四年七月二十日

5

四位老弟左右：

昨廿七日接信，畅快之至，以信多而处处详明也。四弟七夕诗甚佳，已详批诗后。从此多作诗亦甚好，但须有志有恒，乃有成就耳。余于诗亦有工夫，恨当世无韩昌黎及苏、黄一辈人可与发吾狂言者。但人事太多，故不常作诗；用心思索，则无时敢忘之耳。

吾人只有进德、修业两事靠得住。进德，则孝弟仁义是也；修业，则诗文作字是也。此二者由我作主，得尺则我之尺也，得寸则我之寸也。今日进一分德，便算积了一升谷；明日修一分业，又算馀了一文钱。德业并增，则家私日起。至于功名富贵，悉由命走，丝毫不能自主。昔某官有一门生为本省学政，托以两孙，当面拜为门生。后其两孙岁考临场大病，科考丁艰[①]，竟不入学。数年后两孙乃皆入，其长者仍得两榜。此可见早迟之际，时刻皆有前走，尽其在我，听其在天，万不可稍生妄想。六弟天分较诸弟更高，今年受黜[②]，未免愤怨。然及此正可困心横虑，大加卧薪尝胆之功，切不可因愤废学。

九弟劝我治家之法，甚有道理，喜甚慰甚！自荆七遣去之后，家中亦甚整齐，待率五归家便知。《书》曰："非知之艰，行之维艰。"九弟所言之理，亦我所深知者，但不能庄严威厉，使人望若神明耳。自此后当以九弟言书诸绅，而刻刻警省。季弟天性笃厚，诚如四弟所云，乐何如之！求我示读书之法，及进德之道。另纸开示。作不具，国藩手草。

道光二十四年八月廿九日

注释

①丁艰：旧时称遭父母之丧为丁艰。

②黜：降职或罢免。

译文

四位老弟左右：

昨天，即二十七日接到来信，非常畅快，回信多而所写的事处处详细明白。四弟的七夕诗很好，意见已详细批在诗后面。从此多做诗也很好，但要有志有恒，才有成就。我对于诗也很努力地研究过，只恨当世没有韩愈或苏轼、黄庭坚一辈人，可以引起我口出狂言。但人事应酬大多，所以不常作诗；用心思索，那还是时刻不忘的。

我们这些人只有进德、修业两件事靠得住。进德，指孝、悌、仁、义的品德；修业，指写诗、作文、写字的本领。这两件事都由我作主，得进一尺便是我自己的一尺，得进一寸便是我自己的一寸。今天进一分德，便可算是积了一升谷；明天修一分业，又算有了一分余钱。德和业都增进，那么家业自然会一天天兴起。至于富贵功名，都由命运决定，一点也不能自主。过去某官员有一个门生，是本省学政，便把两个孙儿托他帮忙，当面拜做门生。后来那两个孙儿在临年考时大病一场，到了科考又因父母故去而缺考，不能入学。几年后，两人才都入学，大的仍旧得两榜。可见入学迟早都是生前注定，努力的方面虽然在自己，但成败方面则是天定，万万不要产生妄想。六弟比诸位弟弟天分更高些，今年没有考中，不免气愤埋怨。但到了这一步应该自己将自己衡量一番，加强卧薪尝胆的功夫，切不可以因气愤而废弃学习。

九弟劝我治家的方法，很有道理，很高兴很安慰！自从荆七派去以后，家里也还整齐，等率五回来便知道。《尚书》道："不是认识事物难，而认识了去实行更难。"九弟所说的道理，也是我早就已知道的，但不能庄严威厉，使人望着像神一样。自此以后，当以九弟的批评作座右铭，时刻警惕反省。季弟天性诚敦厚，正像四弟说的，乐呵呵的！他请求我指示读书方法和进德的途径，我另外写信给他。其余不多写，国藩手草。

道光二十四年八月二十九日

6

四位老弟足下：

吾人为学，最要虚心。尝见朋友中有美材者，往往恃才傲物，动谓人不如已，见乡墨则骂乡墨不通，见会墨则骂会墨不通，既骂房官又骂主考，未入学者则骂学院。平心而论，己之所为诗文，实亦无胜人之处；不特无胜人之处，而且有不堪对人之处。只为不肯反求诸己，便都见得人家不是，既骂考官，又骂同考而先得者。傲气既长，终不进功，所以潦倒一生，而无寸进也。

余平生科名极为顺遂，惟小考七次始售。然每次不进，未尝敢出一怨言，但深愧自己试场之诗文太丑而已。至今思之，如芒在背。当时之不敢怨言，诸弟问父亲、叔父及朱尧阶便知。盖场屋之中，只有文五而侥幸者，断无文佳而埋没者，此一定之理也。

三房十四叔非不勤读，只为傲气太胜，自满自足，遂不能有所成。京城之中，亦多有自满之人，识者见之，发一冷笑而已。又有当名士者，鄙科名为粪土，或好作诗古文，或好讲考据，或好谈理学，嚣嚣[①]然自以为压倒一切矣。自识者观之，彼其所造曾无几何，亦足发一冷笑而已。故吾人用功，力除傲气，力戒自满，毋为人所冷笑，乃有进步也。诸弟平日皆恂恂退让，第累年小试不售[②]，恐因愤激之久，致生骄惰之气，故特作书戒之。务望细思吾言而深省焉，幸甚幸甚！国藩手草。

道光二十四年十月廿一日

注释

①嚣嚣：喧哗，吵闹。此处比喻沸沸扬扬。

②不售：不申。

译文

四位老弟足下：

我们研究学问最要虚心。我常看见朋友中有才的，往往恃着自己的才能傲视一切，动不动就说别人不如自己，见了乡试文体便说乡试文体不通，见了会试文体便说会试文体不通，既骂房官又骂主考，没有入学便骂学院。平心静气来说，他自己所做的诗或文，实在没有什么超人之处；不仅没有超过别人的地方，而且还有很多比不上别人的地方。只是因为不肯用对待别人的尺度反过来衡量自己，便觉得别人不行，既骂考官，又骂同考先录取的。既然如此傲气，当然不能进步，所以潦倒一生，没有一寸长进。

我平生在科名方面，非常顺遂，只是小考考了七次才成功。但每次不中，没有说过一句怨言，只深为惭愧，自己的考试诗文太差罢了。今天想起来，如芒刺在背上。那时我不敢发怨言，弟弟们问父亲、叔父和朱尧阶便知道了。因为考试场里，只有文章差而侥幸得中的，没有文章好而被埋没的，这是一定的道理。

三房十四叔，不是不勤读，只因傲气太盛，自满自足，所以不能有所成就。京城之中，也有不少自满的人，认识他们的人，不过冷笑一声罢了。又有当名士的，把科名看得和粪土一样，或者喜欢作点古诗，或者搞点考据，或者好讲理学，大出风头，自以为压倒一切。但在明白人看来，他们的成就也没有多少，只好冷笑一声罢了。所以我们要用功去掉傲气，力戒自满，不要沦为别人的笑柄，这才算有进步。弟弟们平时都谦虚退让，但多年小考没有中，恐怕是因为愤激已久，产生了骄惰的习气，所以特别写信告诫。请务必想一想我说的话，幸甚幸甚！国藩手草。

道光二十四年十月二十一日

7

男国藩跪禀：

父母亲大人万福金安。四月十四日，接奉父亲三月初九日手谕，并叔父大人贺喜手示，及四弟家书。敬悉祖父大人病体未好，且日加沉剧。父叔离诸兄弟服侍已逾三年，无昼夜之间，无须臾①之懈。男独一人，远离膝下，未得一日尽孙子之职，罪责甚深。闻华弟荃弟文思大进；葆弟之文，得华弟讲改，亦日驰千里。远人闻此，欢慰无极！

男近来身体不甚结实，稍一一用心，即癣发于面。医者皆言心亏血热，故不能养肝，热极生风，阳气上肝，故见于头面。男恐大发，则不能入见，故不敢用心，谨守大人保养身体之训，隔一日至衙门办公事，余则在家不妄出门。现在衙门诸事，男俱已熟悉。各司官于男皆甚佩服，上下水乳俱融，同寅亦极协和。男虽终身在礼部衙门，为国家办照例之事，不苟不懈，尽就条理，亦所深愿也。

英夷在广东，今年复请入城。徐总督办理有方，外夷折服竟不入城，从此永无夷祸，圣心嘉悦之至！术者②每言皇上连年命运，行劫财地，去冬始交脱。皇上亦每为臣工言之。今年气象，果为昌泰，诚国家之福也！

儿妇及孙女辈皆好。长孙纪泽前因开蒙大早，教得太宽。项读毕《书经》，请先生再将《诗经》点读一遍，夜间讲《纲鉴》正史，约已讲至秦商鞅开阡陌。

李家亲事，男因桂阳州往来太不便，已在媒人唐鹤九处回信不对。常家亲事，男因其女系妾所生，已知春不皆矣。纪泽儿之姻事，屡次不就。男当年亦十五岁始定婚，则纪泽再缓一二年，亦无不可。或求大人即在乡间选一耕读人家之女，男或在京自定，总以无富贵气都为主。纪云对郭雨三之女，虽未订盟，而彼此呼亲家，称姻弟，往来亲密，断不改移。二孙女对岱云之次子，亦不改移。谨此禀闻，余详与诸弟书中。男谨禀。

道光二十九年四月十六日

注释

①须臾：片刻。

②术者：算命的人。

译文

儿子国藩跪着禀告：

父母亲大人万福金安。四月十四日，接奉父亲三月初九日亲笔写的指示，还有叔父大人贺喜的亲笔来信与四弟家信，得知祖父病体没有好，而且病情一天天加重。父亲、叔父领着诸位兄弟服侍已经三年，不分昼夜，没片刻可以松懈。只有儿子一个，远离膝下，没有尽一天孙子的职责，罪责太深重了。听说华弟、荃弟文思大有进步，葆弟的文章，得到华弟的讲改指点，也一日千里。远方亲人听了，太欣慰了。

儿子近来身体不很结实，稍微用心，脸上的癣便发出来了。医生都说是心亏血热，以致不能养肝，热极生风，阳气上肝，所以表现在脸上。儿子恐怕大发，不能入朝面圣，所以不敢过多地操劳，谨守大人保养身体的训示，隔一天到衙门去办公事，其余时间在家，不随便出门。现在衙门的事，儿子都熟悉了。属下各司官对于儿子都很佩服，上下水乳交融，同寅也很和协。儿子虽终生在礼部衙门，为国家办照例这些事，不苟且不松懈，一概按规矩办理，也是我愿意干的。

英夷在广东，今年又请入城。徐总督办理有方，外国人折服，竟不入城，从此永无夷祸，皇上喜悦得很。相命先生每每说皇上这几年交上了劫财运，去年冬天才脱离。皇上也常对臣子们这样说。今年的气象，果然昌盛泰平，真是国家的福气。

儿妇和孙女辈都好。长孙纪泽，因为发蒙大早，教得大宽，近已读完《书经》，请先生再把《诗经》点读一遍，晚上讲《纲鉴》正史，大约已讲到秦商秧开阡陌。

李家亲事，儿子因为桂阳州往来不便，已经在媒人唐鹤九处回信婉拒了。常家亲事，儿子因他家女儿是小妾所生，便知道不成。纪泽儿的婚事，多次不成。儿子当年也是十五岁才订婚，纪泽再缓一两年，也没有什么不可以。或者请大人在乡里选择一耕读人家的女儿，或者儿子在京城自己寻定，总以没有富贵习气为主。纪云对郭雨三的女儿，虽然没有订盟，但彼此呼亲家，称姻弟，往来亲密，绝不改变。二孙女对岱云的次子，也不改变。谨此禀闻，其余详细写在给弟弟的信中。儿子谨禀。

道光二十九年四月十六日

8

澄侯、温甫、子植、季洪四弟足下：

日来京寓大小平安，癣疾又已微发，幸不为害，听之而已。湖南榜发，吾邑竟不中一人。沅弟书中，言温弟之文，典丽鹓皇，亦尔被抑，不知我诸弟中未来科名，究竟何如？以祖宗之积累，及父亲、叔父之居心立行，则诸弟应可多食厥报。以诸弟之年华正盛，即稍迟一科，亦未遂为过时。特兄自近年以来，事务日多，精神日耗，常常望诸弟有继起者，长住京城，为我助一臂之力。且望诸弟分此重任，余亦欲稍稍息肩，乃不得一售，使我中心无倚。

盖植弟今年一病，百事荒废，场中之患目疾，自难见长。温弟天分，本甲于诸弟，惟牢骚太多，性情太懒，前在京华，不好看书，又不作文，余即心甚忧之；近闻还家后，亦复牢骚如常，或数月不搦管为文。吾家之无人继起，诸弟犹可稍宽其责，温弟则实自弃，不咋尽诿其咎于命运。

吾尝见朋友中牢骚太甚者，其后必多抑塞[①]，如吴枟台、凌荻舟之流，指不胜屈。盖无故而怨天，则天必不许；无故而尤人，则人必不服。感应之理，自然随之。温弟所处，乃读书人中最顺之境。乃动则怨尤满腹，百不如意，实我之所不解。以后务宜力除此病，以吴（枟）台、凌荻舟为眼前之大戒。凡遇牢骚欲发之时，则反躬自思吾果有何不足，而蓄此不平之气，猛然内省，决然去之。不惟平心谦抑，可以早得科名；亦一养此和气，可以稍减病患。万望温弟再三细想，勿以吾言为老生常谈，不直一哂[②]也。

王晓林先生在江西为钦差，昨有旨命其署江西巡抚，余署刑部，恐须至明年乃能交卸。袁漱六昨又生一女，凡四女，已殇其二，又丧其兄，又丧其弟，又一差不得，甚矣穷翰林之难当也！黄麓西由江苏引入京，迥非昔日初中进士时气象，居然有经济才。

王衡臣于闰月初九引见，以知县用，后于月底搬寓下洼一庙中，竟于九月初二夜无故遽卒。先夕与同寓文任吾谈至二更，次早饭时，讶其不起，开门视之，则已死矣。死生之理，善人之报，竟不可解。

邑中劝捐，弥补亏空之事，余前已有信言之，万不可勉强勒派。我县之亏，亏于官者半，亏于书吏者半，而民则无辜也。向来书吏之中饱，上则吃官，下则吃民，名为包征包解，其实当征之时，是以百姓为鱼肉而吞噬之；当解之时，则以官为雉媒而播弄之。官索钱粮于书吏之手，犹索食于虎狼之口，再四求之，而终不肯吐，所以积成巨亏。并非实欠在民，亦非官之侵蚀人已也。今年父亲大人议定粮饷之事，一破从前包征包解之陋风，实为官民两利；所不利者，仅书吏耳。即见制台[3]留朱公，亦造福一邑不小，诸弟皆宜极力助父大人办成此事。惟损银弥亏，则不宜操之太急，须人人愿捐乃可。若稍有勒派，则好义之事，反为厉民之举，将来或翻为书吏所藉口，必且串通劣绅，仍还包征包解之故智，万不可不预防也。

梁侍御处银二百，月内必送去。凌宅之二百，亦已兑去。公车来，兑六七十金，为送亲族之用，亦必不可缓。但京寓近极艰窘，此外不可再兑也。书不详尽，余俟续县。国藩手草。

咸丰元年九月初五日

注释

①抑塞：心情忧郁，内气不通畅。

②哂：微笑，一笑了之。

③制台：总督，明清官场通称。

译文

澄侯、温甫、子植、季洪四弟足下：

近来京城家里大小平安，我的癣疾又发了，幸亏还不太厉害，由它去了。湖南的榜已发，我们县一个也没有中。沅弟信中，说温弟的文章典雅华丽，也被压抑，不知道各位弟弟中，将来的科名究竟如何？以祖宗的积德，父亲、叔父的居心立行，则各位弟弟应该可以多经受些挫折。各位弟弟的年华正盛，就是稍微迟考一科，也不算晚。只是愚兄近年以来，事务日多，精神日耗，常常希望各位弟弟有继我之后而进仕之人，长住京城，为我助一臂之力。并且希望各位弟弟分点重任，我也想稍为休息一下，却不能实现，使我心里感到没有倚靠。

植弟今年一病，百事荒废，场中又患了眼病，自然难以增长个人学识。温弟的天分，在弟弟中算第一，只是牢骚太多，性情太懒，前阵在北京，不好好看书，也不写东西，我心中十分焦虑；近来听说回家后，还是经常发牢骚，或者几个月不拿笔。我家之所以无人继起，各位弟弟的责任还稍可宽容，温弟实在是自暴自弃，不能把责任推诿给命运。

我常常看见，朋友中牢骚太甚的人，后来一定抑塞。如吴柎台、凌荻舟这样的人，数也数不清。因为无缘无故而怨天，天也不会答应；无缘无故而尤人，人也不会服。感应之理，自然随之。温弟所处的环境，是读书人中最好的境遇。动不动就怨尤满腹，百不如意，实在使我不理解。以后务必努力去掉这个毛病，以吴柎台、凌荻舟为眼前的大戒。凡遇到牢骚要发之时，就反躬自省自己有哪些不足，而蓄藏这不平之气以猛然内省，决心去掉。这样不仅可使自己心平气和，谦虚低调，还可以早得科名；且养这和气，还可以稍微减少病痛。万望温弟再三细想，不要以为我的话是老生常谈，不值得理会。

王晓林先生在江西为钦差，昨天有圣旨，命他署理江西巡抚，我署理刑部，恐怕要到明年才能交卸。袁漱六昨又生一女，共四女，已死了两个，又丧了兄，又丧了弟，又没有一个差事，穷翰林真是太难当了。黄麓西由江苏引见入京，与过去初中进士时的气象迥然不同，他居然有经邦济世的才能。

王衡臣在闰月初九引见，用为知县，后来在月底搬到下洼一座庙里住，竟在九月初二日晚无缘无故死了。前一天晚上，他还和同住的文任吾谈到二更。第二天早饭时，奇怪他不起床，打开门一看，已经死了。生与死的道理，好人的这种报应，真是难以理解。

家乡劝捐，弥补亏空的事，我前不久有信说过，万万不可以勉强勒派，我县的亏空，亏于官员的占一半，亏于书吏的占一半，老百姓是无辜的。从来书吏在中间得利，上面吃官，下面吃民，名义上是包征包解，其实当征税的时候，便把百姓做鱼肉吃；当解送税物的时候，又把官当成猎人诱捕野雉的雉鸡，肆意捉弄，假公济私。官员向书吏索取钱粮，好比从虎狼口里讨食，再四请求，还是不肯吐，所以积累成大亏空；不是百姓欠税，也不是官员自己侵吞了。今年父亲议定粮饷的事，打破了从前包征包解的陋风，实在是官民两利；所不利的，只是书吏。就是制台从不让捐钱填补亏空的朱公补官缺一事，也造福桑梓不小，各位弟弟应该帮父亲大人办成这件事。只是，捐钱补亏空，不要操之大急，一定要人人自愿捐才行。如果稍有勒派，那么一件好的事，反而成了激怒人民之举，将来反而被书吏找到借口，必然将串通劣绅，闹着要恢复包征收包解，千万不可不早为防备。

梁侍御处的二百两银子，月内一定要送去。凌宅的二百两，也已经兑去了。官车来，兑六七十两，为送亲族用，也一定不能再拖了。但京城家里近来很窘迫，除上述几项之外，不可再兑。信写得不详细，其余容以后再写。兄国藩。

咸丰元年九月初五日

9

澄侯四弟左右：

项接来缄，又得所寄吉安一缄，具悉一切。朱太守来我县，王刘蒋唐往陪，而弟不往，宜其见怪。嗣后弟于县城、省城，均不宜多去。处兹大乱未平之际，惟当藏身匿变，不可稍露圭角[①]于外，至要至要！

吾年一饱阅世态，实畏宦途风波之险，常思及早抽身，以免咎戾[②]。家中一切，有关系衙门者，以不兴闻为妙。

咸丰六年九月初十日

注释

①稍露圭角：稍露头角。

②咎戾：惹祸。

译文

澄侯四弟左右：

刚接到来信，又收到所寄的吉安一信，知道了一切。朱太守来我县，王、刘、蒋、唐作陪，而弟弟不去，难怪他见怪了。以后弟弟对于县城、省城，都不宜多去。处在大乱未平的时候，应当藏身匿迹，一点风头也不要在外面露，非常重要，非常重要！

我这一年来看透了世态，实在害怕官场风波的危险，经常要及早抽身，以免惹祸。家中一切，有关系到衙门的，以不参与为妙。

咸丰六年九月初十日

10

沅甫九弟左右：

十二日申刻，代一自县归，接弟手书，具审一切。十三日未刻文辅卿来家，病势甚重，自醴陵带一医生偕行，似是瘟疫之证，两耳已聋，昏迷不醒，间作谵语，皆惦记营中。余将弟已赴营、省城可筹半饷等事，告之四五次。渠已醒悟，且有喜色。因嘱其静心养病，不必挂念营务，余代为函告南省江省等语，渠亦即放心。十四日由我家雇夫送之还家矣。若调理得宜，半月当可痊愈，复原则尚不易。

陈伯符十二日来我家。渠因负疚在身，不敢出外酬应，欲来乡来避地计。黄子春官声及好，听讼勤明，人皆畏之。弟到省之期，计在二十日。余日内甚望弟信，不知金八、佑九，何以无一人归来。岂因饷来未定，不遽遣使归与?

弟性褊[①]急似余，恐拂郁或生肝疾，幸息心忍耐为要！兹趁便寄一缄，托黄宅转递。弟接到后，弟接到后，望耑[②]人送信一次，以慰悬悬[③]。家中大小平安，诸小儿读书，余自能一一检点，弟不必挂心。

咸丰七年九月廿二日

注释

①褊：通“偏”。

②耑：通“专”。

③悬悬：悬，即悬念。悬悬则加重语气，指非常悬念。

译文

沅甫九弟左右：

十二日申刻，代一从县里回来，接到弟弟手书，知道了一切。十三日未时，文辅卿来家，病势很重，从醴陵带了一个医生随行，像是得了瘟疫，两耳已经聋了，昏迷不醒，间或讲梦话，都是惦记军营中事。我把弟弟已上营、省城可筹得一半早饷这些事，告诉了四五次。他现在醒来，已经明白，有了喜色。因此我嘱咐他静心养病，不必挂念营署的事，我会代为通知南省江省，他也就放心了。十四日由我家雇人送他回家了，如果调理得法，半月可以好转，复原还不太容易。

陈伯符十二日来我家。他因负疚在身，不敢出外应酬，想到乡里来避一避。黄子春为官声誉很好，办理诉讼案件勤政明断，人人都很敬畏他。弟弟到省日期，算来在二十日内。我很盼望你来信，不知金八、佑九为何一个也没回来。哪能因为军饷没有定，就不快点派人回来呢？

弟弟性格偏急，像我，恐怕不得意生出肝病来，希望息息心火，忍耐忍耐。现乘机便寄信一封，托黄宅转寄。弟弟接信后，请派专人送信一次，以慰我的悬念。家中大小平安，几个小孩读书，我自己可以一一检点，弟弟不必挂念。

咸丰七年九月二十二日

11

沅甫九弟左右：

接弟十五夜所发之信，知十六日已赴吉安矣。吉安中营尚易整顿否？古之成大事者，规模远大与综理密微，二者阙一不可。弟之综理密微，精力较胜于我。军中器械，其略精者，宜另立一簿，亲自记注，择人而授之。古人以铠仗鲜明为威敌之要务，恒以取胜。刘峙衡于火器亦勤于修整，刀矛则全不讲究。余曾派褚景昌赴河南采买白蜡杆子，又办腰刀，分赏各将弁，人颇爱重。弟试留心此事，亦练理之一端也。至规模宜大，弟亦讲求及之。但讲阔大者，最易混入散漫一路。遇事颟顸[1]，毫无条理，虽大亦奚足贵？等差不紊，行之可久，斯则器局宏大，无有流弊者耳。顷胡润之中丞来书，赞弟有曰"才大器大"四字，余甚爱之。才根于器，良为知言。

湖口贼舟于九月八日焚夺净尽，湖口、梅家洲皆于初九日攻克。三年积愤，一朝雪耻。雪琴从此重游浩荡之宇。惟次青尚在坎窾(kuǎn)之中，弟便中可与通音问也。李迪庵近有请假回籍省亲之意，但未接渠手信。渠之带勇，实有不可及处，弟宜常与通信，殷殷请益。弟在营须保养身体。肝郁最伤人，余平生受累以此，宜和易以调之也。

咸丰七年十月初四日

注释

①颟顸：漫不经心的意思。

译文

沅甫九弟左右：

接到十五日晚所发的信，知道十六日已赴吉安。吉安中营还容易整顿吗？古代成就大事业的人，筹谋规划远大和思虑周密两方面缺一不可。弟弟思虑周密，精力超过了我。军中器械，稍精良的，要另外建立一个账簿，亲自记录注明，选择适当的人授给他使用。古人打仗，以铠仗鲜明威慑敌

◎ 清朝火器

人为要务，常常容易取胜。刘峙衡对于火器勤于修整，对刀矛却完全不讲究。我曾经派褚景昌去河南采买白蜡杆子，又办腰刀，分赏各将弁，他们都很爱重。弟弟也可试一试，留心这件事，也是练理的一方面。

至于说到格局规划宜大，弟弟也要讲求。但讲大场面的人，最容易混入散漫之道，遇事漫不经心，毫无条理，那么大又何足贵呢？差事繁多而有条不紊，才能长久，那么就算局面宏大，也不会有流弊产生。胡润之中丞来信称赞弟弟，信中有“才大器大”四字，我很喜欢。才能的根本是器量，这真是了解你的话啊！

湖口敌船，在九月八日烧的烧、夺的夺，全部歼灭干净了。湖口、梅家洲，都在九日攻克。三年积累的气愤，终于雪了耻。水师统帅雪琴从此重新游弋在水面那浩荡的天地。只是（李）次青还在坎坷境遇里，弟弟在方便时可和他通通音讯。李迪庵有请假回家探亲的意思，但没有接到他的亲笔信。他带兵实在有别人不可及的地方，弟弟宜经常和他通信，殷勤请求教益。弟弟在军营要保养身体。肝郁最伤身，我平生受累的就是肝郁，要谦和平易才能调伏肝郁。

咸丰七年十月初四日

12

沅甫九弟左右：

十二日，正七、有十归，接弟信，备悉一切。定湘营既至三曲滩，其营官成章鉴亦武弁中之不可多得者，弟可与之款接。来书谓“意趣不在此，则兴会索然”，此却大不可。凡人作一事，便须全副精神往在此一事，首尾不懈；不可见异思迁，做这样想那样，坐这山望那山。人而无恒[①]，终身一无所成。

我生平坐犯无恒的弊病，实在受害不小。当翰林时，应留心诗字，则好涉猎他书，以纷其志。读性理书时，则杂以诗文各集，以歧其趋。在六部时，又不甚实力讲求公事。在外带兵，又不能竭力专治军事，或读书写字以乱其志意。坐是垂老而百无一成。即水军一事，亦掘井九仞而不及泉。弟当以为鉴戒。

现在带勇，即埋头尽力以求带勇之法，早夜孳孳[②]，日所思，夜所梦，舍带勇以外则一概不管。不可又想读书，又想中举，又想作州县，纷纷扰扰，千头万绪，将来又蹈我之覆辙，百无一成，悔之晚矣。

带勇之法，以体察人才为第一，整顿营规、讲求战守次之。《得胜歌》中各条，一一皆宜详求。至于口粮一事，不宜过于忧虑，不可时常发禀。弟营既得楚局每月六千，又得江局月二三千，便是极好境遇。李希庵十二来家，言迪庵意欲帮弟饷万金。又余有浙盐赢馀万五千两在江省，昨盐局专丁前来禀沟，余嘱其解交藩库充饷，将来此款或可酌解弟营，但弟不宜指请耳。

饷项既不劳心，全副精神讲求前者数事，行有馀力则联络各营，款接绅士。身体虽弱，却不宜过于爱惜。精神愈用则愈出，阳气愈提则愈盛。每日作事愈多，则夜间临睡愈快活。若存一爱惜精神的意思，将前将却，奄奄无气，决难成事。凡此，皆因弟兴会索然之言而切戒之者也。

弟宜以李迪庵为法，不慌不忙，盈科后进，到八九个月后，必有一番回甘滋味出来。余生平坐无恒流弊极大，今老矣，不能不教诫吾弟吾子。

邓先生品学极好，甲三八股文有长进，亦山先生亦请邓改文。亦山教书严肃，学生甚为畏惮。吾家戏言戏动积习，明年当与两先生尽改之。

下游镇江、瓜洲同日克复，金陵指日可克。厚庵放闽中提督，已赴金陵会剿，准其专招奏事。九江亦即日可复。大约军事在吉安、抚、建等府结局，贤弟勉之。吾为其始，弟善其终，实有厚望。若稍参以客气，将以鼓志，则不能为我增气也。营中哨队诸人气尚完固否？下次祈书及。

咸丰七年十二月十四日

注释

①恒：即恒心。

②孳孳：勤勉，努力不懈的样子。

译文

沅甫九弟左右：

十二日，正七和有十回来了，接到弟弟的信，知道了一切。平定了湘营到三曲滩，营官成章鉴也是武弁中不可多得之才，弟弟可与他结交。来信说你意趣不在这里，所以干起来索然寡兴，这是大大不行的。凡人做一件事，便须全副精神去做，自始至终不松懈，不能见异思迁，做这件事想那件事，坐这山望那山。人没有恒心，一生都不会有成就。

我生平因为犯有没有恒心的毛病，实在受害不小。当翰林时，本应该留心诗字，却喜欢涉猎其他书籍，分散了心志。读性理方面的书时，又杂以诗文各集，使学习的路子歧异。在六部时，又不太用实劲去办好公事。在外带兵，又不能竭力专心治理军事，或者读书写字，乱了意志。这样，人垂老了，百事无成。就是水军这件事，也是掘井九仞而不及泉。弟弟应当以我为鉴戒。

现在带兵，就是埋头苦干，尽心尽力地学习，以求带好兵的方法，日夜孜孜以求，日所思，夜所梦，除带兵一件事，一概不管。你不可以又想读书，又想中举，又想做州官县令，纷纷扰扰，千头万绪，将来又走我的老路，百无一成，那时后悔也晚了。

带兵的方法，以体察人才为第一，整顿营规、讲求战守次之。《得胜歌》

里所说的每条，最好都弄明白。至于军队口粮，不必过于忧虑，不可时常发禀报索要。弟弟营中既然得了湖北局每月的六千，又得江西局每月二三千，是最好的了。李希庵十二日来家，说迪庵想要资助弟弟军饷万两。我又有浙盐盈余一万五千两在江省，

◎ 湘军

昨天盐局派了兵前来禀报询问，我嘱咐他解交藩库做军饷，将来这笔钱，或者可以酌情解送弟弟军营，但弟弟不合适指定这笔款如何拨给。

既然不操心饷项了，全副精神，讲求前面讲的几件事，再行有余力，就去联络各营，款接绅士。身体虽弱，却不宜过于爱惜。精神越用就越精神，阳气越提越盛。每天做事越多，晚上睡觉时越快活。如果存一个爱惜精神的念头，想进又想退，做什么都没有底气，绝对难以成事。这些都因弟弟说生活索然寡兴，我才要你切戒的话。

弟弟学李迪庵，不慌不忙，学习应步步落实，不能只图虚名，到八九个月以后，必能回味出一番甜美的滋味。我生平没有恒心的流弊极大，如今老了，不能不告诫我的弟弟、儿子。

邓先生品学极好，甲三的八股文有进步，亦山先生也请邓先生批改文章。亦山教书严肃，学生很怕他。我家说话随便、行为不检点的老习惯，明年会在两位老师的示训中改正过来。

镇江、瓜洲，同一天克复，金陵指日可攻下，厚庵下放闽中提督，已去金陵会剿，准许他专折奏事，九江也指日可复。大约战事在吉安、抚、建等府结局，贤弟勉之。我开头，弟弟完成，实在期予厚望。如果稍微参杂一点客气，将会败坏志气，就不能为我争气了。营中哨队那些人，士气还完固吗？下次请在信中说一下。

咸丰七年十二月十四日

13

沅甫九弟左右：

初三日刘福一等归，接来信，藉悉一切。城贼围困已久，计不久亦可攻克，惟严断文报是第一要义，弟当以身先之。家中四宅平安，余身体不适，初二日住白玉堂，夜不成寐。

温弟何日至吉安？古来言，凶德致败者约有二端：曰长傲，曰多言。丹朱[①]之不肖，曰傲曰嚚讼[②]，即多言也。历现名公巨卿，多以此二端败家丧生。余生乎颇病执拗，德之傲也；不甚多言，而笔下亦略近乎嚚论。静中默省愆[③]尤，我之处处获戾[④]，其源不外此二者。温弟性格略与我相似，而发言尤为尖刻。凡激之凌物，不必定以言语加人，有以神气凌之者矣，有以面色凌之者矣。温弟之神气稍有英发之姿，面色间有蛮狠之象，最易凌人。

凡心中不可有所恃，心有所恃则达于面貌。以门地言，我之物望大减，方且恐为子弟之累；以才识言，近今军中炼出人才颇多，弟等亦无过人之处，皆不可待。只宜抑然自下，一味言忠信行笃敬，庶几可以遮护旧失，整顿新气，否则人皆厌薄之矣。

沅弟持躬涉世，差为妥协。温弟则谈笑讥讽，要强充老手，犹不免有旧习，不可不猛省，不可不痛改。闻在县有随意嘲讽之事，有怪人差帖之意，急宜惩之。余在军多年，岂无一节可取？只因傲之一字，百无一成，故谆谆教诸弟以为戒也。

咸丰八年三月初六日

注释

①丹朱：传说中先古时代部落首领尧的儿子，荒淫无道，所以尧传位给舜。

②嚚讼：傲慢嚚张，不辨是非。

③愆：过失，错误。

④戾：罪过。

译文

沅甫九弟左右：

初三那天，刘福一等回来了。接到来信，知道了你的一切。城里敌军队被围困已久，估计不久也可攻下，但要严格切断敌之文报，是第一要紧的事，弟弟应作出表率。家中四宅都平安，我身体不舒服，初二那天，住白玉堂，晚上睡不着。

温弟何日到吉安？古人说，凶德致败的，大约有两种：一是滋长骄慢，二是多话。丹朱的不肖，一是傲，二是奸诈而好讼。历代名公巨卿，大都因这两点败家丧身。我生平有执拗的毛病，这也是因为性格上有傲气；不多话，而我写的东西也近于狂妄之言。平静时反省我的毛病，我之所以处处得罪人，根源不外这两点。温弟与我略似，而发言尤其尖刻。凡属傲气激凌物事，不必一定是言语伤人，有的是傲气欺人，有的是脸色难看而欺人。温弟的神气，稍微有点蛮狠，脸色有时有蛮狠的表情，最容易凌人。

任何时候心里不可以有所倚仗，心里有了倚仗，就会现于脸上。以门第来说，虽然我的物望大减，尚还忧恐门第成为子弟的累赘；以才识来说，最近军队里锻炼出来的人才很多，弟弟等也没有超过别人的地方，都没有可倚仗的。最好克制自我，放低姿态，只努力做到言语忠实诚恳，行事诚笃敬谨，也许可以遮盖过去的过失，整顿出新的气象，不然，别人都会讨厌你，看轻你。

沅弟持身处世，比较妥当。温弟则谈笑讥讽，强充老手，不免有旧习气，不可不猛省，不可不痛改。听说县中有肆意嘲讽的事，有怪人差帖的意向，实乃应该惩戒。我在军中多年，难道没有一点可取之处？只因一个傲字，百无一成，所以才不厌其烦地教导各位弟弟，引以为戒。

咸丰八年三月初六日

14

沅甫九弟左右：

二十日胡二等归，接弟十三夜书，具悉一切。所论兄之善处，虽未克当，然亦足以自怡。兄之郁郁不自得者，以生平行事有初鲜终；此次又草草去职，致失物望①，不无内疚。

长傲、多言二弊，历观前世卿大夫兴衰及近日官场所以致祸福之由，未尝不视此二者为枢机，故愿与诸弟共相鉴诫。弟能惩此二者，而不能勤奋以图自立，则仍无以兴家而立业。故又在乎振刷精神，力求有恒，以改我之旧辙而振家之丕基②。弟在外数月，声望颇隆，总须始终如一，毋怠毋荒。庶几子弟为初旭之升，而于兄亦代为桑榆③之补。至嘱至嘱。

次青奏赴浙江，令人阅之气王。以次青之坚忍，固宜有出头之一日，而咏公亦可谓天下之快人快事矣。

弟劝我与左季高通书问，此次暂未暇作，准于下次寄弟处转递。此亦兄长傲之一端，弟既有言，不敢遂非也。

咸丰八年三月廿四日

注释

①物望：众人所望、期待。

②丕基：基础，根底。

③桑榆：比喻人到老年之时。

译文

沅甫九弟左右：

二十日胡二等人回来之后，接到弟弟十三日夜里的来信，我便知道了一切。你在信中称誉为兄的长处，虽不恰当，但也足以使我快乐。为兄之所以郁郁不自得，是因自忖自己生平办事有始少终；这次又草草离职，致使很多人失望，心里感到内疚。

骄傲、多言这两个弊病，综观以前世卿大夫家族兴衰以及近来官场祸福起伏，未尝不与这两个弊病有关，所以愿意与各位弟兄一起引为诫。弟弟能克服这两个弊病，但若不能勤奋以图自立，那仍然无法兴家立业。因此还要振奋精神，持之以恒，以改变我家旧貌，振兴家业的根基。弟弟在外面几个月，声望很高，应该始终如一，不懈怠，不荒废，也许弟弟前途可以像太阳初升那样蒸蒸日上，而对于我来说，算是对为兄暮年的弥补。至嘱至嘱！

近日，次青上奏主动奔赴浙江，人们都感受到他的祥瑞之气。我相信次青凭着坚忍不拔，总会有出头之日，而咏公所为也算是天下的快人快事。

弟弟提醒我与左季高通通信，这次暂时不得空，准定下次寄到你那里转交。这也是为兄“傲”的一个表现，弟弟既然提出来了，我岂敢不改正？

咸丰八年三月二十四日

15

沅甫九弟左右：

春二、安五归，接手书，知营中一切平善，至为欣慰！次青二月以后，无信寄我，其眷属至江西，不知果得一面否？接到弟寄胡中丞奏伊入浙之稿，未知是否成行？项得耆中丞十三日书，言浙省江山、兰溪两县失守，次青前往会剿。是次青近日声光，亦渐渐脍炙人口。广信、衢州两府不失，似浙中终无可虑，未审近事究复如何？

广东探报，言洋人有船至上海，亦恐其为金陵余孽所攀援。若无此等意外波折，则洪、杨股匪，不患今岁不平耳。九江竟尚未克，林启荣之坚忍，实不可及。闻麻城防兵，于三月十日小挫一次，未知确否？弟于次青、迪庵、雪琴等处，须多通音问，余亦略有见闻也。

兄病体已愈十之七八，日内并未服药，夜间亦能熟睡。至子正以后则醒，是中年后人常态，不足异也。湘阴吴贞阶司马，于廿六日来乡，是厚庵嘱其来一省视，次日归去。

余所奏报销大概规模一折，奉朱批该部议奏，户部旋于二月初九日复奏，言曾国藩所拟尚属妥协云云。至将来需用部费，不下数万。闻、杨、彭在华阳镇抽厘，每月可得二万，系雪琴督同凌荫廷、刘国斌经纪其事，其银归水营杨、彭两大股分用。余偶言可从此项下设法筹出部费，贞阶力赞其议，想杨、彭亦必允从。此款有着，则余心又少一牵挂矣。

温弟丰神毅峻[1]，与兄之伉直简澹[2]，虽微有不同，而其难于谐世，则殊途而同归。余常用为虑。大抵胸中抑郁，怨天尤人，不特不可以涉世，亦非所以养德；不待无以养德，亦非所以保身。中年以后，则肝肾交受其病，盖郁而不畅则伤木，心火上烁则伤水。余今日之目疾，及夜不成寐，其由来不外乎此。故于两弟时时以“平和”二字相勖[3]。幸勿视为老生常谈，至嘱至嘱！

亲族往弟营者，人数不少，广厦万间，本弟素志。弟善觇国者，观贤哲在位，则卜其将兴；见冗员浮杂，则知其将替。善乩军营亦然，似宜略为分别：其极无用者，或厚给途费，遣之归里；或酌凭民房，令住营外。不使军中有惰慢喧杂之象，庶为得宜。

至顿兵城下，为日太久恐军气渐懈，如雨后已弛之弓，三日已腐之馔，而主者宴然，不知其不可用，此宜深察者也。附近百姓，果有骚扰事情否？此亦宜深察者也。

咸丰八年三月三十日

注释

①丰神毅峻：神气十足，严肃庄重。

②伉直简澹：刚直不阿，不重势利。

③勖：劝导、帮助。

译文

沅甫九弟左右：

春二、安五回来，接到你的手书，知道营中一切平善，非常欣慰！次青二月以后，没有寄信给我，他的眷属到江西，不知道他们见过一面没有？我已看了弟弟寄来的胡中丞奏请入浙的文稿，不知他是否去了？刚得耆中丞十三日的信，说浙省江山、兰溪两县失守，次青前去会剿。看来次青近来的名声广播，也渐渐脍炙人口了。广信、衢州两府不失，似乎浙中并不可虑，未知近来情形究竟如何？

广东探报，说洋人有船到上海，只怕那是金陵余孽拉来的援兵。如果没有这些意外的波折，那洪、杨之祸，不愁今年不能平定。九江竟然还没有攻克，林启荣的坚忍，实在是一般人难及的。听说麻城防守的兵，在三月十日小败一次，不知属实不？弟弟对于次青、迪庵、雪琴等处，要多通音问，我也略为有些见闻。

愚兄的病已好了十之七八，近来并没有吃药，晚上也可以熟睡。到子正以后便醒来，是过了中年人的常态，不足奇怪。湘阴司马吴贞阶，在二十六日来乡，厚庵嘱咐他来看望我一次，第二天他就走了。

我所写的关于报销大概规模的奏折，御笔朱批交由户部议奏，户部随即在二月初九日复奏，说曾国藩所拟的还比较妥当。将来需要动用部费，不少于几万两。听说杨、彭在华阳镇抽厘金，每月可得二万两，是雪琴督责凌荫廷和刘国斌经手这件事的，抽的厘金归水营杨、彭两军分用。我偶尔说可以从这个项目下设法筹出部费，贞阶很赞成，我想杨、彭也会允许的。这笔钱有了着落，我心里又少了一层牵挂。

温弟的风采神气比较外露，与为兄的刚正不阿，虽说小有区别，而就处世来说，那是殊途而同归，都难以和谐。我常常为此而焦虑。大概心里抑郁，怨天尤人，不仅不可以涉世，也不利于品行的修养；不仅不利于品行的修养，也不利于保养身体。我中年以后，就出现肝病、肾病，中医所说的叫郁而不畅，伤木；心火上炎，伤水。我现在的眼病，晚上睡不着，都是诸如此类的原故。所以两位弟弟要时刻用“平和”二字互相勉励。不要把我的话看作老生常谈，至嘱至嘱！

亲戚族人去弟弟军营的，人数不少，愿得广厦千万间，这本是弟弟素来的志愿。但是，善于观测国家大事的人，看见贤人哲士在掌权，就可预见国家会兴旺；看见多余的官员宠杂相处，就可预卜国家会衰败。善于观测一个军队也是如此，似乎应该区别对待：很无能的，或者多送点路费，遣送回家；或租民房，让他们住在军营外面。不要使军营里出现惰慢、喧闹的现象，也许更适宜。

至于屯兵城下，日子太久恐怕士气会松懈，像雨后受潮已弛的弓箭，像三天之久已腐烂的饭菜，而带兵的人茫然不晓得已不能用了，这是要深入自省的。对于附近百姓，真有骚扰的情况吗？这也是要深入自省的。

咸丰八年三月三十日

16

澄侯四弟左右：

今年以来，贤弟实在劳苦，较之我在军营，殆[1]过十倍，万望加意保养。祁阳之贼，或可不窜湘乡，万一窜入，亦系定数，余已不复“悬”系。余自去年六月再出，无不批之禀，无不复之信，往来嫌隙尤悔，业已消去十分之七八。惟办理军务，仍不能十分尽职，盖精神不足也。

贤弟闻我近日在外，尚有错处，不妨写信告我。余派委员伍华瀚在衡州坐探，每二日送信一次；家中若有军情报营，可由衡城交伍转送也。

咸丰九年五月初六日

注释

①殆：恐怕。

译文

澄侯四弟左右：

今年以来，贤弟实在劳苦，比我在军营，恐怕要辛苦十倍，万万希望加倍注意保养身体。祁阳的敌人，或者可能不流窜到湘乡，万一窜入，也是注定的吧，我已经不去忧虑它了。我自去年六月再度出山，没有一件不批复的禀告，没有一封不复的信件，过去由于往来结下的嫌隙今天很后悔，现在业已消除十之七八。只是办理军务，仍然不能够十分尽职尽力，是精神不足的原故吧。

贤弟听说我近日在外，还有过错，不妨写信告诉我。我委派伍华瀚在衡州充当坐探，每两天送信一次；家中如有军情报营，可由衡州交伍华瀚转送。

咸丰九年五月初六日

17

澄侯、沅甫两弟左右：

廿二日接初七日所发家信，内澄弟一件，沅弟一件，纪泽一件。知叔父大人已于三月二日安厝马公塘。两弟于家中两代各位老人养病送死之事，皆备极诚敬，将来必食报于子孙。闻马公塘山势平衍，可决其无水蚁凶灾，尤以为慰。

澄弟服补剂而大愈，幸甚幸甚！丽参、鹿茸虽享福稍早，而体气本弱，亦属无可奈何。吾生平颇讲求惜福二字之义，近来亦补药不断，且蔬菜亦比往年较奢①。自愧享用太过，然亦体气大弱，不得不尔。胡润帅、李希庵常服辽参，则其享受更有过于余者。澄弟平日太劳伤精，唢呐伤气，多酒伤脾。以后戒此三事，而常服补剂，自可日就痊可。丽参、鹿茸服毕后，余可再寄，不可间断，变不可过多，每早服二钱可也。家中后辈子弟，个个体弱，唢呐、吃酒二事须早早戒之，不可开此风气。学射最足保养，起早尤千金妙方，长寿金丹也。

纪泽今年耽搁太多，此次宜静坐两个月。《汉魏六朝百三名家》，京中带回一部，江西带回一部，可付一部来营。纪鸿《通鉴》讲至何处?并问，即候日好。兄国藩手草。

再，抚州绅士刻余所书《拟岘台记》，共刷来八分，兹寄五分回家。澄弟一分，沅弟一分，纪泽一分，外二分送家中各位先生。暂不能遍送也。

咸丰十年三月廿四日

注释

①奢：过分，过度。

译文

澄侯、沅甫两弟左右：

二十二日接初七所发的家信，内有澄弟、沅弟、纪泽各一件。知道叔父大人已在三月二日安葬于马公塘。两位弟弟对于家中两代老人养老送终的事，办理得非常诚敬，将来必然得到后代子孙的崇敬和厚报。听说马公塘山势平衍，可见绝不会有水淹蚁蛀的灾祸，尤其感到欣慰。

澄弟吃补药而病大好，非常幸运！高丽参、鹿茸这些补药，虽然很早就开始服用，但体质本来虚弱，也是无可奈何。我平生很讲求“惜福”二字的意义，近来也补药不断，蔬菜也比往常奢侈，自已感觉太过了，吃了很惭愧。然而体质、中气也确是太弱，不得不吃得稍好一点。胡润帅、李希庵常服辽参，享受更有超过我的地方。澄弟平时劳神伤精，唢呐伤气，多饮酒伤脾。以后戒除这三件事，常服补药，自然可以逐渐好转。高丽参、鹿茸服完之后，我可以再寄，不可以间断，也不可以过多，每早上服用二钱就可以了。家中后辈子弟，个个身体都不是很健壮，唢呐，吃酒二事必须早戒除，不可开此风气。学习射击，是保养身体的好办法，早起尤其是健身的千金妙方、长寿的金丹啊！

今年以来，纪泽的功课耽误得太多，目前最应该做的就是静下心来坐上两个月。《汉魏六朝百三名家》这部书，我从京城带回一部，从江西带回一部，可以送一部来营中。随便问一下，纪鸿的《通鉴》已经讲到何处了？即候日好。兄国藩手草。

另外，近日抚州绅士命人刻下了我所书写的《拟岘台记》，一共给我拓来八份，现将其中五份寄回家中，澄弟、沅弟、纪泽各一份，还有两份送给家中的各位先生。暂时不能人人都送。

咸丰十年三月二十四日

18

沅弟左右：

接来缄，知营墙及前后壕皆倒，良深焦灼。然亦恐是挖壕时不甚得法，若容土覆得极远，虽雨大，不至仍倒入壕内，庶稍易整理，至墙子则无倒坍。不仅安庆耳，徽州之贼窜浙者，十之六七；在府城及休宁者，闻不过数千人。不知确否?

连日雨大泥深，鲍、张不能进剿，深为可惜！季高尚在乐平，余深恐贼窜入江西腹地，商之季高，无遽入皖，季高亦以雨泥不能速进也。

润帅谋皖已大半年，一切均有成竹，而临事复派人救援六安，与吾辈及希庵等之初议，全不符合。枪法忙乱，而弟与希庵皆有骄矜之气，兹为可虑。希庵论事，最为稳妥，如润帅有枪法稍乱之事，弟与希庵婉陈而切谏之。弟与希之矜气，则彼此互规[①]之，北岸当安如泰山矣。

咸丰十年三月二十日

注释

①互规：互相约制。

译文

沅弟左右：

接到来信，得悉营墙和前后浚沟都倒塌了，深感焦急。然而也怕是挖壕沟时不大得法，如果挖的土堆离壕沟很远，雨就是大些，不至于又冲入壕内，也许稍微容易整理些，营墙那也便不会倒坍。不仅仅是安庆，徽州的敌人流窜入浙中的，十之六七；在府城和休宁的，听说不过几千人。不知道真实不?

多日雨大泥深，鲍、张两军不能进攻，深为可惜。季高尚在乐平，我深怕敌人窜入江西腹地，与季高商量，不要急于入安徽，季高也觉得雨大泥深不能很快出发。

润帅谋划安徽战局已经大半年，一切他都胸有成竹，而临事又派人救援六安，和我们及希庵等最初的意思完全不符。枪法忙乱，而弟弟和希庵都有骄矜的表现，这是值得忧虑的。希庵论事，最为稳妥，如润帅有枪法稍乱的事，弟弟和希庵可以委婉陈词，切实地谏阻他。弟弟与希庵之骄矜之气，要互相制约一下，那么北岸应当是安如泰山了。

咸丰十年三月二十日

19

沅、季弟左右：

恒营专人来，接弟各一信并季所寄干鱼，喜慰之至。久不见此物，两弟各寄一次，从此山人足鱼矣。

沅弟以我切责之缄，痛自引咎，俱蹈危机而思自进于谨言慎行之路，能如是，是弟终身载福之道，而吾家之幸也。季弟信亦平和温雅，远胜往年傲岸气象。

吾于道光十九年十一月初二日进京散馆，十月二十八早侍祖父星冈公于阶前，请曰："此次进京，求公教训。"星冈公曰："尔的官是做不尽的，尔的才是好的，但不可傲。满招损，谦受益。尔若不傲，更好全了。"遗训不远，至今尚如耳提面命[①]。今吾谨述此语告诫两弟，总以除傲字为第一义。唐虞之恶人曰丹朱，傲；曰象[②]，傲；桀纣之无道，曰"强足以拒谏，辨足以饰非"，曰"谓已有天命，谓敬不足行"，皆傲也。吾自八年六月再出，即力戒傲字以儆无恒之弊。近来又力戒傲字。昨日徽州未败之前，次青心中不免有自是之见；既败之后，余益加猛省。大约军事之败，非傲即惰，二者必居其一；巨室之败，非傲即惰，二者必居其一。

余于初六所发之折，十月初可奉谕旨。余若奉旨派出，十日即须成行。兄弟远别，未知相见何日。惟愿两弟戒此二字，并戒各后辈常守家规，则余心大慰耳。

咸丰十年九月廿四日

注释

①耳提面命：形容当面殷切恳诚地教诲。

②象：传说中舜帝的弟弟。

译文

沅、季弟左右：

近日恒营派专人送来两弟各一封信，还有季弟寄来的干鱼，心中喜慰之至。很久没有见过这样的东西了，现在两位弟弟各寄一次，从此山人也有足够的鱼可以吃了。

沅弟接到我寄去的劝勉之信，便自我反省，引咎自责，惧怕走上危机之路，想在谨言慎行方面精心修进，能够这样，是弟弟终身得福的好事，也是我家的幸事。季弟的信平和温雅，比往年骄傲、懒惰的情形强多了。

道光十九年十一月二日，我进京入翰林院庶常馆，十月二十八日早，侍奉祖父星冈公于屋阶前，请祖父的训示说："这次进京城，请求祖父教训。"星冈公说："你的官是做不尽的，才是好的，但不要骄傲自满。满招损，谦受益。你如果能做到不骄傲，更好全了！"祖父虽已去世，至今仍如耳提面命呢，回想不断。我现在谨把这段话告诉你们，告诫两弟总以去掉傲字为第一重要。唐虞时代的恶人，如丹朱，傲；象，也傲；桀纣的无道，其倔强可以拒绝一切忠言，其能言善辩可以粉饰一切过失，说自己的命运授之于天，说敬重不必实行，这些都是傲的表现。我自八月六日再次出山，便努力戒惰，以改正无恒的弊病。近来又努力戒惰。昨天徽州没有失败之前，次青心中不免有自以为是的见解；既败之后，我越发猛省。军事上的失败，不是傲，就是惰，二者必居其一。大家族的失败，不是傲，就是惰，二者必居其一。

我于初六所发的奏折，十月初可奉谕旨。我如果奉旨派出，十天便要启程。兄弟远别，不知何日可以相见。但愿两位弟弟戒傲戒惰，并嘱后辈也戒这二字，遵守家规，那我便大大欣慰了。

咸丰十年九月二十四日

20

澄侯四弟左右：

接弟手书，具悉弟病日就痊愈，至慰至幸！唯弟服药多，又坚嘱泽儿请医调治，余颇不以为然。吾祖星冈公在时，不信医药，不信僧巫，不信地师[1]。此三者，弟必能一一记忆。今我辈兄弟亦宜略法此意，以绍家风。今年做道场二次，祷祀之事，闻亦常有，是不信僧巫一节，已失家风矣。买地至数千金之多，是不信地师一节，又与家风相背。至医药则合家大小老幼，几于无人不药，无药不贵。迨[1]至补药吃出毛病，则服凉药攻伐之；阳药吃出毛病，则服阴药清润之。辗转差误，非大病大弱不止。

弟今年春间，多服补剂，夏末多服凉剂，冬间又多服清润之剂。余意欲幼弟少停药物，专用饮食调养。泽儿虽体弱，而保养之法，亦惟在“慎饮食，节嗜欲”，断不在多服药也。

洪家地契，洪秋浦未到场押字，将来恐仍有口舌。地师、僧巫二者，弟向来不甚深信。近日亦不免为习俗所移，以后尚祈卓识坚定，略存祖父家风为要。天下信地信僧之人，曾见有家不败者乎？北果公屋，余无银可捐。己亥冬，余登山踏勘，觉其渺茫也。

咸丰十年十二月廿四日

注释

①地师：风水先生。

②迨：到，及。

译文

澄侯四弟左右：

接到弟弟的亲笔信，得悉弟弟的病快好了，非常欣慰！只是弟弟吃药过多，又坚持嘱咐泽儿为你请医调治，我很不以为然。祖父星冈公在世时，有三不信：不迷信医药，不信和尚、巫师，不信风水先生。这三不信，弟弟一定会记得。现在我们弟兄也宜遵守祖父遗训，以承继家风。家里今年做道场两次，祷祀的事，听说也常有，看来不信和尚、巫师一条，已失去家风。买地花几千两银子，看来不信地师一条，又与家风相违了。至于说到医药，全家大小老幼，几乎没有人不吃药，而且没有药不贵的。甚至有吃补药吃出毛病而用凉药去攻伐的；阳药吃出毛病，用阴药去清润调和。这样反复地出错，非得大病才可休止。

弟弟今年春间，多吃补药，夏末多吃凉药，冬间多吃清润的药。我的意思是想劝弟弟稍微停用药物，专门用饮食来调养。泽儿虽说体质弱，而保养的方法，只是“慎饮食，节嗜欲”六字，绝不在多服药。

洪家地契，洪秋浦没有到场签字，将来恐怕会有口舌之争。地师、僧巫二者，弟弟从来不大相信。近来也不免被乡俗改变自己观念了，以后还望弟对卓见要坚定不移，保存祖父家风很重要。天下信地师、僧巫的，你看见哪个家不因此败落的？北果公屋，我没有银子捐。己亥冬天，我登山亲自勘察，觉得太渺茫了。

咸丰十年十二月二十四日

21

澄侯四弟左右：

二月初一日唐长山等来，接正月十四日弟发之信，在近日可谓极快者。

弟言家中子弟无不谦者，此却未然，余观弟近日心中即甚骄傲。凡畏人，不敢妄议论者，谨慎者也；凡好讥评人短者，骄傲者也。弟于营中之人，如季高、次青、作梅、树堂诸君子，弟皆有信来讥评其短，且有讥至两次三次者。营中与弟生熟识者，更鄙睨嘲斥可知矣。弟尚如此，则诸子侄一家家藐视一切，信口雌黄可知矣。

谚云："富家子弟多骄，贵家子弟多傲。"非必锦衣玉食、动手打人而后谓之骄傲也，但使志得意满毫无畏忌，开口议人短长，即是极骄极傲耳。余正月初四信中言戒骄字，以不轻非笑人①为第一义；戒惰字，以不晏起为第一义。望弟弟常猛省，并戒子弟也。

此间鲍军于正月二十六大获胜仗，去年建德大股全行退出，风波三月，至此悉平矣。余身体平安，无劳系念。

咸丰十一年二月初四日

注释

①不轻非笑人：指不轻易非议讥笑别人。

译文

澄侯四弟左右：

二月初一这天唐长山等人到来，收到了正月十四日弟弟寄出的信，在近些日子到达的信件中，速度也算是很快的了。

弟弟说家里子弟没有不谦和的，我看并非如此。我观察弟弟近日就心生傲气了。凡属因为惧怕别人而不敢妄加议论别人的人，属于谨慎谦和的人；凡属喜欢讽刺批评别人短处的人，属于骄傲的人。对于营中的人，如季高、次青、作梅、树堂诸位君子，弟弟都在来信中讥笑、评论了他们短处，而且有两三次之多。对于营中与你比较生疏的人，你都要毫不留情地讥笑、评论，那乡里间与你熟悉认识的人，你对他们的睥睨和斥责，更是可想而知了。弟弟尚且如此，那其余的子侄们目中无人、藐视一切、信口雌黄的行径想必并不在少数。

谚语说：“富家子弟多骄，贵家子弟多傲。”并非一定要锦衣玉食，动手打人，才叫骄傲，就是自己感到得志，感到满意，没有畏忌，开口议人短长，便极骄极傲了。我正月初四日信里说了戒骄字，就是以不轻易非议讥笑别人为第一要义；戒惰字，就要以不晚起为第一要义。希望弟弟常常自我反省，并且告诫侄子们谨守。

这里鲍军于正月二十六日大获胜仗，去年建德大股敌军全部退出，三个月的风波，至此终于全部平息了。我近来身体无恙，健康平安，无须挂念。

咸丰十一年二月初四日

22

沅、季弟左右：

帐棚即日赶办，大约五月可解六营，六月再解六营，使新勇略得却暑也。小抬枪之药，与大炮之药，此间并无分别，亦未制造两种药。以后定每月解药三万斤至弟处，当不致更有缺乏。王可升十四日回省，其老营十六可到。到即派往芜湖，免致南岸中段空虚。

雪琴与沅弟嫌隙已深，难遽期[①]其水乳。沅弟所批雪信稿，有是处，亦有未当处。弟谓雪声色俱厉。凡目能见千里，而不能自见其睫。声音笑貌之拒人，每苦于不自见，苦于不自知。雪之厉，雪不自知；沅之声色，恐亦未始不厉，特不自知耳。曾记咸丰七年冬，余咎骆文耆[②]待我之薄，温甫则曰："兄之面色，每予人以难堪。"又记十一年春，树堂深咎张伴山简傲不敬，余则谓树堂面色亦拒人于千里之外。观此二者，则沅弟面色之厉，得毋似余与树堂之不自觉乎？

余家目下鼎盛之际，余忝窃将相，沅所统近二万人，季所统四五千人，近世似此者曾有几家？沅弟半年以来，七拜君恩，近世似弟者曾有几人？日中则昃，月盈则亏，吾家亦盈时矣。管子云："斗斛满则人概[③]之，人满则天概之。"余谓天概之无形，仍假手于人以概之。霍氏[④]盈满，魏相概之，宣帝概之；诸葛恪盈满，孙峻概之，吴主[⑤]概之。待他人之来概而后悔之，则已晚矣。

吾家方丰盈之际，不待天之来概、人之来概，吾与诸弟当设法先自概之。自概之道云何，亦不外清、慎、勤三字而已。吾近将清字改为廉字，慎字改为谦字，勤字改为劳字，尤为明浅，确有可下手之处。

沅弟昔年于银钱取与之际不甚斟酌，朋辈之讥议菲薄，其根实在于此。去冬之买犁头嘴、栗子山，余亦大不谓然。以后宜不妄取分毫，不寄银回家，不多赠亲族，此廉字工夫也。谦字存诸中者不可知，其着于外者，约有四端：曰面色，曰言语，曰书函，曰仆从属员。沅弟一次舔招六千人，季弟并未禀明，径招三千人，此在他统领断做不到者，在弟尚能集事，亦算顺手。而弟等每次来信，索取帐棚子药等件，常多讥讽之词、不平之语，在兄处书函如此，则与别处书函更可知矣。沅弟之仆从随员，颇有气焰，面色言语，与人酬按时，吾未及见，而申夫⑥曾述及往年对渠之词气，至今饮憾！以后宜于此四端痛加克治，此谦字工夫也。每日临睡之时，默数本日劳心者几件，劳力者几件，则知宣勤王事之处无多，更竭诚以图之，此劳字工夫也。

余以名位太隆，常恐祖宗留诒之福自我一人享尽，故将劳、谦、廉三字时时自惕，亦愿两贤弟之用以自惕，且即以自概耳。

湖州于初三日失守，可怜可儆。

同治元年五月十五日

注释

①遽期：短期、很快。

②骆文者：清末重臣骆秉章。

③概：引申为刮平、削平之意。

④霍氏：汉代大将军霍光一族。

⑤吴主：三国时吴国君主孙亮。

③申夫：曾国藩的幕僚。

译文

沅、季弟左右：

帐棚即日赶办，大约五月可以解送六个营，六月再解送六个营，到时新兵就可稍微避暑了。小抬枪的火药和大炮的火药，这边并没有区别，也没有生产两种火药。以后决定每月解送火药三万斤到弟弟的军营，不致再发生缺药的事。王可升十四日回省，其老营十六日可以到，到了以后马上派往芜湖，以免南岸中段军力空虚。

雪琴和沅弟之间嫌隙已根深蒂固，一时难以使他们水乳交融。沅弟所批雪琴的文稿，有对的，也有不当的地方。弟弟说雪琴声色俱厉。凡眼睛，都可以看千里，却不能看见自己的睫毛。声音笑貌方面拒人千里之外，往往糟就糟在自己却看不见。雪琴的严厉，雪琴自己不知道。沅弟的声色，恐怕也未尝不严厉，仅仅是自己不知道。曾记得咸丰七年冬天，我埋怨骆文耆待我太薄，温浦说："哥哥的脸色，常常给人难堪。"又记得十一年春，树堂深怨张伴山简傲不敬。我说树堂脸色也拒人于千里之外。看这两个例证，那沅弟脸色的严厉，不是与我与树堂一样，自己想不到吗？

我家正处鼎盛时刻，我又窃居将相之位。沅弟统率的军队近两万人，季弟统率的军队四五千人。近代像这样情况的，曾经有过几家？沅弟半年以来，七次拜君恩，近世像老弟你的又曾经有几个？太阳到中午便要西落了，月亮圆时意味着会缺。我家正是盈满的时候。管子说："斗斛满了由人去刮平，人自满了由天去刮平。"我说天刮平是无形的，还是假手于人来刮平。霍氏盈满了由魏相刮平，由宣帝刮平；诸葛恪盈满了，由孙峻刮平，由吴主刮平。等到他人来刮平时才后悔，悔之晚矣！

我家正在丰盈的时际，不等天来刮平，也不等别人来刮平，我与各位弟弟应当设法自己刮平。自己刮平的道理如何？也不外乎清、慎、勤三个字罢了。我近来把清字改为廉字，慎字改为谦字，勤字改为劳字，尤为明浅，确实有下手做的地方。

沅弟过去对于银钱的收与支，往往不很慎重。朋友们讥笑看轻你，根源实际上就在这里。去年冬天买犁头嘴、栗子山，我也不大以为然。以后要不妄取分毫，不寄钱回家，不多送亲族，这是廉字。谦字存在内心，别人不知道，但表现在外面，大约有四方面：一是脸色，一是言事，一是书信，一是仆从属员。沅弟一次招兵六千人，季弟并没有报告明白，自招三千人，这是其他统领官绝对做不到的，在弟弟来说还真会办事，也算顺手。而弟弟每次来信，索取帐篷、火药等物，经常带讥讽的词句、不平的话语，对愚兄写信还这样，与别人的书信就可见一斑了。沅弟的仆人随员，很有气焰，脸色言语，与人应酬接触之时，我没有看见，而申夫曾经说过往年对他的语气，至今仍感到遗憾！

以后宜在这四个方面痛加改正，这就是谦字。每天临睡时，要默默地数下当日有几件事操心，几件事费力，就知道为国要办的事不多，而更要努力去做，这是劳字。

我因名声太大，地位太高，经常害怕祖宗遗留给我辈的福泽由我一个人享受殆尽，所以以“劳、谦、廉”三字时刻自勉，也愿两位贤弟用以自勉，自己刮平自己。

初三那天，湖州失守，实在让人怜悯又警戒，守城将士的勇气令人敬仰。

同治元年五月十五日

23

沅、季弟左右：

沅于人概天概之说，不甚厝意，而言及势利之天下，强凌弱之天下。此岂自今日始哉？盖从古已然矣。从古帝王将相，无人不由自立自强做出，即为圣贤者，亦各有自立自强之道，故能独立不俱，确乎不拔。昔余往年在京，好与诸有大名大位者为仇，亦未始无挺然特立不畏强御之意。

近来见得天地之道，刚柔互用，不用偏废，太柔则靡①，太刚则折。刚非暴虐之谓也，强矫而已；柔非卑弱之谓也，谦退而已。趋事赴公，则当强矫；争名逐利，则当谦退；开创家业，则当强矫；守成安乐，则当谦退。出与人物应接，则当强矫；入与妻孥享受，则当谦退。若一面建功立业，外享大名，一面求田问舍，内图厚实，二者皆有盈满之象，全无谦退之意，则断不能久。此余所深信，而弟宜默默体验者也。

同治元年五月廿八日

注释

①靡：颓废。

译文

沅、季弟左右：

沅弟对于人平、天平的说法，不甚确切，而说势利的天下、以强凌弱的天下，这难道从今天才开始吗？那是自古以来就如此。古时的帝王将相，没有一个人不是由自强自立成长起来的，就是圣人贤者也各有自强自立的方法，所以能够独立而不惧怕，确立而坚忍不拔。我往年在京城，喜欢与有大名声、有大地位的人作对，也并不是没有挺然自立、不畏强暴的意思。

近来悟出天地间的道理，刚柔互用，不可偏废，太柔就会烂垮，太刚就会折断。刚不是暴戾，是坚强；柔不是卑下软弱，是谦虚退让。为大家办事情、赴公差，要坚强；争名夺利，要谦退；开创家业要坚强；守成安乐要谦退。

出外与别人应酬接触，要坚强；在家与妻孥享受，要谦退。如果一方面建功立业，外享盛名，一方面又要买田建屋，追求充实舒服的生活，这两方面都有满盈的征兆，完全缺乏谦退的念头，那绝不能长久。我是深信不疑的，弟弟们默默地去体会吧！

同治元年五月二十八日

24

沅季弟左右：

季弟病似疟疾，近已痊愈否？吾不以季病之易发为虑，而以季好轻下药为虑。

吾在外日久，阅事日多，每劝人以不服药为上策。吴彤云近病极重，水米不进已十四日矣。十六夜四更，已将后事料理，手函托我，余一概应允，而始终劝其不服药。自初十日起，至今不服药十一天，昨夜竟大有转机，疟疾减去十之四，呕逆各症减去十之七八，大约保无他变。希庵五月之杪[①]病势极重，余缄告之，云治心以广大二字为药，治身以不药二字为药，并言作梅医道不可恃。希庵乃断药月余，近日病已痊愈，咳嗽亦止。是二人者，皆不服药之明效大验。季弟信药太过，自信亦太深，故余所虑不在于病，而在于服药。兹谆谆以不服药为戒，望季曲从之，沅力劝之。至要至嘱！

季弟信中所商六条皆可允行。回家之期，不如待金陵克后乃去，庶几一劳永逸。如营中难耐久劳，或来安庆闲散十日八日，待火轮船之便，复还金陵本营，亦无不可。若能耐劳耐烦，则在营久熬更好，与弟之名曰贞、号曰恒者，尤相符合。其余各条，皆办得到，弟可放心。

上海四万尚未到，到时当全解沅处。东征局于七月三万之外，又有专解金陵五万，到时亦当全解沅处。东局保案，自可照准，弟保案亦日内赶办。雪琴今日来省，筱泉亦到。

同治元年七月廿日

注释

①杪：年月季节的最后，此句指五月末。

译文

沅、季弟左右：

季弟的病像疟疾，近来已好了吗？我倒不担心季弟容易患病，而是因为季弟喜欢轻率下药而忧虑。

我在外面日子久了，阅历也多了，每每劝别人以不吃药为上策。吴彤云近日病得极重，水米都不沾，已经十四天。十六日晚上四更，已把后事料理好，亲笔写信托我，我一概答应，而开始劝他不吃药。自初十日起，到今天，十一天不吃药，昨天竟大有转机，疟疾减轻了十分之四，呕逆等症，减去十之七八，大约可保没有大的变故。希庵五月末病得极重，我写信告诉他说，治心以广大二字为药，治身以不药二字为药，并说作梅的医术不可依靠。希庵于是停药一个多月，近日病已好了，咳嗽已止住了。这两个人，都是不吃药收到明显效果。季弟太迷信药物，自信也太深，所以我忧虑他不在于病，而在于吃药。现在谆谆嘱咐以不吃药为戒，希望季弟同意，沅弟也要力劝，至要至嘱！

季弟信中提出来商量的六条，都可以同意。回家的日期，不如等金陵攻克之后，也许可以一劳永逸。如果在军营难以长久忍耐劳累，或者来安庆闲散十天八天，等轮船方便时，再回金陵本营，也无不可。如果能耐劳耐烦，那么在军营久熬更好，与弟弟的名叫贞、字叫恒意义尤相符合。其余各条，都办得到，弟弟放心。

上海四万两军饷还没解送到，到时就全部解送到沅弟处。东征局在七月三万两之外，又专门解送金陵五万两，到时也解送沅弟处。东局保举有功人员的文案，自可照准，弟弟保案也日内赶办。雪琴今日来省，筱泉也该到了。

同治元年七月二十日

25

沅、季弟左右：

久不接来信，不知季病全愈否？各营平安否？

东征局专解沅饷五万，上海许解四万，至今尚未到皖。阅新闻纸，其中一条言：何根云六月初七正法。读之悚惧[①]惆怅。

余去岁腊尾买鹿茸一架，银百九十两，嫌其太贵。今年身体较好，未服补药，亦示吃丸药。兹将此茸药送至金陵，沅弟配制后，与季弟分食之。中秋凉后，或可渐服。但偶有伤风微恙，则不宜服。

余阅历已久，觉有病时断不可吃药，无病时可偶服补剂调理，亦不可多。吴彤云大病二十日，竟以不药而愈；邓寅皆终身多病，未尝服药一次。季弟病时好服药，且好易方；沅弟服补剂，失之太多。故余切戒之，望弟牢记之。

弟营起极早，饭后始天明，甚为喜慰。吾辈仰法家训，惟早起、务农、疏医、远巫四者尤为切要！

同治元年七月廿五日

注释

①悚惧：恐惧。

译文

沅、季弟左右：

许久没有接到你们的来信，不知道季弟的病好了吗？各营平安吗？

东征局派专人解送沅弟军的五万军饷，还有上海许诺的四万军饷，至今还没有到安徽。近来看新闻，上面有一条说：何根云六月初七被正法。读后真有点惧怕和惆怅。

我去年年底买了一架鹿茸，花了一百九十两银子，嫌太贵了。今年身体较好，没有吃补药，也很少吃丸药。现在把这架鹿茸送到金陵，沅弟配制以后，与季弟分享吧。中秋以后天气渐凉，可以慢慢吃了。若偶尔有伤风小病，那还是不合适吃。

这方面我阅历颇丰，我认为觉得有病时，绝不要随便滥服药物。没有病时倒是可偶尔吃点补药调理，不过也不可多吃。吴彤云大病二十天，竟因不吃药而好了；邓寅皆终身多病，却没有吃过一次药。季弟病时喜欢吃药，并且喜欢更换药方；沅弟吃补药，也有些过多。所以我很坚定地告诫你们，弟弟们千万牢记。

弟弟在军营起床极早，吃过早饭天才放亮，我很欣慰。我们兄弟应该效法家训，早起、务农、疏医、远巫这四者最为重要。

同治元年七月二十五日

26

澄弟左右：

沅、霆两军病疫，迄未稍愈。宁国各属军民死亡相继，道殣相望①，河中积尸生虫，往往缘船而上，河水及井水皆可不食。其有力者，用舟载水于数百里之外。真秽之气中人，十病八九。诚宇宙之大劫，军行之奇苦也。

洪容海投诚后，其党黄、朱等目复叛，广德州既得复失。金柱关常有贼窥伺，近闻增至三四万人，深可危虑。余心所悬念者，惟此二处。

余体气平安，惟不能多说话，稍多则气竭神乏，公事积搁，恐不免于贻误。弟体亦不甚旺，总宜好好静养。莫买田产，莫管公事。吾所嘱者，二语而已：盛时常作衰时想，上场当念下场时。富贵人家，不可不牢记此二语也。

同治元年闰八月初四日

注释

①道殣相望：指道路上饿死的人很多。殣：饿死。

译文

澄弟左右：

沅、霆两支军队里出现瘟疫，到现在仍然蔓延。宁国所属地区，军民相继死亡，路上到处是饿死的人，河里尸首生了蛆，蛆往往爬到船上，河水和井水都不能喝。有能力的人，在几百里以外，用船装水吃。污秽的气味使人掩鼻，十个有九个都生了病。这真是天地间的大劫难，行军打仗遇到的奇苦啊！

洪容海投降后，他的党羽黄、朱等又叛变而去，广德州得而复失。金柱关经常有敌窥伺，听说近已增到三四万人，这是我深为忧虑的事。我心里悬念的，就是上面所说的这两件事。

我身体无恙，只是不能多说话，稍微说多几句就心虚气短，所以公事积压很多没有办理，恐怕会贻误工作。弟弟身体也不好，总该好好静养。不要买田产，不要管公事。我嘱咐你的，不过这两句话罢了：盛时常作衰时想，上场当念下场时。富贵人家，不可不牢牢记住这两句话。

同治元年闰八月初四日

27

沅弟左右：

二十三日张成旺归，接十八日来缄，旋又接十九日专人一缄，具悉一切。

弟读邵子[①]诗，领得恬淡冲融之趣，此自是襟怀长进处。自古圣贤豪杰、文人才士，其志事不同，而其豁达光明之胸大略相同。以诗言之，必先有豁达光明之识，而后有恬淡冲融之趣。如李白、韩退之、杜牧之则豁达处多，陶渊明、孟浩然、白香山则冲淡处多。杜、苏二公无美不备，而杜之五律最冲淡，苏之七古最豁达。邵尧夫虽非诗之正宗，而豁达、冲淡二者兼全。吾好读《庄子》，以其豁达足益人胸襟也。去年所讲"生而美者，若知之，若不知之，若闻之，若不闻之"一段，最为豁达。推之即舜禹之有天下而不与，亦同此襟怀也。

吾辈现办军务，系处功利场中，宜刻刻勤劳，如农之力穑[②]，如贾之趣利，如篙工之上滩，早作夜思，以求有济。而治事之外，此中却须有一段豁达冲融气象，二者并进，则勤劳而以恬淡出之，最有意味。余所以令刻"劳谦君子"印章与弟者，此也。

无为之贼十九日围扑庐江后，未得信息。捻匪于十八日陷宿松后，闻二十一日至青草塥。庐江吴长庆、桐城周厚斋均无信来。春霆二十一日尚在泥汊，顷批令速援庐江。祁门亦无信来，不知苦何危险。少荃已克复太仓州，若再克昆山，则苏州可图矣，吾但能保沿江最要之城隘，则大局必日振也。顺问近好。

同治二年三月廿四日

注释

①邵子：即宋代哲学家邵雍。

②穑：收割庄稼。

译文

沅弟左右：

二十三日张成旺回来了，接到十八日来信，然后又收到十九日派专人送来的信，已获悉信中一切情况。

弟弟读邵子诗，领会到恬淡冲融的趣味，这说明你襟怀有了长进。自古以来的圣贤豪杰、文人才士，他们的志趣虽不同，但他们的通达光明的胸怀大体都一样。以诗来说，一定要先有通达光明的见识，然后才有恬淡的趣味。李白、韩退之、杜牧之的诗通达的地方多一些，陶渊明、孟浩然、白香山的诗恬淡的地方多一些。杜、苏二公，无美不备，而杜的五言律诗最恬淡，苏的七言古诗最通达。邵尧夫虽然不是诗的正宗，但他的诗通达、恬淡两者兼而有之。我喜欢读《庄子》，他的博大胸怀有益于我。去年你讲的“生而美好的，好像知道好像不知道，好像听到好像没有听到”这一段，最为通达。推而广之，舜、禹的有天下又没有天下，也是这样的襟怀。

我们现在办军务，是身处功利场中，应该时刻勤劳，就像农民勤劳种地，商人勤劳谋利，又像篙工之上滩，日夜辛劳求的是有一个好结果。在治理事务时需要有通达、冲融的气象，两方面同时前进，那么，才能从恬淡中看到勤劳最有意味。我之所以叫人刻一枚“劳谦君子”的印章给弟弟，就是这个意思。

无为的敌人十九日围攻庐江后，到现在还没有任何消息。十八日，捻军攻陷宿松后，听说已经于二十一日到了青草塥。庐江吴长庆、桐城周厚斋至今仍没有来信。春霆二十一日还在泥汊，我马上命令他火速前往庐江增援。祁门也不见来信，不知到底有多大的危险。少荃已经克复太仓州，如果再攻克昆山，那么就可以考虑去打苏州了。能保住沿江最重要的城市和关隘，大局一定会一天天好起来。顺便帮我问好。

同治二年三月二十四日

28

沅弟左右：

初五夜地道轰陷贼城十余丈，被该逆抢堵，我军伤亡三百余人，此盖意中之事。城内多百战之寇，阅历极多，岂有不能抢堵缺口之理？苏州先复，金陵尚遥遥无期，弟切不必焦急。

古来大战争、大事业，人谋①仅占十分之三，天意恒居十分之七。往往积劳之人非即成名之人，成名之人非即享福之人。此次军务，如克复武汉、九江、安庆，积劳者即是成名之人，在天意已自然十分公道，然而不可恃也。吾兄弟但在积劳二字上着力，成名二字则不必问及，享福二字则更不必问矣。

厚庵坚请回籍养亲侍疾，只得允准，已于今日代奏，苗逆于二十六夜擒斩，其党悉行投诚，凡寿州、正阳、颍上、下蔡等城一律收复，长、淮指日肃清，真堪庆幸！

弟近日身体健否？吾所嘱者二端：一曰天怀淡定，莫求速效；二曰谨防援贼，城贼内外猛扑，稳慎②御之。

同治二年十一月十二日

注释

①人谋：人的谋略。

②稳慎：稳妥和慎重。

译文

沅弟左右：

接到你初五晚寄来的信，得知我军用地道轰陷敌城十余丈，但被敌人抢先堵塞，以致我军伤亡三百多人，其实这是意料中的事情。城里的敌人都身经百战，经验丰富，哪有不能抢堵缺口的道理？苏州先克，金陵还遥遥无期，弟弟切不可过于焦急。

古来大战争、大事业，人的谋划只占十分之三，天意总是占十分之七。往往劳累日久的人，不是成名的人；成名的人，却又不是享福的人。这次军务，如克复武汉、九江、安庆，积劳的人就是成名的人，从天意来说，已真是十分公道的了，但是不能单纯地依仗天意。我们兄弟只须在积劳二字上下功夫，成名两个字不必过分在意，享福两个字更不必计较。

厚庵坚决要求回家养亲侍疾，只好答应，已在今日代他奏告朝廷。苗逆已在二十六日晚被擒斩首，他的党徒全部投降，寿州、正阳、颖上、下蔡诸城，一律收复，长、淮也在日内可以肃清，真值得庆幸！

弟弟近日身体好吗？我要嘱咐的是两条：一是天怀淡定，莫求速效；一是谨防援敌，避免城内外敌人猛扑，要稳妥慎重地防御。

同治二年十一月十二日

29

沅弟左右：

适闻初六常州克复，初八丹阳克复之信，正深欣慰！而弟之信中有云“肝病已深，痼疾已成，逢人辄怒，遇事辄忧”等语，读之不胜焦虑。

今年以来，苏浙克城甚多，独金陵迟迟尚无把握，又饷项奇绌[①]，不如意之事机、不入耳之言语纷至迭乘，余尚温郁成疾，况弟之劳苦过甚百倍阿兄，心血久亏数倍于阿兄乎？余自春来，常恐弟发肝病，而弟信每含糊言之，此四句乃露实情。此病非药饵所能为力，必须将万事看空，毋恼毋怒，乃可渐渐减轻。蝮蛇螫手，则壮士断其手，所以全生也。吾兄弟欲全其生，亦当视恼怒如蝮蛇，去之不可不勇，至嘱至嘱！

余年来愧对老弟之事，惟拨去程学启一名，将有损于阿弟。然有损于家，有益于国，弟不必过郁，兄亦不必过悔。顷见少荃为程学启请恤一疏，立言公允，滋特寄弟一阅，请弟且抄后寄还。

李世忠事，十二日奏结。又饷绌情形一片抄阅，即为将来兄弟引退之张本。余病假于四月廿五日满期，余意再请续假，幕友皆劝销假，弟意以为如何？

淮北票盐、课厘两项，每岁共得八十万串，拟概供弟一军。此亦巨款，而弟尚嫌其无几，余于咸丰四、五、六、七、八、九等年，从无一年收过八十万者。再筹此等巨款，万不可得矣。

同治三年四月十三日

注释

①绌：缺。

译文

沅弟左右：

刚才听到初六常州克复、初八丹阳克复的捷报，正在高兴之际，却看到弟弟信中说："肝病已经愈加严重，痛苦的疾病已经形成，现在逢人便发怒，遇事便忧愁。"读了之后，心中不胜焦急。

今年以来，苏、浙克城很多，独金陵迟迟没有攻下，军饷又奇缺，这些不如意的事情、不堪入耳的议论，纷至沓来，连我都要郁积成疾，何况弟弟那么劳苦，比我胜过十倍，心血久亏，几倍于为兄？我自春季以来，经常害怕弟弟肝病复发，而弟弟每次来信均含糊其言，这次信中的四句则暴露了实情。这病却非药物所能治愈，为人处世必须胸怀广阔，遇事不恼不怒，疾病才可渐渐痊愈。蝮蛇咬手，则壮士斩断其手，这才得以保全生命。我兄弟若要保全生命，应把恼怒当作蝮蛇看待，下决心戒恼怒，不可没有勇气，至嘱至嘱！

我一年来，做了愧对老弟的事，只调拨程学启一名与你任用，将有损老弟。然而，有损于家，却有益于国，弟弟不必过于抑郁，为兄也不必后悔。刚看到少荃为程学启请恤的疏折，立言公允，现特寄给你一阅，请弟弟抄后再寄还给我。

李世忠的事，已于十二日奏结。至于缺饷情形严重之事，就是将来我们兄弟引退的张本。我的病假于四月二十五日满期，我想再续假，幕友都劝我销假，不知你的意见如何？

淮北票盐、课厘两项，每年共得八十万串，准备一概供给弟弟这一军。这也是巨款，而弟弟还嫌少了。我在咸丰四、五、六、七、八、九等几年，从来没有一年收过八十万串的。今后若再想筹集这么大的巨款，万万做不到了。

同治三年四月十三日

30

沅弟左右：

厚庵到皖，坚辞督办一席，渠之赴江西与否，余不能代为主持。至于奏折，则必须渠亲自陈奏，余断不能代辞[①]。厚帅现拟在此办折，拜疏后仍回金陵水营。春霆、昌歧闻亦日内可到，春霆回籍之事，却不能不代为奏恳也。

弟病今日少愈否？肝病余所深知，腹疼则不知何证。屡观《郎山脉案》，以扶脾为主，不求速效。余深以为然。然心肝两家之病，究以自养自医为主，非药物所能为力。今日偶过裱画店，见弟所写对联，光彩焕发，精力似甚完足。若能认真调养，不过焦灼，必可渐渐复元。

同治三年五月初十日

注释

①辞：辞职。

译文

沅弟左右：

厚庵到安徽，坚决要辞督办这个位子，他去不去江西，我不能代他主持。至于奏折，那要他亲自陈奏，我绝不能代他辞职。厚帅现在准备在这里办折，拜疏后仍旧回金陵水营。春霆、昌歧听说日内可到。春霆回家的事，却不能不代他恳请。

弟弟的病现在好些吗？肝病我很了解，腹痛不知道是什么病。多次看《郎山脉案》，说要以扶脾为主，不要求速效。我很赞同此说。然而，心和肝的病，以自养自医为主，不是药力可以挽回的。今天偶尔从裱画店经过，看见弟弟所写对联，光彩焕发，精力好像很充沛。如果能认真调养，不过于焦急，一定可以慢慢复元。

同治三年五月初十日

31

沅弟左右：

内疾外证，果愈几分。凡郁怒最易伤人。余有错处，弟尽可一一直说。人之忌我者，惟愿弟做错事，惟愿弟之不恭；人之忌弟者，惟愿兄做错事，惟愿兄之不友。弟看破此等物情，则知世路之艰险，而心愈抑畏[①]，气反和平矣。

同治三年五月廿三日

注释

①抑畏：指抑制忧郁。

译文

沅弟左右：

心绪有病，才导致身体有了症状，从弟弟的症状看来，果然好了几分。凡抑郁发怒，最伤身体。我有过错，弟弟尽可一一直说。忌妒我的人，只愿我弟弟做错事，只愿我弟弟不恭敬；忌嫉弟弟的人，只想为兄的做错事，只想我们兄弟不和。要是弟弟看破了这种世态，便会知道世道的艰险，那么，心里越抑制忧郁，心境反而越平和。

同治三年五月二十三日

32

澄弟左右：

五月十八日接弟四月八日信，具悉一切。七十侄女移居县城，长与娘家人见面，或可稍解郁郁之怀。

乡间谷价日贱，禾豆畅茂，尤是升平景象，极慰极慰。此间军事，贼自三月下旬退出曹、郓之境，幸保山东运河以东各属，而仍蹂躏及曹、宋、徐、泗、凤、淮诸府，彼剿此窜，倏忽来往。直至五月下旬，张、牛各股始窜至周家口以西，任、赖各股始窜至太和以西。大约夏秋数月，山东、江苏可以高枕无忧，河南、皖、鄂又必手忙脚乱。

余拟于数日内至宿迁、桃源一带察看堤墙，即由水路上临淮而至周家口。盛暑而坐小船，是一极苦之事。因陆路多被水淹，雇车又甚不易，不得不改由水程。余老境日逼，勉强支持一年半载，实不能久当大任矣。因思吾兄弟体气皆不甚健，后辈子侄尤多虚弱，宜于平日请求养身之法，不可于临时乱投药剂。

养身之法，约有一事：一曰眠食有恒[①]，二曰惩忿，三曰节欲，四曰每夜临睡洗脚，五曰每日两饭后各行三千步。惩忿，即余篇中所谓养生以少恼怒为本也。眠食有恒及洗脚二事，星冈公行之四十年，余亦学行七年矣。饭后三千步近日试行，自矢永不间断。弟从前劳苦太久，年近五十，愿将此五事立志行之，并劝沅弟与诸子侄行之。

余与沅弟同时封爵开府，门庭可谓极盛，然非可常恃之道。记得己亥正月，星冈公训竹亭公曰："宽一虽点翰林，我家仍靠作田为业，不可靠他吃饭。"此语最有道理，今亦当守此二语为命脉。望吾弟专在作田上用工，辅之以书、蔬、鱼、猪、早、扫、考、宝八字，任凭家中如何贵盛，切莫全改道光初年之规模。

凡家道所以可久者，不恃一时之官爵，而恃长远之家规，不恃一二人之骤发，而恃大众之维持。我若有福罢官回家，当与弟竭力维持。

老亲旧眷、贫贱族党不可怠慢，待贫者亦与富者一般，当盛时预作衰时之想，自有深固之基矣。

同治五年六月初五日

注释

①有恒：不变。此处指有规律。

译文

澄弟左右：

五月十八日接到你四月八日的来信，一切尽知。七十侄女搬到县城居住，经常可与娘家人见面，或许可稍稍消除心中的郁闷。

乡里谷价越来越低，禾苗豆苗茂盛，还是一派升平气象，十分快慰！敌人自三月下旬退出曹、郓境内，幸保山东运河以东所属州县，但仍然蹂躏了曹、宋、徐、泗、凤、淮几府，你这里剿，他那里窜，忽来忽去。直到五月下旬，张、牛各股才窜到周家口以西，任、赖各股才窜到太和以西。大约夏天秋天几个月，山东、江苏可以高枕无忧。河南、安徽、湖北地方官又必会手忙脚乱。

我准备在几天内到宿迁、桃源一带视察堤墙，从水路去临淮而到周家口。盛暑坐小船，是很古的差事。因为陆路多被水淹，雇车又很不容易，不得不改由水路。我越来越老，勉强支持一年半载，实在不能再久担大任了。我想我们兄弟身体都不太好，后辈子侄尤其虚弱，要在平日讲求养身的方法，不可临急乱看郎中、乱吃药。

养身的方法，大约有五个方面：一是睡眠饮食有规律，二是制怒，三是节欲，四是临睡洗脚，五是两餐饭后各走三千步。制怒就是我所说的养生以少恼怒为本。眠食有恒及洗脚二事，星冈公行了四十年，我也学了七年。饭后三千步，我从近日试行，并打算从此永不间断。弟弟从前太劳苦，现已年近五十，希望把这五个方面的事实行，并劝沅弟和子侄们实行。

我与沅弟同时封爵开府当督抚，门庭可谓极盛一时，然而不是长久可以倚仗的。记得己亥正月，星冈公训竹亭公说："宽一虽点翰林，我家仍然靠作田为业，不可靠他为生。"这话最有理，今天也应当谨遵这句并以此为命脉。希望弟弟在作田上用工，辅以书、蔬、鱼、猪、早、扫、考、宝八个字，任凭家里如何富贵兴盛，切不要改变道光初年的规模。

若要使家道长久兴盛，不可倚仗一时的官爵，而要依靠长远的家规；不可倚仗一两个人的骤然发迹，而要依靠大众的维持。我如果有福，罢官回家后当与弟弟同心协力维持家道。老亲旧戚、贫困的族党，不可以怠慢人家，对待贫困的与对待富有的一个样，在兴盛时要想到衰落时，那自然便有深厚坚实的基础了。

同治五年六月初五日

33

沅弟左右：

接弟信，具悉一切。弟谓命运作主，余所深信。谓自强者，每胜一筹，则余不甚深信。凡国之强，必须多得贤臣；凡家之强，必须多出贤子弟。此亦关乎天命，不尽由于人谋。至一身之强，则不外乎北宫黝、孟施舍、曾子三种。孟子之集议而慊①，即曾子之自反而缩也。

◎ 曹操（155—220）

字孟德，一名吉利，小字阿瞒，沛国谯（今安徽省亳州市）人。东汉末年著名的军事家、政治家和诗人。统一中国北方，是三国时代魏国的奠基人，其子曹丕称帝后，追尊他为魏太祖武帝。倡导“建安文学”，与其子曹丕、曹植并称“三曹”。

惟曾子、孟子与孔子告仲由之强，略为可久可常。此外，斗智斗力之强，则有因强而大兴，亦有因强而大败。古来如李斯、曹操、董卓、杨素，其智力皆横绝一世，而其祸败亦迥异寻常；近世如陆、何、萧、陈皆予知自雄，而俱不保其终。故吾辈在自修处求强则可，在胜人处求强则不可。若专在胜人处求强，其能强到底与否尚未可知，即使终身强横安稳，亦君子所不屑道也。

贼匪此次东窜，东军小胜二次，大胜一次，刘、潘大胜一次，小胜数次，似已大受惩创，不似上半年之猖獗。但求不窜陕、洛，即窜鄂境，或可收夹击之效。

余定于明日请续假一月，十月请开各缺，仍留军营麋量木戳，会办中路剿匪事宜而已。

同治五年九月十二日

注释

①慊：不满足。

译文

沅弟左右：

接到弟弟的信后知道了一切。弟弟说是命运作主，我是相信的。说自强的人，每每棋高一着，我不太相信。凡国家强盛，必须有许多贤臣；凡家庭强盛，必须有许多贤惠子弟。这也关系到天命，不尽在于人谋。至于一个人的强盛，不外乎北宫黝的勇敢、孟施舍的仁厚、曾子的义理三种。孟子集义而又不满足，这和曾子的自我反省、能屈能伸一样。

只有曾子、孟子，还有孔子告诉仲由的关于强的道理，略微可以使人长久。此外，斗勇斗力的强，有的因此大兴盛，也有的因此大失败。古来如李斯、曹操、董卓、杨素，他们的智力都独秀于世，他们的祸败也与寻常人的大不一样；近世如陆、何、萧、陈都自知又自雄，而都得不到善终。所以我们在自修方面求强是可以的，在与人争胜负时求强就不可以了。如果专门在与人争胜的地方求强，是否能强到底还不可知，即使终生强横安稳，也是君子所不屑一提的。

敌军这次东窜，东军小胜两次，大胜一次，刘、藩大胜一次，小胜几次，其似乎已受到重创，不像上半年那样猖厥了。但求其不窜往陕、洛，如果窜鄂境，也许可以收到夹击的效果。

我定于明日续假一个月，十月请开各缺，仍留刻的木戳一个给军营，用以会办中路剿匪事宜。

同治五年九月十二日

34

沅弟左右：

鄂督五福堂有回禄[①]之灾，幸人口无恙，上房无恙，受惊已不小矣。其屋系板壁纸糊，本易招火。凡遇此等事，只可说打杂人役失火，固不可疑会匪之毒谋，尤不可怪仇家之奸细。若大惊小怪，胡想乱猜，生出多少枝叶，仇家转得传播以为快。惟有处处泰然，行所无事，申甫所谓好汉打脱牙和血吞。星冈公所谓有福之人善退财，真处逆境者之良法也。

弟求兄随时训示申儆，名子自问近年得力，惟有一悔字诀。兄昔年自负，本领甚大，可屈可伸，可行可藏，又每见得人家不是。自从丁巳、戊午大悔大悟之后，乃知自己全无本领，凡事都见得人家有几分是处。故自戊午至九载，与四十岁以前迥不相同。大约以能立能达为体，以不怨不尤为用。立者，发奋自强，站得住也。达者，办事圆融，行得通也。

吾九年以来，痛戒无恒之弊。看书写字从未间断，选将练兵亦常留心，此皆自强能立工夫。奏疏公牍，再三斟酌，无一过当之语、自夸之辞，此皆圆融能达工夫。至于怨天本有所不敢，尤人则尚不能免，亦皆随时强制而克去之。

弟若欲自儆惕[②]，似可学阿兄丁、戊二年之悔，然后痛下针砭，必有大进。立达二字，吾于己未年，曾写于弟之手卷中。弟亦刻刻思自立自强，但于能达处尚欠体验，于不怨尤处，尚难强制。吾信中言皆随时指点，劝弟强制也。赵广汉本汉之贤臣，因星变而劾魏相，后乃身当其灾，可为殷鉴。默存一悔字，无事不可挽回也。

同治六年正月初三日

注释

①回禄：传说中的火种。此处指火灾。

②儆惕：警惕。

译文

沅弟左右：

鄂督署的五福堂遭了火灾，幸亏人没有事，上房也无事，只是受惊吓不小。那里的房子是木板墙壁加纸糊，本来容易招火。凡遇到这种事，只能说是打杂的人失火，不要怀疑说是敌匪的毒计，尤其不要怪是仇家的奸细干的。如果大惊小怪，胡思乱猜，添枝增叶，那传播起来非常快。只有处处泰然处之，行若无事，像申甫说的那样，好汉打脱牙齿和血吞。星冈公说的，有福的人善于退财，真是处于逆境的人自安的好办法。

弟弟要求为兄随时训示，为兄自问近年来，得益于一个“悔”字。过去为兄自负，以为自己的本领大，可屈可伸，可行可藏，又每每看见的都是别人的不是。自从丁巳、戊午大悔大悟之后，才知道自己没有本领，什么事都看得见别人有几分对的。所以自戊午到现在九年里，为兄与四十岁以前完全不同。大约以能立能达为体，以不怨不尤为用。立，是发奋自强、站得住的意思。达，是办事周到、行得通的意思。

我九年以来，痛下决心改掉没有恒心的毛病。看书写字从不间断，选将练兵也常留心，这都是自强自立的功夫。奏疏公牍，再三斟酌，没有一句过头的话，没有一个自夸的词，这都是圆熟到能达的功夫。至于说到怨天，本来就不敢；尤人还不可避免，也随时强制自己尽量克服。

弟弟如果想自己警惕，似乎可以学为兄丁巳、戊午二年的悔悟，然后痛下针贬，定会有大进益。立达二字，我在己未年曾经写在弟弟的手卷上。弟弟也时刻想自立自强，但对于达字还缺乏体验，对于不怨天尤人，还难以强制。我在信中随时指点，劝弟弟强制自己。赵广汉本来是汉的贤臣，因星变而弹劾魏相，后来身受其灾，可以作为殷鉴。心里暗暗存一个悔字，没有什么事不可以挽回。

同治六年正月初三日

35

沅弟左右：

接李少帅信，知春霆因弟复奏之片，言省三系与任逆接仗，霆军系与赖逆交锋，大为不平，自奏伤疾举发，请开缺调理。又以书告少帅，谓弟自占地步。弟当此百端拂逆[①]之时，又添此至交龃龉之事，想心绪益觉难堪。然事已如此，亦只有逆来顺受之法，仍不外悔字诀、硬字诀而已。

朱子尝言："悔字如春，万物蕴蓄初发；吉字如夏，万物茂盛已极；吝字如秋，万物如落；凶字如冬，万物枯凋。"又尝以元字配春，享字配夏，利字配秋，贞字配冬。兄意贞字即硬字诀也。弟当此艰危之际，若能以硬字法冬藏之德，以悔字启春生之机，庶几可挽回一二乎？

闻左帅近日亦极谦慎。在汉口气象何如？弟曾闻其大略否？申夫阅历极深，若遇危难之际，与之深谈。渠尚能于恶风骇浪之中默识把舵之道，在司道中不可多得也。

同治六年三月初二日

注释

①百端拂逆：百事不顺。

译文

沅弟左右：

接到李少帅的信，知道春霆因弟弟复奏的片子，说省三是与任逆接仗，霆军是与赖逆交锋，大为不平，自奏伤病一起发作，请开缺调理。又以信告诉少帅，说弟弟自占地步。弟弟处于这种百事不顺的时候，又遭遇这种与好朋友闹矛盾的事，想你心绪更加难堪。但事已如此，也只有逆来顺受了，仍然不外是悔、硬两字罢了。

朱子常说："悔字如春天，万物蕴藏、积蓄的生机开始生发；吉字如夏天，

◎ **朱熹（1130—1200）**

南宋著名的理学家、思想家、哲学家、教育家、天文学家、诗人、闽学派的代表人物。字元晦，一字仲晦，号晦庵、晦翁、考亭先生、云谷老人、沧洲病叟、逆翁。南宋江南东路徽州府婺源县（今江西省婺源）人。世称朱子，是孔子、孟子以来最杰出的弘扬儒学的大师。

万物茂盛已极；吝字如秋天，万物开始败落；凶字如冬天，万物开始凋谢。”又常用元字配春天，享字配夏天，利字配秋天，贞字配冬天。为兄以为，贞字就是硬字。弟弟处在艰危的时候，如果能够以硬字诀效法冬天潜藏的德行，以悔字开启春天的生机，也许可以挽回一二吧。

听说左帅近来也很谦慎。他在汉口情形如何？弟弟知道大致情况不？申夫的阅历极深，如果遇到危险，可和他深淡。他最值得称道的地方，是能在恶风骇浪之中把好舵、领好航，在司道人员中是不可多得的人才。

同治六年三月初二日

36

男国藩跪禀：

父母亲大人万福金安。

正月十七日发第二号家信，不知已收到否？男身体平安，男妇亦如常。

九弟之病，自正月十六日后，日见强旺。二月一日开荤，现已全复元矣。二月以来，日日习字，甚有长进。男亦常习小楷，以为明年考差之具，近来改临智永《千字文》贴，不复临颜、柳二家帖，以不合时宜故也。孙男身体甚好，每日佻达[①]欢呼，曾无歇息。孙女亦好。

浙江之事，闻于正月底交战，仍尔不胜。去岁所失宁波府城，定海、镇海二县城尚未收复。英夷滋扰以来，皆汉奸助之为虐。此辈食毛践土，丧尽天良，不知何日罪恶贯盈，始得聚而歼灭。

湖北崇阳县逆贼钟人杰为乱，攻占崇阳、通城二县。裕制军即日扑灭，将钟人杰及逆党槛送京师正法，余孽俱已搜尽。钟逆倡乱不及一月，党羽姻属，皆伏天诛。

黄河去年决口，昨已合拢，大功告成矣。

九弟前病中思归，近因难觅好伴，且闻道上有虞，是以不复作归计。弟自病好后，亦安心不甚思家。李碧峰在寓住三月，现已找得馆地，在唐同年、李杜家教书，每月俸金二两，月费一千。男于二月初配丸药一料，重三斤，约计费钱六千文。

男等在京谨慎，望父母亲大人放心。

男谨禀。

道光二十二年二月二十四日

注释

①佻达：佻皮，戏闹。

译文

儿子国藩跪禀：

父母亲大人万福金安。

正月十七日所发出第二号家信，不知家中是否已收到？儿最近身体平安，并无大碍，妻儿也都健康如常，安然无事。

九弟的病，自正月十六日后，一天天好起来。二月一日起开始吃荤，现已全部复元。二月以来，九弟天天学习写字，且有所长进。儿子也常习小楷，作为明年考核的工具。近来改为临摹智永的《千字文》帖，因为不合时宜的缘故，不再临摹颜真卿、柳公权两人字帖了。孙儿身体很好，每天戏闹欢呼，孙女也很好。

浙江方面，听说在正月底与英人交战，但仍旧没有取胜。去年失守的宁波府城，定海、镇海两县城还没有收复。英国人滋扰以来，那帮汉奸助纣为虐，英夷才如此轻易得逞。这些汉奸辱没良心，丧尽天良，不知要到哪天罪恶贯盈，才得以一起把他们歼灭！

湖北崇阳县逆贼钟人杰作乱，攻占崇阳、通城两县。所幸裕制军很快就将其消灭，将钟人杰及逆党关进囚车，押送京城正法，其余孽也被一网打尽。钟逆倡乱不到一个月，党羽姻属，都受到天诛。

黄河去年决口，昨已合拢，大功告成。

九弟前一阵病时想回家，近来因为找不到合适伙伴，并且听说路上不太平，所以已不准备回家了。弟弟自从病好之后，心意逐渐安定，也不甚想家了。李碧峰在家住了三个月，现在已经找到教书的馆地，在唐同年、李杜家教书，每个月俸金二两，月费一千。儿子为治疗旧疾在二月初配丸药一料，重三斤，大约花了六千文钱。

儿子等在京城谨慎从事，望父母亲大人放心。

儿子谨禀。

道光二十二年二月二十四日

37

男国藩跪禀：

父母亲大人万福金安。三月初，奉大人正月十二日手谕，具悉一切。又知附有布匹腊肉等，在黄弗卿处，第不知黄氏兄弟何日进京，又不知家中系专人送至省城，抑托人顺带也。

男在京身体如常，男妇亦清吉。九弟体已复元。前二月间，因其初愈，每日只令写字养神。三月以来，仍理旧业，依去年功课。未服补剂，男分丸药六两与他吃，因年少不敢峻补[①]。孙男女皆好，拟于三月间点牛痘。此间牛痘局，系广东京官请名医设局积德，不索一钱，万无一失。

男近来每日习字，不多看书。同年邀为试帖诗课，十日内作诗五首，用白折写好公评，以为明年考差之具。又吴子序同年，有两弟在男处附课看文；又金台书院每月月课，男亦代人作文，因久荒制艺，不得不略为温习。

此刻光景已窘，幸每月可收公项房钱十五千外，些微挪借，即可过度。京城银钱，此外间究为活动。家中去年澈底澄清，余债无多，此真可喜！

蕙妹仅存钱四百千，以二百在新窑食租，不知住何人屋，负薪汲水又靠何人？率五又文弱，何能习劳？后有家信，望将惠妹家事，琐细详书，余容后呈。男谨禀。

道光二十二年三月十一日

注释

①峻补：猛补，大补。

译文

儿子国藩跪着禀告：

父母亲大人万福金安。三月初，奉大人正月十二日手谕，知道一切。又知道附来布匹、腊肉等，在黄弗卿处，但不知道黄氏兄弟何时进京，又不知道家里是专人送到省城的，还是托人顺带？

儿子在京城身体如常，儿媳妇也很精神。九弟身体已复元。前二月间，因他是初愈，每天只叫他写字养神。三月以来，仍然做原来的事业，继续去年功课。没有吃补药，儿子分了六两丸药给他吃，因年纪轻，不敢大补。孙儿孙女都好，准备在三月间点牛痘。这里的牛痘局，是广东京官请有名的医生设局积德的，不收钱，万无一失。

儿子近来每天习字，不多看书。同年邀为试帖诗课，十天内作诗五首，用白折写好公评，以为明年考差之具。又吴子序同年，有两个弟弟在儿子处附课看文；又金台书院每月月课，儿子也代人作文，因为制艺荒废久了，不得不略为温习。

眼下手头很窘迫，幸亏每月除可收公项房钱十五千外，再挪借一点点，就可以度过。京城银钱，是外边活动用的。家中去年彻底澄清，余债不多，这真可喜。

蕙妹仅仅存钱四百千，又拿二百在新窖租房吃饭，不知住的何人的屋，担柴挑水又靠何人？率五身体又文弱，哪能习惯劳动？以后有家信，希望把她的家事，琐琐细细，详细写上。其余的容以后再呈禀。儿子谨禀。

道光二十二年三月十一日

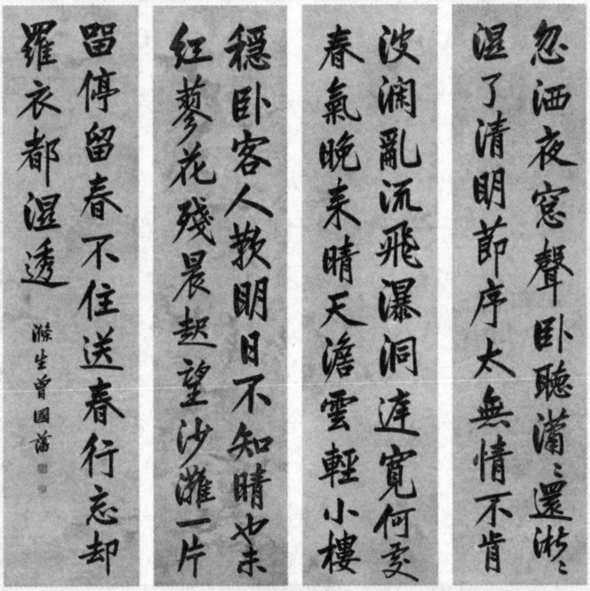

◎ 曾国藩书法

38

男国藩跪禀：

父母亲大人万福金安。六月廿八日，接到家书，系三月廿四日所发，知十九日四弟得生子，男等合室相庆！四妹生产虽难，然血晕亦是常事；且此次既能保全，则下次较为容易。男未得信时，常以为虑，既得此信，如释重负。

六月底，我县有人来京捐官，言四月县考时，渠在城内，并在彭兴岐、丁信风两处面晤四弟、六弟，知案首是吴定五。男十三年前，在陈氏宗祠读书，定五才发蒙人起讲，在杨畏斋处受业。来年闻吴春岗说定五甚为发奋，今果得志，可渭成就甚速。其余前十名及每场题目，渠已忘记，后有信来，乞四弟写出。

四弟、六弟考运不好，不必挂怀。俗语云："不怕进得迟，只要中得快。"从前邵丹畦前辈，四十二岁入学，五十二岁作学政。现任广西藩台汪朗，渠于道光十二年入学，十三年点状元。阮姜台前辈，于乾隆五十三年，县府试头场皆未取，即于是年入学中举；五十四年点翰林，五十五年留馆；五十六年大考第一，比放浙江学政；五十九年升浙之出抚。些小得失不足患，特患业之不精耳。两弟场中文若得意[①]，可将原卷领出寄京；若不得意，不寄可也。

男辈在京平安，纪泽兄妹二人，体甚结实，皮色亦黑。逆夷在江苏滋扰，于六月十一日攻陷镇江，有大船数十只，在大江游弋。江宁、扬州二府，颇可危虑。然而，天不降灾，圣人在上，故京师人心镇定。同乡王翰城告假出京，男与陈岱云亦拟送家眷南旋，与郑苇田、王翰城四家同队出京。男与陈家，本于六月底定计，后于七月初一请人扶乩，似可不必轻举妄动，是以中止。现在男与陈家，仍不送家眷回南也。

正月间，俞岱青先生出京，男寄有鹿脯一方，托找彭山屺转寄，俞后托谢吉人转寄，不知到否。又四月托李丙冈寄银寄笔，托曹西垣寄参并交陈季牧处，不知到否。前父亲教男养须之法，男仅留上

唇须，不能用水浸透，色黄者多，黑者少，下唇拟待三十六岁始留。男屡接家信，嫌其不详，嗣后更愿详示。

男谨禀。

道光二十二年六月初十日

注释

①得意：满意。

译文

儿子国藩跪着禀告：

父母亲大人万福金安。六月二十八日，接到家信，是三月二十四日发的，知道十九日四弟生了儿子，儿子等全家表示庆贺！四妹生产虽难，但血晕也是常事；并且这次能保无事，下次便容易些了。儿子没有收到来信时，常为此忧虑，现在得了这封信，如释重负。

六月底，我县有人来京城捐官，说四月县考时，他在城里，并且在彭兴歧、丁信风两处见了四弟和六弟，知道案首是吴定五。儿子十三年前，在陈氏宗祠读书，定五才发蒙读书，在杨畏斋那里学习。来年听吴春岗说定五很发奋，今天果然得志，可说成就取得得很快。其余前十名及每场题目，他已忘记，以后来信，请四弟写出。

四弟和六弟考运不好，不必放在心上。俗话说："不怕进得迟，只要中得快。"从前邵丹畦前辈，四十二岁入学，五十二岁作学政。现任广西藩台汪朗，他在道光十二年入学，十三年点状元。阮姜台前辈，在乾隆五十三年，县府试头场都没有被录取，但就在当年入学中举；五十四年点翰林，五十五年留馆；五十六年大考第一，放任浙江学政；五十九年升浙江巡抚。小小得失不足为惧，只怕学业不精。两位弟弟如果对考场中做的文章感到满意，可把原卷领出来寄至京城；如果不满意，就不寄了。

儿子等在京平安，纪泽兄妹二人，身体结实，肤色稍黑。洋人在江苏滋扰，于六月十一日攻陷镇江，有大船几十只，在长江中游弋。江宁、扬州两府，很是危急。然而，天不降灾，圣人在上，所以人心安定。同乡王翰城告假出京，儿子和陈岱云也准备送家眷回南方，与郑苇田、王翰城四家同队出京。儿子与陈家，本在六月底计划好了，后在七月初一请人扶乩，似可不必轻举妄动，因此中止了。现在儿子与陈家，还不准备送家眷回南方。

正月间，俞岱青先生出京，儿子寄有鹿脯一块，托彭山屺转寄，后来托谢吉人转寄，不知收到没有。四月间又托李丙冈代寄银钱、毛笔，还托曹西垣代寄人参并交到陈季牧那里，不知收到没有。以前父亲教儿子养须的方法，儿子只留上唇须，不能用水浸透，黄色的多，黑色的少，下唇准备等三十六岁开始留。儿子多次接到家信，都嫌写得不详细，以后希望详细训示。

儿子谨禀。

道光二十二年六月初十日

39

四位老弟足下：

九弟行程，计此时可以到家。自任邱发信之后，至今未接到第二封信，不胜悬悬！不知道上有甚艰险否？四弟、六弟院试，计此时应有信，而折差久不见来，实深悬望！

予身体较九弟在京时一样，总以耳鸣为苦。问之吴竹如，云："只有静养一法，非药物所能为力。"而应酬日繁，予又素性浮躁，何能著实静养？疑搬进内城住，可省一半无谓之往还，现在尚未找得。予时时日悔，终未能洗涤自新。九弟归去之后，予定刚日读经、柔日读史之法。读经常懒散不沈著。读《后汉书》，现已丹笔点过八本，虽全不记忆，而较之去年读《前汉书》领会较深。

吴竹如近日往来极密。来则作竟日谈，所言皆身心国家[1]大道理。渠言有窦兰泉者塄，云南人，见道极精当平实。窦亦深知予者，彼此现未拜往。竹如必要予搬进城住，盖城内镜海先生可以师事，倭艮峰先生、窦兰泉可以友事，师友夹待，虽懦夫亦有立志。予思朱子言："为学譬如熬肉，先须用猛火煮，然后用漫火温。"予生平工夫，全未用猛火煮过。虽有见识，乃是从悟境得来，偶用工亦不过优游玩索[2]已耳。如未沸之汤，遽用慢火温之，将愈煮愈不熟也。以是急思搬进城内，屏除一切，从事于克己之学。

镜海、艮峰两先生，赤劝我急搬。而城外朋友，予亦有思常见都数人，如邵蕙西、吴子序、何子贞、陈岱云是也。蕙西常言与周公谨交，如饮醇醪[3]。我两个颇有此风味，故每见辄长谈不舍。子序之为人，予至今不能定其品，然识见最大且精，尝教我云："用功譬若掘井，与其多掘数井，而皆不及泉，何若老衬一井，力求及泉而用之不竭乎。"广此语正与予病相合，盖予所谓掘井而皆不及泉者且。

何子贞与予讲字极相合，谓我真知大源，断不可暴弃。予尝谓天下万事万理，皆出于乾坤二卦。即以作字论之，纯以神行，大气鼓荡，脉络周通，潜心内传，此乾道也；结构精巧，向背有法，修短合度，

乾为天　乾下乾上

◎ 乾卦

坤为地　坤上坤下

◎ 坤卦

此坤道也。凡乾以神气言，凡坤以形质言。礼乐不可斯须[4]去身，即此道也。乐本于乾，礼本于坤。作字而优游自得，真力弥满者，即乐之意也；丝丝入扣，转折合法者，即礼之意也。偶与子贞言及此，子贞深以为然，谓渠生平得力，尽于此矣。

陈岱云与吾处处痛痒相关，此九弟所知者也。写至此，接得家书，知四弟、六弟未得入学，怅怅！然科名有无迟早，总由前定，丝毫不能勉强。吾辈读书，只有两事：一者进德之事，讲求乎诚正修齐[5]之道，以图无忝[6]所生；一者修业之事，操习乎记诵词章之术，以图自卫其身。

进德之身，难于尽言。至于修业以卫身，吾请言之。卫身莫大如谋食。农、工商劳力，以求食者也。士劳心，以求食者也。故或食禄于朝，教授于乡，或为传食之客[7]，或为入幕之宾[8]，皆须计其所业，足以得食而无愧。科名[9]，食禄之阶也，亦须计吾所业，将来不至尸位素餐[10]，而后得科名而无愧。食之得不得，穷通由天作主，予夺由人作主，业之精不精，由我作主。

然吾未见业果精而终不得食者也。农果力耕，虽有饥馑，必有丰年；商果积货，虽有雍滞，必有通时；士果能精其业，安见其终不得科名哉？即终不得科名，又岂无他途可以求食者哉？然则特患业之不精耳。求业之精，别无他法，曰专而已矣。谚曰："艺多不养身，谓不专也。"吾掘井多而无泉可饮，不专之咎也！

诸弟总须力图专业，如九弟志在习字，亦不尽废他业，但每日习字工夫，不可不提起精神。随时随事，皆可触悟。四弟、六弟，吾不知其心有专嗜[11]否。若志在穷经[12]，则须专守一经；志在作制义[13]，则须专看一家文稿；志在作古文，则须专看一家文集。作各体诗亦然，作试帖亦然，万不可以兼营并骛[14]，兼营则必一无所能矣。切嘱切嘱！千万千万！

此后写信来，诸弟备有专守之业，务须写明，且须详问极言，长篇累牍，使我读其手书，即可知其志向识见。凡专一业之人，必有心得，亦必有疑义。诸弟有心得，可以告我共赏之；有疑义，可以告我共析之。且书信既详，则四千里外之兄弟，不啻[15]晤言一室，乐何如乎？

予生平伦常中，惟兄弟一伦，抱愧尤深！盖父亲以其所知者，尽以教我，而吾不能以吾所知者，尽教诸弟，是不孝之大者也！九弟在京年余，进益无多，每一念及，无地自容。嗣后我写诸弟信，总用此格纸，弟宜存留，每年装订成册，其中好处，万不可忽略看过。诸弟写信寄我，亦须用一色格纸，以便装订。兄国藩手具。

道光二十二年九月十八日

注释

①身心国家：有关个人和国家之事。

②玩索：玩味索求。

③醇醪：醇香可口的酒酿。

④斯须：些许时间。

⑤诚正修齐：诚意、正心、修身、齐家。

⑥无忝：无辱。

⑦传食之客：即名士官宦所养之食客。

⑧入幕之宾：指居高官显爵之位者的幕僚宾客。

⑨科名：通过科举考试而获取功名。

⑩尸位素餐：徒居其位，不谋其事。

⑪专嗜：专门的嗜好。

⑫穷经：研习所有儒家经典著作。

⑬制义：为应付科举考试而作的八股文章。

⑭并骛：同时兼顾，此词有贬义。

⑮不啻：不止，不但，不异于。

译文

四位老弟足下：

根据九弟的行程，预计他现在可以到家。自从在任邱发信之后，至今没有接到第二封信，不胜挂念！不知道路上是不是有什么艰难险阻。四弟、六弟院试，预计现在应该有结果了，但折差许久也不见来，实在叫人望眼欲穿！

我身体和六弟在京时一样，总以耳鸣为苦。问了吴竹如，他说："只有静养，不是药物所能治愈的。"而应酬一天天繁多，我又从来性子浮躁，哪里能实实在在地静养？我准备搬到内城住，可以省一半往返路程，现在房子还没有找到。我时刻悔恨，终没有能够洗涤自新。九弟回去以后，我决定双日读经，单日读史。读经常常懒散，不沉着。读《后汉书》，已用朱笔点过八本，虽说都不记得，而比去年读《前汉书》领会要深刻些。

我与吴竹如近日往来很多。来了便要谈整天话，说的都是身心健康、国家大事。他说有个叫窦垿的先生，字兰泉，云南人，悟道非常精当平实。窦对我也很了解，彼此之间还没有拜访过。竹如一定要我搬进城里住，因为住城里可以镜海先生为师，与倭艮峰先生和窦兰泉先生为友，师友两方扶持，就是一个懦夫也能立志。我想朱子说过："做学问好比熬肉，先要用猛火煮，然后用慢火温。"我生平的功夫，全没用猛火煮过。虽然有些见识，是从悟境中得到的，偶尔用功也不过优游玩索罢了。好比没有煮熟的汤，马上用温火温，越温越不热。因此，我急于搬进城里去，排除一切杂念，从事于"克己复礼"的学问。

镜海、艮峰两先生，也劝我快搬。城外的朋友，也有想常常见面的几个人，如邵蕙西、吴子序、何子贞、陈岱云等。蕙西常说与周公谨交朋友，如喝醇酒一样醉人。我们两人都有这种感觉，所以每次见面就长谈，舍不得分手。子序的为人，我至今不能定他的品位，但他的见识却是博大精深的，曾教我说："用功好比挖井，与其挖好几口井而看不见泉水，不如老挖一口井，直到挖到泉水，那就取之不尽，用之不竭了。"这几句话正切合我的毛病，因为我就是一个挖井而不见泉水的人啊。

何子贞与我讨论书法非常相合，说我真的懂得书法的诀窍，绝不可自暴自弃。我常常说天下万事万理，都同于乾坤二字。就以书法来说，纯粹用神韵去写，周身大气鼓荡，脉络周通，潜心内转，这就是乾的道理；结构精巧，向背有法，修短合度，这就是坤的道理。乾，从神韵而言；坤，从形体而论。礼乐不可有一时离身，也是这道理。乐，本于乾；礼，本于坤。写字而优游自得，真力弥满，就是乐的意味了；丝丝入扣，转折合法，就是礼的意味了。偶尔与子贞谈到这些，子贞觉得很对，说他生平得力，全因这些了。

陈岱云与我处处痛痒相关，这是九弟知道的。写到这里，接到家信，知道四弟、六弟还没有取得入学资格，很遗憾！但是科名的有或没有，早或迟，总是生前注定的，一点也不能勉强。我们读书，只有两件事：一是进德，讲求诚意、正心、修身、齐家的道理，以做到不负一生；一是修业，操习记诵词章的技巧，以做到自立自卫。

进德的事，难以尽言。至于以修业来实现卫身，我倒可以说一说。卫身没有比谋生更大的事了。农、工劳力，是谋生；士人劳心，也是谋生。所以说，或者在朝廷当官拿俸禄，或者在家乡教书以糊口，或者做传传达达的事当食客，或者参加人家的府幕做宾客，都是用自己所修的业谋生，无愧于心。科名，是当官拿俸禄的阶梯，也要衡量自己学业如何，将来不至于成为一个混饭吃的庸官。这样，今后中举才无愧于心。谋生谋得或谋不得，穷通由天作主，予夺由人作主，业精不精，由自己作主。

然而我没有见过业精却谋不到生的。农夫如果努力耕种，虽然会有饥荒，但一定有丰岁；商人如果积藏了货物，虽然会有积压，但一定会有畅销的时候；读书人如果能精通学业，那怎见得他不会有科名呢？就是最后得不到科名，又怎见得不会有其他谋生的途径呢？因此说，只怕业不精。要求业精，没有别的办法，只有专一罢了。谚语说："技艺多了不能够养身，就是说不专一。"我挖井多而没有泉水可饮，是不专的过错。

各位弟弟要力求专业，如果九弟志在书法，虽没有必要废弃其他，但每天写字时一定得提起精神。任何时候，任何事情，都可以触动灵感。四弟、六弟，我不知道他们心里有特别的爱好没有。如果志向在经书，那么应该专门研究一种经典；如果志向在制艺，那么应该专门研究一家的文稿；如果志向在作古文，那么应该专门看一家文集。作各种体裁的诗也一样，作试帖也一样，万万不可以兼营并骛，样样去学一定一无所长。切嘱切嘱！千万千万！

以后写信来，各位弟弟专攻的学业，务必写明，并且要详细提出问题，详述自己的心得，长篇累牍地写来最好，这样我读了之后，就可以知道你们的志趣和见识。凡钻研一门学问的人，一定会有心得，也一定有疑问。弟弟们有心得，不妨告诉我，我们可以一起欣赏；有疑问，也不妨告诉我，我们可以一起来分析。如果书信写得详细，那么，就算我们兄弟相距四千里，感觉也会好像在一间房里谈话一样，那是何等快乐的事啊！

我生平对于伦常之情中，只有兄弟这一伦情分，愧疚太深。因为父亲所知道的，都尽力教我了，而我不能以我所知道的，尽教弟弟们，是大不孝！九弟在京城一年多，没有什么进步，每一想起，真是无地自容。以后我给弟弟写信，总用这种格子的纸，弟弟们要留着，每年订成一册，其中的好处，万不可以随便看看就算了。弟弟们写信寄我，也要用一色格子纸，以便我装订。兄国藩手具。

道光二十二年九月十八日

40

诸位贤弟足下：

十一月前八日，已将日课抄与弟阅，嗣后每次家书，可抄三叶付回。日课本皆楷书，一笔不苟，惜抄回不能作楷书耳。

冯树堂时攻最猛，余亦教之如弟，知无不言。可惜弟不能在京，在树堂日日切磋，余无日无刻不太息也！九弟在京年半，余懒散不努力，九弟去后，余乃稍能立志，盖余实负九弟矣！

余尝语岱云曰："余欲尽孝道，更无他事。我能教诸弟进德业一分，则我之孝有一分；能教诸弟进十分，则我之孝有十分。右作不能教弟成名，则我大不孝矣！"九弟之无所进，是我之大不孝也！惟愿诸弟发奋立志，念念有恒，以补我不孝不罪，幸甚幸甚！

岱云与易五近亦有日课册，惜其讥不甚超亘，余虽日日与之谈论，渠究不能悉心领会，颇疑我言太夸。然岱云近汲勤奋，将来必有所成。何子敬近待我甚好，常彼此作诗唱和。盖因其兄钦佩我诗，且谈字最相合，故子敬亦改容加礼。

子贞现临隶字，每日临七八页，今年已千页矣。近又考订《汉书》之伪，每日手不释卷。盖子贞之学，长于五事：一曰《仪礼》精，二曰《汉书》熟，三曰《说文》精，四曰各体诗好，五曰字好。此五事者，渠意皆欲有所传于后少。以余观之，此二者，余不甚精，不知浅深究竟如何，若字则必传千古无疑矣。诗亦远出时手之上，必能卓然成家。近日京城诗家颇少，故余亦欲多做几首。

金竺虔在小珊家住，颇有面善心非之隙。唐诗甫亦与小珊有隙，余现仍与小珊来往，泯然无嫌[①]，但心中不甚惬洽[②]耳。黄子寿处本日去看他，工夫甚长进，古文有才华，好买书，东翻西阅，涉猎颇多，心中已有许多古董。

何世兄亦甚好，沈潜之至，天分不高，将来必有所成。吴竹如近日未出城，余亦未去，盖每见则耽搁一大也。其世兄亦极沈潜，言动中礼，现在亦学倭艮峰先生。吾观何、吴两世兄之资质，与诸弟相等，远不及周受珊、黄子寿，而将来成就，何、吴必更切实。此其故，诸弟能直书自知之，愿诸弟勉之而已。此数子者，皆后起不凡之人才也，安得诸弟与之联镳并驾，则余之大幸也！

季仙九先生到京服阕③，待我甚好，有青眼相看之意。同年会课，近皆懒散，而十日一会如故。余今年过年，尚须借银百五十金，以五十还杜家，以百金用。李石梧到京，交出长郡馆公费，即在公项借用，免出外开口更好，不然，则尚须张罗也。

门上陈升，一言不合而去。故余作《傲奴诗》。现换一周升作门上，颇好。余读《易》旅卦丧其童仆，象曰："以旅与下，其义丧也。"解之者曰："以旅与下者，谓视童仆如旅人，刻薄寡恩，漠然无情，则童仆将视主如逆旅矣。"余待下虽不刻薄，而颇有视如逆旅之意，故人不尽忠。以后余当视之如家人手足也，分虽严明，而情贵周通。贤弟待人，亦宜知之。

余每闻折差到，辄望家信，不知能设法多寄几次否？若寄信，则诸弟必须详写日记数天，幸甚！余写信亦不必代诸弟多立课程，盖恐多看则生厌，故但将余近日实在光景写示而已。伏维诸弟细察。

道光二十二年十一月十六日

注释

①泯然无嫌：指表面上没有嫌隙。

②不甚惬洽：指不太乐意和融洽。惬，惬意。

③阕：止，止息，此处指期满。

译文

诸位贤弟足下：

十一月前八日，我已把日课抄给你们看了，以后每次写信，可抄三页寄回给我。我的日课都用楷体，一笔不苟，可惜寄回的抄本不能用楷体了。

冯树堂进步最快，我教他和教弟弟一样，知无不言。可惜九弟不能在这里与树堂天天切磋学问，我无日无刻不叹息！九弟在京城一年半，我懒散不努力；九弟离去后，我才稍微能够立志。所以，我实在太对不起九弟了！

我常对岱云说："我想尽孝道，除此没有别的事更重要。我能够教育弟弟们进德修业一分，那我就是尽孝一分；能够教育弟弟们进步十分，那我真是尽孝十分。如果完全不能教弟弟们成名，那我是大大的不孝了。”九弟之所以没有长进，是我的大不孝！只望弟弟们发奋立志，念念有恒，以弥补我的不孝之罪，那我就很幸运了！

岱云和易五，近来也有日课册，可惜他们的见识不够超越，我虽天天和他们谈论，他们却不能一一领悟，还怀疑我所说的太夸张了。但岱云近来很勤奋，将来一定有成就。何子敬近来对我很好，常常彼此作诗相唱和。这是因为他兄长饮佩我的诗，并且论书法最相合，所以子敬也改变态度，优礼有加。

子贞现在临的是隶书，每天临七八页，今年已临了千页了。近来又考订《汉书》之伪，每天手不释卷。子贞的学问，有五个方面见长：一是《仪礼》精通，二是《汉书》熟悉，三是《说文》精湛，四是各种体裁的诗都写得好，五是书法好。这五个方面的成就，他的想法是都要能传于后世。在我看来，前面两个方面，我不精，不知深浅如何，如果说到书法，那是必定可传千古的了。他的诗，也远远超过了同一时的诗人，一定可以卓然成家。近来京城诗家很少，所以我也想多写几首。

金竺虔在小珊家住，两人有嫌隙，面和心不和。唐诗甫也和小珊有嫌隙。我现在仍旧与小珊往来，表面上没有嫌隙，但心里不太乐意和融洽。我今天去看了黄子寿，他很长进，古文有才华，喜欢买书，东翻翻，西看看，涉猎很广，心里的古董货收藏了不少。

何世兄也甚好，很是沉着潜静，虽然天分不高，但将来一定有成就。吴竹如近日没有出城，我也没有去，因为见一次面便耽搁一天时光。他的世兄也很沉着潜静，言行合乎礼节，现在也以倭艮峰先生为师。我看何、吴两世兄的资质，和弟弟们不相上下，远不及周受珊、黄子寿，而将来成就，何、吴一定更切实些。因为这个缘故，弟弟们自然知道我的意思，希望弟弟们勉励自己。这几位，都是后起的不平凡人才，如果弟弟们能够与他们并驾齐驱，那是我的大幸！

季仙九先生到京，丧服满期，对我很好，似乎很欣赏我。同年会课，近来都懒散了，但十天一会还是维持了下来。我今年过年，还要借一百五十两银子，其中五十两还杜家，另一百两自己用。李石梧到北京，交出长郡馆公费，就在这公费中借用，免得向外面开口，不然的话，又要张罗一番。

门上陈升，因为一言不合，拂袖而去。所以我做了一道《傲奴诗》。现在换了周升作门上，比较好。我读《易》旅卦丧其童仆，象曰 :“以旅与下，其义丧也。”解释的人说 :“以旅与下是说把童仆看作路人，刻薄寡恩，漠然无情，那么童仆也把主人看作路人了。”我对待下人虽说不刻薄，但也看得如路人，所以他就不尽忠报效。今后我要把下人当作自己家里人一样，与他亲如手足，办事虽要求严格明白，而感情上还是以沟通为贵。贤弟对待别人，也要知道这个道理。

我每听到通信兵到，便望有家信，不知能不能设法多寄几封。如果寄信，那弟弟们必须详细地写几天日记，幸甚！我写信也不必代你们多立课程，恐怕多了产生厌烦心理，所以只写近日实在情形罢了。望弟弟们细看。

道光二十二年十一月十六日

41

诸位贤弟足下：

十一月十七寄第三号信，想已收到。父亲到县纳漕，诸弟何不寄一信，交县城转寄省城也？以后遇有便，即须寄信，切要切要。

九弟到家，遍走各亲戚家，必各有一番景况，何不详以音我？

四妹小产，以后生育颇难，然此事最大，断不可以人力勉强。劝渠家只须听其自然，不可过于矜持。又闻四妹起最晏[①]，往往其姑[②]反服侍她。此反常之事，最足折福，天下未有不孝之妇而可得好处者，诸弟必须时劝导之，晓之以大义。

诸弟在家读书，不审每日如何用功。余自十月初一立志自新以来，虽懒惰如故，而每日楷书写日记，每日读史十页，每日记茶余偶谈一则，此三事，未尝一日间断。十月二十一日誓永戒吃水烟，洎[③]今已两月不吃烟，已习惯成自然矣。予自立课程甚多，惟记茶余偶谈，读史十页，写日记楷本，此三事者誓终身不间断也。诸弟每人自立课程，必须有日日不断之功，虽行船走路，俱须带在身边。予除此三事外，他课程不必能有成；而此三事者，将终身行之。

前立志作曾氏家训一部，曾与九弟详细道及。后因采择经史，若非经史烂熟胸中，则割裂零碎，毫无线索；至于采择诸子各家之言，尤为浩繁，虽抄数百卷犹不能尽收。然后知古人作《大学衍义》、《衍义补》诸书，乃胸中自有条例，自有议论，而随便引书以证明之，非翻书而遍抄之也。然后知著书之难，故暂且不作曾氏家训。若将来胸中道理愈多，议论愈贯串，仍当为之。

现在朋友愈多。讲躬行心得者，则有镜海先生、艮峰前辈、吴竹如、窦兰泉、冯树堂；穷经知道者，则有吴子序、邵蕙西；讲诗、文字、而艺通于道者，则有何子贞；才气奔放，则有汤海秋；英气逼人，志大神静，则有黄子寿。又有王少鹤（名锡振，广西主事，年二十七岁，张筱浦之妹夫）、朱廉甫（名琦，广西乙未翰林）、吴莘畬（名尚志，广东人，吴抚台之世兄）、庞作人（名文寿，浙江人），此四君者，皆闻予名而先来拜。虽所造有浅深，要皆有志之士，不甘居于庸碌者也。

京师为人文渊薮[④]，不求则无之，愈求则愈出。近来闻好友甚多，予不欲先去拜别人，恐徒标榜虚声。盖求友以匡己之不逮，此大益也；标榜以盗虚名，是大损也。天下有益之事，即有足损者寓乎其中，不可不辨。

黄子寿近作《选将论》一篇，共六千余字，真奇才也。子寿戊戌年始作破题，而六年之中遂成大学问，此天分独绝，万不可学而至。诸弟不必反而惊之，予不愿诸弟学他，但愿诸弟学吴世兄、何世兄。吴竹如之世兄现亦学艮峰先生写日记，言有矩，动有法，其静气实实可爱。何子贞之世兄，每日自朝至夕总是温书，三百六十日，除作诗文时，无一刻不温书，真可谓有恒者矣。故予从前限功课教诸弟，近来写信寄弟，从不另开课程，但教诸弟有恒而已。

盖士人读书，第一要有志，第二要有识，第三要有恒。有志则断不敢为下流；有识则知学问无尽，不敢以一得自足，如河伯之观海，如井蛙之窥天，皆无识也；有恒则断无不成之事。此三者缺一不可。诸弟此时，惟有识不可以骤几[⑤]，至于有志、有恒则诸弟勉之而已。

予身体甚弱，不能苦思，苦思则头晕，不耐久坐，久坐则倦乏，时时属望惟诸弟而已。

明年正月恭逢祖父大人七十大寿，京城以进十为正庆。予本拟在戏园设寿筵，窦兰泉及艮峰先生劝止之，故不复张筵。盖京城张筵唱戏，名为庆寿，实则打把戏。兰泉之劝止，正以此故。现在作寿屏两架：一架淳化笺四大幅，系何子贞撰文并书，字有茶碗口大；一架冷金笺八小幅，系吴子序撰文，予自书。淳化笺系内府用纸，纸厚如钱，光彩耀目，寻常琉璃厂无有也。昨日偶有之，因买四张。子贞字甚古雅，惜太大，万不能寄回。奈何奈何！

侄儿甲三体日胖而颇蠢，夜间小解自报，不至于湿床褥。女儿体好，最易扶携，全不劳大人费心力。

今年冬间，贺耦庚先生寄三十金，李双圃先生寄二十金，其余尚有小进项，汤海秋又自言借百金与我用，计还清兰溪、寄云外，尚可宽裕过年。统计今年，除借会馆房钱外，仅借百五十金。岱云则略多些。岱云言在京已该账九百余金，家中亦有此数，将来正不易还。寒士出身，

不知何日是了也！我在京该账尚不过四百金，然苟不得差，则日见日紧矣。

书不能尽言，惟诸弟鉴察。

兄国藩手草。

道光二十二年十二月廿日

注释

①晏：迟，晚。

②姑：此处指婆母。

③洎：到。

④渊薮：人或事物聚集的地方。

⑤骤几：突然接近。

译文

诸位贤弟足下：

十一月十七日所发出的第三号家信，想来家中早已收到了吧。近日父亲到县里交粮，弟弟们为何不趁此机会写一封信，请父亲从县城转寄到省城呢？若以后遇到方便之机，就要尽量抽时间写信寄过来，切记切记。

九弟到家后，一定会去各处拜访亲戚好友，而各家都有各家的不同情况，新鲜事也不会少，为何不写信一一告知我呢？

四妹小产，以后生育很难，此事关系重大，绝不可以人力去勉强。家人要劝四妹听其自然，不可过于固执。又听说四妹起床很迟，往往是他的婆母服侍她。这是最要不得的事情，最容易折去福泽。天下没有不孝的妇女会得好报的，弟弟们务必劝导她，让她通晓大义。

弟弟们在家读书习字，不知道每天用功程度如何。我自十月初一日立志自新以来，虽不时懒惰仍如往日，但每天用楷书写日记，读史书十页，记茶余偶读一则，这三件事丝毫没有间断过。从十月二十一日发誓永远戒掉水烟算起，至今已经两个月了，已经习惯成自然了。我个人所立之志甚多，只有记茶余偶谈、读史十页、用楷书写日记这三件事，发誓终生坚持。

弟弟们也该每天自定几件事，并坚持不懈去做，必须天天不间断地去努力，即使行船走路，也要随身携带。我除这三件事以外，其他事情未必求其有成；而这三件终生实行，定受益匪浅。

以前我说过立志写一部曾氏家训，曾经与九弟也详细说过。后来因为采择经史，如果不是经史烂熟胸中，反而会割裂零碎，毫无线索；至于采择诸子各家的言论，工作更为浩繁，虽然抄几百卷，还是不完全。然后才知道古人作《大学衍义》、《衍义补》等书，胸中自有条例，实乃胸有成竹、水到渠成之作，而不是翻书拼凑而来的。从这之后我才知道著书的难，所以暂时不作曾氏家训。将来胸中道理丰富了、议论贯通了再写也为时不晚。

而今我的朋友越来越多了。讲求躬行心得的，有镜海先生、艮峰前辈、吴竹如、窦兰泉、冯树堂；穷经悟道的，有吴子序、邵蕙西，讲诗、文、字而艺通于道的，有何子贞；才气奔放的，则有汤海秋；英气逼人、志大神静的，有黄子寿；还有有王少鹤（名锡振，广西主事，年二十七岁，张筱浦的妹夫）、朱廉甫（名琦，广西乙未翰林）、吴莘畬（名尚志，广东人，吴抚台的世兄）、庞作人（名文寿，浙江人），这四位，都是慕名而来拜访我的。虽说他们的学问深浅各有不同，却都是有志之士，是不甘于庸碌的人物。

京城是人文荟萃之地，人才不去探求便无从发现，越去探求就会发现越多。近来听说可交的朋友很多，但我并不打算主动拜访别人，只怕那对学问无益，反而会落个自我标榜的虚名。访求朋友用以匡正自己的过失，这样是大有益处的；而借此标榜以盗虚名，则是最大的害处。天下有益的事中包含有不益的事，不可不加分辨。

黄子寿近作一篇《选将论》，共六千多字，他真是奇才。黄子寿从戊戌年起才开始学作文之道，而六年之中便获得了如此大学问，他并非常人所能及。弟弟们不必震惊，我不会强制弟弟们学他，但愿弟弟们以吴世兄、何世兄为榜样。吴竹如的世兄现在也学艮峰先生记日记，谈论有规矩，行为有法则，他的静气功夫实在让人心生爱意。何子贞世兄，每天从早到晚总是温书，一年三百六十天，除了作诗文外，无一刻不是在温书，真是有恒心的人。所以我从前限定你们的功课，近来写信从不另开课程，都是警示你们读书做学问要有恒心罢了。

士人读书，第一要有志气，第二要有见识，第三要有恒心。有志气就决不甘居下游；有见识就明白学无止境，就不敢以一方面的成功自我满足，如观海的河伯、窥天的井蛙，都是无知的人；有恒心就绝没有不成功的事。这三个方面，缺一不可。弟弟们现在“有见识”的目标不是一下能达到的，至于有志向、有恒心，弟弟们自勉吧！

我身体很弱，不能苦想，苦想便头昏，不能久坐，久坐便倦乏，只能把一切寄托在诸位兄弟身上。

明年正月，乃祖父大人七十大寿，京城以进十岁为正式庆典。我本准备在戏园设寿筵，而窦兰泉和艮峰先生劝止，所以不准备再摆宴庆祝。因在京城大张旗鼓地设筵唱戏，名义上是为庆寿，实际上是打把戏。兰泉之所以劝止我，就是这个缘故。现在做了寿屏两架：一架是四大幅淳化笺，是何子贞撰文并书，字有茶碗口大；一架是八小福冷金笺，是由吴子序撰文，我自己书写上去的。淳化笺是内府用纸，纸厚如钱币，光彩夺目，平常琉璃厂没有，昨天偶尔有了，因此买了四张。子贞的字很古雅，可惜字体太大，是万不能寄回的，奈何！

你们的侄儿甲三，身体稍胖，显得蠢笨可爱，夜里小便自己已经知道说了，不会再尿床。侄女身体无恙，听话乖巧，大人不用操心。

今年冬天，贺耦庚先生寄来三十两银子，李双圃先生又寄来二十两，再加上其他的一些小进项，汤海秋先生还答应可以暂借百金给我用，如此算来，除了可以还清兰溪、寄云的欠债外，还可宽裕过年。统计下来，今年除借会馆房钱外，其他另多借了一百五十两银子。岱云借得稍微多一些，他说在京已欠帐九百余两，家里也欠了这个数，数额如此巨大将来确实很难还清。贫穷寒士出身的人，这借借还还的日子还不知何日能到尽头！虽然我在京所欠的债务合起来不过四百两银子，不过如果不是谋到一官半职的话，这日子也同样会一日比一日吃紧，越来越难度了。

书不尽言，希望弟弟们鉴察。

兄国藩手草。

道光二十二年十二月二十日

42

诸位老弟足下：

正月十五日接到四弟、六弟、九弟十二月初五日所发家信。四弟之信三叶，语语平实，责我待人不恕，甚为切当。谓月月书信徒以空言责弟辈，却又不能实有好消息，令堂阅兄之书，疑弟辈粗俗庸碌，使弟辈无地可容云云。此数语，兄读之不觉汗下。

我去年曾与九弟闲谈，为人子者，若使父母见得我好些，谓诸兄弟俱不及我，这便是不孝；若使族党[①]称道我好些，谓诸兄弟俱不如我，这便是不弟[②]。何也？盖使父母心中有贤愚之分，使族党口中有贤愚之分，则必其平日有讨好的意思，暗用机计，使自己得好名声，而使其兄弟得坏名声，必其后日之嫌隙由此而生也。刘大爷、刘三爷兄弟皆想做好人，卒至视如仇雠[③]。因刘三爷得好名声于父母族党之间，而刘大爷得坏名声故也。今四弟之所责我者，正是此道理，我所以读之汗下。但愿兄弟五人，各个明白这道理，彼此互相原凉。兄弟得坏名为忧，弟以兄得好名为快。兄不能使弟尽道得令名，是兄之罪；弟不能使兄尽道得令名，是弟之罪。若各各如此存心，则亿万年无纤芥[④]之嫌矣。

至于家塾读书之说，我亦知其甚难，曾与九弟面谈及数十次矣。但四弟前次来书，言欲找馆出外教书。兄意教馆之荒功误事，较之家塾为尤甚。与其出而教馆，不如静坐家塾。若云一出家塾便有明师益友，则我境之所谓明师益友者，我皆知之，且已夙夜熟筹之矣。惟汪觉庵师及阳沧溟先生，是兄意中所信为可师者。然衡阳风俗，只有冬学要紧，自五月以后，师弟皆奉行故事而已。同学之人，类皆庸鄙无志者，又最好讪笑人。（其笑法不一，总之不离乎轻薄而已。四弟若到衡阳去，必以翰林[⑤]之弟相笑，薄俗可恶。）乡间无朋友，实是第一恨事，不恒无益，且大有损。习俗染人，所谓与鲍鱼处，亦与之俱化也。兄尝与九弟道及，谓衡阳不可以读书，涟滨不可以读书，为损友太多故也。

今四弟意必从觉庵师游，则千万听兄嘱咐，但取明师之益，无受损友之损也。接到此信，立即率厚二到觉庵师处受业。其束脩，今年谨具钱十挂，兄于八月准付回，不至累及家中。非不欲人丰，实不能耳。兄所最虑者，同学之人无志嘻游，端节以后放散不事事，恐弟与厚二效尤耳。切戒切戒！凡从师，必久而后可以获益。四弟与季弟今年从觉庵师，若地方相安，则明年仍可以游；若一年换一处，是即无恒者，见异思迁也，欲求长进难矣。

此以上答四弟信之大略也。

六弟之信，乃一篇绝妙古文，排奡[6]似昌黎，拗很似半山[7]。予论古文，总须有倔强不驯之气，愈拗愈深之意。故于太史公[8]外，独取昌黎、半山两家。论诗亦取傲兀不群[9]者，论字亦然。每蓄此意，而不轻谈。近得何子贞，意见极相合，偶谈一二句，两人相视而笑。不知六弟乃生成有此一枝妙笔。往时见弟文，亦无大奇特者。今观此信，然后知吾弟真不羁才也。欢喜无极，欢喜无极！凡兄所有志而力不能为者，吾弟皆可为之矣。

信中言兄与诸君子讲学，恐其渐成朋党[10]。所见甚是。然弟尽可放心。兄最怕标榜，常存暗然尚絅[11]之意，断不至有所谓门户自表者也。信中言四弟浮躁不虚心，亦切中四弟之病。四弟当视为良友药石之言。

信中又有"荒芜已久，甚无纪律"二语，此甚不是。臣子与君亲，但当称扬善美，不可道及过错；但当谕亲于道，不可疵议细节。兄从前常犯此大恶，但尚是腹诽，未曾形之笔墨。如今思之，不孝孰大乎是？常与阳牧云并九弟言及之，以后愿与诸弟痛惩此大罪。六弟接到此信，立即至父亲前磕头，并代我磕头请罪。信中又言："弟之牢骚，非小人之热中，乃志士之惜阴。"读至此，不胜惘然，恨不得生两翅忽飞到家，将老弟劝慰一番，纵谈数日乃快。然向使诸弟已入学，则谣言必谓学院做情。众口铄金[12]，何从辨起！所谓塞翁失马，安知非福。科名迟早，实有前定，虽惜阴念切，正不必以虚名萦怀耳。

来信言《礼记疏》一本半，浩浩茫茫，苦无所得，今已尽弃，不敢复阅，现读朱子《纲目》，日十余页云云。说到此处，兄不胜悔恨。恨早岁不曾用功，如今虽欲教弟，譬盲者而欲导人之大途也，求其不误难矣。

然兄最好苦思，又得诸益友相质证，于读书之道，有必不可易者数端：穷经必专一经，不可泛骛。读经以研寻义理为本，考据名物为末。读经有一耐字诀。一句不通，不看下句；今日不通，明日再读；今年不通，明年再读。此所谓耐也。读史之法，莫妙于设身处地。每看一处，如我便与当时之人酬酢笑语于其间。不必人人皆能记也，但记一人，则恍如接其人；不必事事皆能记也，但记一事，则恍如亲其事。经以穷理，史以考事。舍此二者。更别无学矣。

盖自西汉以至于今，识字之儒约有三途：曰义理之学，曰考据之学，曰词章之学[13]。各执一途，互相诋毁。兄之私意，以办义理之学最大。义理明则躬行有要而经济有本。词章之学，亦民以发挥义理者也。考据之学，吾无取焉矣。此三途者，皆从事经史，各有门径。吾以为欲读经史，但当研究义理，则心一而不纷。是故经则专守一经，史则专熟一代，读经史则专主义理。此皆守约之道，确乎不可易者也。

若夫经史而外，诸子百家，汗牛充栋。或欲阅之，但当读一人之专集，不当东翻西阅。如读《昌黎集》，则目之所见，耳之所闻，无非昌黎。以为天地间，除《昌黎集》而外，更无别书也。此一集未读完，断断不换他集，亦专字诀也。六弟谨记之。

读经、读史、读专集、讲义理之学，此有志者万不可易者也。圣人复起，必从吾言矣。然此亦仅为有大志者言之。若夫为科名之学，则要读四书文，读试帖、律赋，头绪甚多。四弟、九弟、厚二弟天资较低，必须为名之学。六弟既有大志，虽不科名可也。但当守一耐字诀耳。观来信言读《礼记疏》，似不能耐者，勉之勉之。

兄少时天分不甚低，厥后[14]日与庸鄙者处，全无所闻，窍被茅塞[15]久矣。及乙未到京后，始有志学诗、古文并作字之法，亦洎无良友。近年得一二良友，知有所谓经学者、经济者，有所谓躬行实践者，始知范、韩[16]可学而至也，司马迁、韩愈亦可学而至也，程、朱亦可学而至也。慨然思尽涤前日之污，以为更生之人，以为父母之肖子，以为诸弟之先导。无如体气本弱，耳鸣不止，稍稍用心，便觉劳顿。每日思念，天既限我以不能苦思，是天不欲成我之学问也。故近日以来，意颇疏散。计今年若可得一差，能还一切旧债，则将归田养亲，不复恋恋于利禄矣。粗识几字，不敢为非以蹈大戾已耳，不复有志于先哲矣。

吾人第一以保身为要。我所以无大志愿者，恐用心太过，足以疲神也。诸弟亦须时时以保身为念，无忽无忽。

来信又驳我前书，谓必须博雅有才，而后可明理有用。所见极是。兄前书之意，盖以躬行为重，即子夏“贤贤易色”章之意。以为博雅者不足贵，惟明理者乃有用，特其立论过激耳。六弟信中之意，以为不博雅多闻，安能明理有用？立论极精，但弟须力行之，不可徒与兄辩驳见长耳。

来信又言四弟与季弟从游觉庵师，六弟、九弟仍来京中，或肄业城南云云。兄之欲得老弟共住京中也，其情如孤雁之求曹也。自九弟辛丑秋思归，兄百计挽留。九弟当言之。及至去秋决计南归，兄实无可如何，只得听其自便。若九弟今年复来，则一岁之内忽去忽来，不特堂上诸大人不肯，即旁观亦且笑我兄弟轻举妄动。且两弟同来，途费须得八十金，此时实难措办。弟云能自为计，则兄窃不信。曹西垣去冬已到京，郭云仙明年始起程，目下亦无好伴。惟城南肄业之说，则甚为得计。兄于二月间准付银二十两至金竺虔家，以为六弟、九弟省城读书之用。竺虔于二月起身南旋，其银四月初可到。

弟接到此信，立即下省肄业。省城中兄相好的如郭云仙、凌笛舟、孙芝房，皆在别处坐书院。贺蔗农、俞岱青、陈尧农、陈庆覃诸先生皆官场中人，不能伏案用功矣。惟闻有丁君者（名叙忠，号秩臣，长沙禀生），学问切实，践履笃诚。兄虽未曾见面，而稔知其可师。凡与我相好者，皆极力称道丁君。两弟到省，先到城南住斋，立即去拜丁君（托陈季牧为介绍），执贽受业。

凡人必有师；若无师，则严惮之心不生。即以丁君为师。此外，择友则慎之又慎。昌黎曰：“善不吾与，吾强与之附；不善不吾恶，吾强与之拒。”一生之成败，皆关乎朋友之贤否，不可不慎也。

来信以进京为上策，以肄业城南为次策，兄非不欲从上策，因九弟去来太速，不好写信禀堂上。不特九弟形迹矛盾，即我禀堂上亦必自相矛盾也。又目下实难办途费。

六弟言能自为什，亦未历甘苦之言耳。若我今年能得一差，则两弟今冬与朱啸山同来甚好。目前且从次策。如六弟不以为然，则再写信来商议可也。此答六弟信之大略也。

九弟之信，写家事详细，惜话说太短。兄则每每太长，以后截长补短为妙。尧阶若有大事，诸弟随去一人帮他几天，牧云接我长信，

何以全无回信？毋乃嫌我话太直乎？扶乩之事，全不足信。九弟总须立志读书，不必想及此等事。季弟一切皆须听诸兄话。

此次折弁走甚急，不暇抄日记本。余容后告。

冯树堂闻弟将到省城，写一荐条，荐两朋友。弟留心访之可也。

道光二十三年正月十七日

注释

①族党：家族、乡党。

②弟：同"悌"，是儒家有关兄弟伦常的道德范畴。

③仇雠：雠，同仇字，这里指互相看作仇人。

④纤芥：细微。

⑤翰林：清代设翰林院，以及第进士充之，其官员称翰林。

⑥排奡：矫健。

⑦拗很似半山：拗很，曲年生隙。半山，宋代政治家王安石。

⑧大史公：汉代史家司马迁。

⑨傲兀不群：高雅而不流于俗。

⑩朋党：互相勾结的小集团。

⑪ 暗然尚絅：絅，罩在外面的单衣服，也指禅衣，这里指糊涂地崇尚禅法。

⑫ 铄金：熔化金子，此处指众口纷纭，莫衷一是。

⑬ 义理之学，即宋明理学，是讲求儒学经义、探究名理的学问。考据之学，考注于考实古书古义的确凿出处与含义。词章之学，这是研究词赋的学问。

⑭ 厥后：自那以后。

⑮ 窍被茅塞：不开窍，被蒙蔽。

⑯ 范、韩：即范仲淹、韩琦等宋代政治家和文学家。

译文

诸位老弟足下：

正月十五日接到四弟、六弟、九弟十二月初五日所发的家信。四弟的信三页，句句话平实，尤其是责备我对人不讲宽恕，说得恳切恰当。说我每月写信只是用空洞的言语责备弟弟们，却又不能有实实在在的好消息，叫堂上大人听到了，怀疑弟弟们粗俗庸碌，使弟弟们无地自容，诸如此类。这几句话，为兄的看了不觉汗颜。

我去年曾经和九弟闲谈说过，为人子的，如果使父母看见我好些，其他兄弟都不及我，这便是不孝；如果使族党称赞我好，而贬低众兄弟，这便对兄弟不友爱。为什么？因为若为了使父母心中、族党口中对兄弟们有贤、愚的区分，便有讨好的念头，在暗中用计策，使自己得到好名声，而使其他兄弟得坏名声，那以后的嫌隙，便是从这里滋生的。刘大爷、刘三爷兄弟俩都想做好人，但最后变为仇敌。因刘三爷在父母、族党之中得好名声，而刘大爷得坏名声的缘故。今天四弟所责备我的，正是这个道理，所以我读了以后汗颜。但愿我们兄弟五个，各自都明白这个道理，彼此互相原谅。兄长以弟弟得坏名声为忧虑，弟弟以兄长得好名声为乐。兄长不能尽道义上的责任，使弟弟得好名声，是兄长的罪过；弟弟不能尽道义上的责任，使兄长得好名声，是弟弟的罪过。如果都这么想，那么一万年也不会有一丝一毫的嫌隙了。

至于在家塾中读书，我也知道很困难，有关这个问题我与九弟也曾面谈过数次。但四弟前次书信说要出馆教书。我觉得出馆教书会荒功误事，相比较而言，还是家塾更好。所以，与其出馆教书，还不如静坐家塾之中。若说出家塾可以结交良师益友，我们这一带，所谓的良师益友，我都知道，而且也已熟识了。但只有汪觉庵和阳沧溟先生，是兄所认可的良师。按衡阳的风俗，只有冬学要紧，自五月以后，老师、弟子都是按老规矩回去了。同学的人，都是庸碌鄙俗、没有志向的人，又最喜欢讥讽人。（他们取笑的方法不一样，总之离不开轻薄二字。四弟如果到衡阳去，他们必定会笑你是翰林的弟弟，真是浅薄、粗俗又可恶。）乡间没有朋友，实在是第一恨事，不仅没有益处，并且大有害处。习俗传染人，就是说入鲍鱼之室，久而不闻其臭，慢慢被同化了。我曾和九弟提到，衡阳不是读书的地方，涟滨也不可以读书，因为损友太多了。

如果现在四弟一心要跟觉庵老师学，那么千万要听兄长的嘱咐，只可学明师的好处，不要受那些损友的影响。接到这封信，立即带厚二到觉庵老师处学习。他的学费，今年谨呈钱十挂，兄长在八月准定付回，不至于连累家里。不是不想还送得丰厚一点，实在是心有余而力不足。兄长最感忧虑的是，他的同学大都没有人生目标，只知游手好闲，至端午节放假后无所事事，我怕弟弟和厚二也跟着学坏。切记切记！凡跟老师学习，一定要许久然后才可以获益。四弟与季弟今年跟觉庵老师学习，如果地方安定，明年还继续；如果一年换一个地方，那便是没有恒心，见异思迁，便很难求得长进。

此以上大概答复一下四弟的信。

六弟的信，是一篇绝妙的古文，刚健像韩愈，意味深长、曲折又像王安石。我认为古文，总要有倔强不驯的气质、愈拗愈深的意境。所以除了太史公以外，我只喜欢韩愈与王安石。论诗，我也只喜欢傲兀不群的；论书法也一样。我每每这么认为，却不轻易谈论。近来得了何子贞这位朋友，我们两人意见非常相合，偶尔谈一两句，两人便相对而笑。不知六弟天然有如此妙笔。过去时常看你的文章，也没有觉得有什么出奇的地方。今天看了这封信，才知道弟弟是一个不羁之才，欢喜得很！凡兄长有志向而力不从心的事情，弟弟你都可以做到。

信中说到我与各位君子共同讲学，也许会渐渐形成一个朋党。这种看法是很对的。不过六弟尽管放心，我最怕招摇，常想着要时时留意，绝不会以门户之言来标榜自己。信中说到四弟浮躁不虚心，我认为这正切中了四弟的毛病，四弟应把这视作良友药石之言。

信中还有“荒芜已久，甚无纪律”这样的话。这就是非常不对的了。身为大臣的，就应敬爱国君，称赞他善良美好的地方，不应乱说国君的过错；应用道理来使亲人觉悟，而不应议论些小事。我以前常犯这样的大毛病，但只是在心里想，没有把它写下来。如今想来，还有比这更不孝的吗？我经常与欧阳牧云和九弟说到这些，以后我愿与各位兄弟一起痛惩这种大罪。六弟接到这封信之后，要立即到父亲跟前去磕头谢罪，并代我磕头。信中又说：“弟弟的牢骚，不过并不是小人热衷于功名而不得的牢骚，而是志士仁人珍惜光阴而生出的感叹。”读到这里，不禁惘然有所失，恨不得生两只翅膀飞到家里，劝慰老弟一番，纵谈几天才快活。然而即使弟弟们都入了学，谣言又会说学院里徇了情。众口烁金，如何去辩解？所谓塞翁失马，安知非福。科名迟早，实在是前生注定，虽说是爱惜光阴的念头很强烈，但也不必为了那个虚名而耿耿于怀。

来信说看了《礼记疏》一本半，浩浩茫茫，苦无所得，今已废弃，不敢再读，现读朱子《纲目》，每天十多页等。说到这里，兄长不胜悔恨。恨早年不曾用功，如今虽想教弟弟，却好比瞎子引路一样，要他不指错路就太难了。

但兄长最喜欢苦思，又得几位益友相互质疑论证，读书的道理，有几条固定不变的原则：研读经书必专心于一经，不可广泛贪多。读经以研究寻找义理为本，考据各物为末。读经有一个耐字诀窍：一句不通，不看下句；今天不通，明天再读；今年不通，明年再读。这就叫耐心。读史的方法，最妙的是设身处地去思考。每看一处，好比我曾与当时的人应酬宴请在其中。不必要人人都能记得，只要记一人，好像在接近这个人一样；不必要事事能记得，只记一事，好像亲临其事一样。经，主要是研究其义理；史，主要是考察其实事。除了这两方面，就没有其他更有价值的学问了。

从西汉到现在，读书人做学问大约有三种途径：一是义理之学，一是考据之学，一是词章之学。只是三者历来各为一门学问，而去攻击其他两门学问。我个人以为义理之学最大。义理明白了，那做起事来能抓住要害，也才有了经邦济世的根本。词章之学，也是要发挥义理的。考据之学，我觉得没有可取之处。这三种途径，都可为研习经书史学服务，各有门径。我觉得想读经史，便应研究义理，那样更专一而不分散。所以经要专守一经，史要专熟一史，读经史又要专注于义理。这都是应该遵守执行的道理，的确不能改变。

至于经史之外，诸子百家之学，各家的著作如汗牛充栋。如果想读这些作品，只应当读一人的专集，不应东翻西翻。如读韩愈的《昌黎集》，那眼睛看的，耳朵听的，只有昌黎而已，认为天地间除《昌黎集》外，再也没有其他书了。这一个人的文集没有读完，绝不换另一个人的文集，这也是专字诀窍。六弟谨记。

读经、读史、读专集、讲义理之学，有志的人轻易不会更换目标的。就算圣人重生，也一定会听从我的话。当然，这仅仅是为有大志的人而说的。假若说到科举功名，则要读四书五经，读试帖、律赋等，途径会更多。四弟、九弟、厚二弟天资较低，最好做科名的学问。六弟既然有大志，不图科名可以，但要守一耐字诀。看来信说读《礼记疏》就似乎不能耐下心来，这可不行，勉之勉之！

兄长年少时天分不算低，但后来天天与庸碌鄙俗的人相处，完全没有知识的长进，很久都没开过窍了。乙未年到京城后，才开始立志学诗、古文和书法，只可惜没有良友。近年寻了一两个良友，才知道有专门研究经书学问的人、专门研究经世济民等治国方略的人，有亲自实践的人；才知道范仲淹与韩琦的境界是可以通过学习而达到的，司马迁、韩愈的境界以及程颐兄弟与朱熹的境界也可以通过学习而达到。感慨之余，便想尽洗过去的污秽，重新做人，以成为父母的孝子，成为弟弟们的先导。无奈我体气太弱，耳鸣不止，稍稍用心，便感劳累。我每日都想，老天爷既限制我，让我不能苦思，那是不肯成全我的学问。所以近日来，我意志很疏懒松散。只是计划今年如可得一差事，以还清一切旧债，那之后就回老家侍奉父母，不再留恋在京为官。粗识几个字，懂些道理，也只是不敢为非作歹犯下大错而已，不敢再奢望能达到前贤的境界。

我这人以保重身体为第一，之所以无大志，是怕用心太多，劳神以致病。各位兄弟也要时时以保重身体为主，千万不要不把自己的身体当回事。

诸弟在这次的来信中还驳斥了我的上封信，认为必须博学多才，以后才能明理致用。我承认这个看法是对的。我上封信的意思，是强调身体力行、实践的重要性，即子夏“贤贤易色”那一章里的意思。认为博学不足贵，只有明理才有用，也许观点有些过激。六弟信中的意思，是说不博学多才，怎么能明理有用？立论极精，但诸弟须身体力行，不能只是与我辩驳对错争个长短。

来信又说四弟与季弟跟觉庵老师学习，六弟、九弟仍然来京，或在城南修习课业，等等。兄长想和弟弟们一起住在京城，这种感情好比孤雁寻找雁群一样。九弟自从辛丑秋就想回家，兄长百计挽留。九弟可以证明这一点。一直到去年秋决计南归，兄长实在没有办法，只得听他自便。如果九弟今年再来，则一年之内，忽去忽来，不仅堂上大人不肯，就是旁观者也会笑我兄弟轻举妄动。并且两位弟弟同来，路费要花八十金，现在实在难以措办。六弟说能够自己解决，为兄我不敢相信。曹西垣去年冬天已到京城，郭云仙明年才上路，眼下也没有好同伴。只有城南修业一说，还比较切合实际。我于二月里一定送银二十两到金竺虔家，当作六弟、九弟省城读书的费用。竺虔于二月动身去南方，这笔银子四月初可收到。

弟接到这封信，可即刻前往省城修业。省城中有我的好友，如郭云仙、凌笛舟、孙芝房，都在别处的学院教书。贺蔗家、俞岱青、陈尧农、陈庆覃诸先生都是官场中人，没有时间伏案用功。只听说有丁君（名叙忠，号秩臣，长沙廪生）学问深厚扎实，为人老实忠厚。我虽然未曾与他谋面，但早就知道这个人是可以为师的。凡是我的朋友，都极力称赞丁君。两位弟弟到省城之后，先到城南安身，然后立即去拜访丁君（托陈季牧介绍），拜他为师。

人人都需要老师；若是无老师，就不知道严格要求自己。就以丁君为师吧。另外，交友一定要谨慎。昌黎说：“善不吾与，吾强与之附；不善不吾恶，吾强与之拒。”一个人一生的成败，与朋友是否贤能关系重大，千万不可掉以轻心，要慎重行事。

来信中以进京为上策，以在城南学习为次策，为兄不是不想从上策，是因为九弟来去间隔太短，不好写信禀告长辈。不仅九弟形迹矛盾，就是我告知长辈也必前后矛盾。再则眼下实在难筹办路费。

六弟说能够自己解决，也是没有经历过甘苦才说这样的话。如果我今年能得到一个差事，两位弟弟今年冬天与朱啸山同来好了。目前就退一步，往城南学习。如六弟不以为然，那再写信来商量。以上是简略回复六弟的来信。

九弟的信，家事写得详细，可惜话说得太短。我写信常常太长，以后截长补短才好。尧阶如果有大事，弟弟中随便谁去一人，帮他几天。牧云接我长信，为何没有回信？是不是嫌我的话太直了？扶乩的事，完全不可信。九弟总要立志读书才好，不要想这些事。季弟一切都要听诸位哥哥的话。

这次通信兵走得很急，没有时间抄日记本。其余容我以后再告诉你们。

冯树堂听说弟弟将要起身前往省城，便写了一封推荐信，推荐两个朋友给你认识。弟可留心访求。

道光二十三年正月十七日

43

温甫六弟左右：

五月廿九、六月初一，连接弟三月初一、四月廿五、五月初一，三次所发之信，并四书文二首，笔力实实可爱！信中有云："于兄弟出直达其隐，父子祖孙间，不得不曲致其情。"此数语有大道理。余之行事，每自以为至诚可质天地，何妨直情径行。昨接四弟信，始知家人天亲之地，亦有时须委曲以行之者。吾过矣！吾过矣！

香海为人最好，吾虽未与久居，而相知颜深，尔以兄事之可也。丁秩臣、王衡臣两君，吾皆未见，在约可为弟之师。或师之，或友之，在弟自为审择。若果威仪可则①，淳实宏通②，师之可也。若仅博雅能文，友之可也。或师或友，皆宜常存敬畏之心，不宜视为等夷，渐至慢亵③，则不复能受其益矣。

弟三月之信，所定功课太多，多则必不能专，万万不可。后信言已向陈季牧借《史记》，此不可不看之书；尔既看《史记》，则断不可看他书。功课无一定呆法，但须专耳。余从前教诸弟，常限以功课，近来觉限人以课程，往往强人以所难；苟其不愿，虽日日遵照限程，亦复无益。故近来教弟，但有一专字耳。专字之外，又有数语教弟，兹待将冷金笺写出，弟可贴之座右，时时省览，并抄一付，寄家中三弟。

香海言："时文须家《东莱博议》"。甚是。弟先须用笔圈点一遍，然后自选几篇读熟，即不读亦可。无论何书，总须从首至尾，通看一遍；不然，乱翻几页，摘抄几篇，而此书之大局精处，茫然不知也。学诗从《中州集》入亦好，然吾意读总集不如读专集。此事人人意见各殊，嗜好不同。吾之嗜好，于五古则喜读《文选》；于七古则喜读《昌黎集》；于五律则喜读《杜集》④，七律亦最喜《杜诗》；而苦不能步趋，故兼读《元遗山集》。

吾作诗最短于七律，他体皆有心得，惜京都无人可与畅语者。弟要学诗。先须看一家集，不要东翻两阅；先须学一体，不可各体同学，

盖明一体，则皆明也。凌笛舟最善为诗律，若在省，弟可就之求救。习字临《千字文》亦可，但须有恒。每日临一百字，万万无间断，则数年必成书家矣。陈季牧多喜谈字，且深思善悟，吾见其寄岱云信，实能知写字之法，可爱可畏！弟可以从切磋，此等发学之友，愈多愈好。

来信要我寄诗回南，余今年身体不甚壮健，不能用心，故作诗绝少，仅作《感春诗》七古五章。慷慨悲歌，自谓不让陈卧子，而语太激烈，不敢示人。是仅应酬诗数首，了无可观。项作《寄贤弟诗》二首，弟观之以为何如？京笔现在无便可寄，总在秋间寄回；若无笔写，暂向陈季牧借一技，后日还他可也。兄国藩手草。

道光二十三年六月初六日

注释

①威仪可则：则，效法。此意为威风凛凛的仪态可以效法。

②淳实宏通：淳厚朴实而且宽宏通达。

③慢亵：怠慢、轻视。

④《杜集》：唐代诗人杜甫的文集。

译文

温甫六弟左右：

五月二十九日、六月初一，接连收到弟弟三月初一、四月二十五、五月初一，三次所发的信，并四书文两篇，笔力确实可爱！信中说："在兄弟面前直截了当陈述自己的隐情，而父子、祖孙之间，不得不转弯抹角地表达自己的真实想法。"这几句非常有道理。我办事，常常认为只要自己的心真诚到了极致，对得起天地良心，那么直截了当又有什么不好？昨接四弟的信，才知道即使是至亲，有时也要委婉地行事。这是我的过错！这是我的过错！

香海为人很好，我虽然和他住在一起的时间不久，但了解却很深，你用对兄长的态度对待他就可以了。丁秩臣、王衡臣两位，我都没有见过，大约可以做弟弟的老师。是认他为师，还是认他为友，弟弟自己决定。如果真是有威仪可为表率，淳朴实在，博学通达，认作老师也可以。如果只是博雅能文，认作朋友便可。不论是师还是友，都要抱一种敬畏的心理，不要等闲视之，慢慢就怠慢亵渎了人家，那便不能受到教益了。

弟弟三月信中，所定功课太多，多了就不专了，万万不可以。后来的信说已向陈季牧借《史记》，这是不可不熟读的书；你既然读《史记》，便不能看其他书了。功课没有一定的呆办法，只是必须要专。我从前教各位弟弟，常常限定功课，近来觉得这样做是强人所难；如果你们不愿意，虽说天天遵守限定功课的进程，也没有益处。所以近来教弟弟，只强调一个专字。专字以外，又有几句话告诉弟弟，现特地用冷金笺写出来，弟弟可以贴在座右，时刻看看，并再抄一份，寄给家中的三位弟弟。

香海说："学时文要学《东莱博义》"。他说得很对。弟弟需要先用笔圈点一遍，然后自选几篇读熟；就是不读也可以。无论什么书，总要从头到尾，通读一遍；不然，乱翻几页，摘抄几篇，那对这书的布局、精彩之处，便是茫然不知。学诗从《中州集》入手也好，但我觉得读总集不如读专集。这种事情，每个人的看法不同，嗜好也不同。我有这样的嗜好：读五言古诗则喜欢《文选》；读七言古诗则喜欢读《昌黎集》；读五律则喜欢读《杜集》，七律也最喜欢杜诗；而苦于不能一步一趋，所以兼读《元遗山集》。

我作诗最不擅长七律，对其他体裁都有心得，可惜京城里没有人可以在一起畅谈。弟弟要学诗，先要看一家诗集，不要东翻西看；先要学一体，不可各体同时学，因为明白了一体，便都明白了。凌笛舟最长于诗律，如果在省城，弟弟可以就近求教。习字临《千字文》也可以，但要有恒心。每天临帖一百字，万万不要间断，那么几年下来，就能成为书法家。陈季牧喜欢读书法，并且能深思、善悟，我看过他给岱云的信，才切实了解了书法之诀窍，可爱又可畏！弟弟可以和他切磋，这样好学的朋友，越多越好。

来信要我寄诗回去，我今年身体不够壮健，不能用心，所以诗写得非常少，仅仅作了五篇七言古诗《感春诗》。此等慷慨悲歌，自己以为不比陈卧子差，但辞语太激烈，不敢给别人看。其余只是应酬诗几首，没有什么可看的。现写《寄贤弟诗》两首，弟弟看后觉得怎么样？京笔现在没有人方便带寄，可能得在秋天寄回了；如果没有笔写，暂时向陈季牧借一支，日后还他好了。兄国藩手草。

道光二十三年六月初六日

44

澄侯、叔淳、季洪三弟左右：

五月底连接三月初一、四月十八两次所发家信。四弟之信，具见真性情，有困心衡虑、郁积思通之象[①]。此事断不可求速效。求速效必助长，非徒无益，而又害之。只要日积月累，如愚公之移山，终久必有豁然贯通之侯；愈欲速则愈锢蔽[②]矣。来书往往词不达意，我能深谅其苦。

今人都将学字看错了。若细读"贤贤易色"[③]一章，则绝大学问即在家庭日用之间。于孝悌两字上尽一分便是一分学，尽十分便是十分学。今人读书皆为科名起见，于孝悌伦纪之大，反似与书不相关。殊不知书上所载的，作文时所代圣贤的，无非要明白这个道理。若果事事做得，即笔下说不出何妨？若事事不能做，并有亏于伦纪之大，即文章说得好，亦只算个名教中之罪人。贤弟性情真挚，而短于诗文，何不日日在孝悌两字上用功？《曲礼》《内则》[④]所说的，句句依他做出，务使祖父母、父母、叔父母无一时不安乐，无一时不顺适；下而兄弟、妻子皆蔼然[⑤]有恩，秩然有序。此真大学问也。若诗文不好，此小事不足计；即好极，亦不值一钱。不知贤弟肯则听此语否？

科名之所以可贵者，谓其足以承堂上之欢也，也谓禄仕[⑥]可以养亲也。今吾已得之矣，即使诸弟不得，亦可以承欢，可以养亲，何必兄弟尽得哉？贤弟若细思此理，但于孝悌上用功，不于诗文上用功，则诗文不期进而自进矣。

凡作字总须得势，务使一笔可以走千里。三弟之字，笔笔无势，是以局促不能远纵。去年曾与九弟说及，想近来已忘之矣。九弟欲看余白折，余所写折子甚少，故不付。大铜尺已经寻得。付笔回南，目前实无妙便，俟秋间定当付还。

去年所寄牧云信未寄去，但其信前半劝牧云用功，后半劝凌云莫看地仙，实有道理。九弟可将其信抄一篇仍交与他，但将纺棉花段删去可也。地仙为人主葬，害人一家，丧良心不少，未有不家败人亡者，不可不力阻凌云也。至于纺棉花之说，如直隶之三河县、灵寿县，无论贫富男妇，人人纺布为生，如我境之耕田为生也。江甫之妇人耕田，独三河之男人纺布也。湖南如浏阳之夏布，祁阳之葛布、宜昌之棉花，皆无论贫富男妇人，人人依以为业。此并不足为骇异也。第风俗难以遽变，必至骇人听闻，不如删去一段为妙。书不尽言。

兄国藩手草。

道光二十三年六月初六日

注释

①这句话意谓困苦心志、竭力思考、百思不得其解的样子。

②锢蔽：禁锢、蒙蔽。

③贤贤易色：此句出于《论语》中，意为孝亲之道。

④《曲礼》《内则》：此系儒家经典之一的《礼记》中之篇名。

⑤蔼然：和蔼可亲的样子。

⑥禄仕：做官的俸禄。

译文

澄侯、叔淳、季洪三弟左右：

五月底接连收到三月初一、四月十八日所发的两封家信。四弟的信，都见真性情，有困心衡虑、郁积思通的气象。这件事绝不可以求快，求快便成了拔苗助长，有百害而无一利。只要日积月累，像愚公移山一样，终有豁然贯通的时候；越想快则越易蔽塞。来信往往词不达意，我能谅解他的苦衷。

现在的人都把学字看错了。如果仔细读"贤贤易色"一段，那么就会发现，绝大的学问，就在家庭日常生活中。在孝悌二字上尽一分，便是一分学问；尽十分，便是十分学问。今天的人读书都是为了科名，对于孝悌伦纪的大道理，反而认为似乎与读书不相干。殊不知书上所写的，作文时代圣贤说的，无非是要阐明这个道理。如果真的事事符合孝悌，那么就是笔下写不出来，又有什么关系？如果时时违背孝悌，并且有愧于伦纪之大义，即使文章写得再出色，也不过是一个名教中的罪人。贤弟性情真挚，但不善诗文，何不天天在孝悌两字上下功夫？《曲礼》《内则》所说的，句句依它去做，一定要让祖父母、父母、叔父母无一时不安乐，没有一刻不舒适；对于兄弟、妻子，都和蔼有恩，让家中一切井然有序。这真是大学问。像诗文不好的小事，不必计较；就是好得不得了也不值一个钱。不知道贤弟肯听这话不？

科名之所以可贵，是因为它足以承堂上大人的欢心，可以供奉双亲。现在，我已得到，即使弟弟们得不到功名，也可以承欢，也可以养亲，何必各位弟弟都得呢？贤弟如果细想明白了这个道理，就在孝悌上用功，不必在诗文上用功，那么诗文方面的进步自然会出乎意料。

凡写字必要有笔势，一笔当有千里之势。三弟的字，笔笔没有气势，所以局促而不能远纵。去年曾经和九弟说过，我想是近来已经忘记了吧。九弟想看我的白折，只是我所写的折子很少，所以不寄了。大铜尺现已找到。至于寄笔之事，目前实在没有合适的机会，待秋天一定寄回。

去年写给牧云的信没有寄去，信中的前半部分是对牧云进行劝勉，后半部分劝凌云莫看地仙，这是有道理在其中的。九弟可将此信重抄一遍，仍交给他，不过要将纺棉花一段删去。地仙为人家主持丧事，害人一家，真是丧良心不少，导致家败人亡的更不在少数，不可以不极力去阻止凌云请地仙。至于纺棉花的说法，如直隶的三河县、灵寿县，无论贫与富，男与女，人人纺布为生，好比我们那儿靠耕田为生一样。江南的妇女耕田，如同三河的男人纺布一样。湖南如浏阳的夏布、祁阳的葛布、宜昌的棉布，不论贫富男女，都以此为生计，这并不足为怪。只是风俗难以一时改变，肯定有的是骇人听闻的，不如删去这一段为妙。书不能尽言，容后再续。

兄国藩手草。

道光二十三年六月初六日

45

四位老弟左右：

二月初十日，黄仙垣来京，接到家信，备悉一切，欣慰之至。朱啸山亦于是日到，现与家心斋同居。伊兄代伊觅得房子，距余寓甚近，不过一箭远耳。郭筠仙现尚未到，余已为凭本胡同关帝庙房，使渠在庙中住，在余家伙食。冯树堂正月初六日来余家，扶会试后再行上学，因小儿春间怕冷故也。树堂于二月十三日考国子监学正，题“而耻恶衣恶食者”、“不以天下奉一人策”二句，共五百人入场。树堂写作俱佳，应可以得。

陈岱云于初六日移寓报国寺，其配之柩，亦停寺中。岱云哀伤异常，不可劝止，作祭文一篇三千余字。余为作墓志铭一首，不知陈宅已寄归否？余懒誊寄也。四川门生，现已到廿余人。我县会试者，大约可十五人；甲午同年，大约可廿五六人。然有求于者，颇不乏人。

余今年应酬更繁，幸身体大好，迥①不似从前光景，面胖而润，较前稍白矣。耳鸣亦好十之七八，尚有微根未断，不过月余可全好也。内人及儿子两女皆好，陈氏小儿在余家乳养者亦好。

六弟、九弟在城南读书，得罗罗山为师，甚妙！然城南课以亦宜应，不应，恐山长不以为然也。所作诗文及功课，望日内付来。四弟、季弟从觉庵师读，自佳。四弟年已渐长，须每日看史书十页，无论能得科名与否，总可以稍长可识。季弟每日须看史，然温经更要紧，今年不必急急赴试也，余容后陈。兄国藩手具。

道光二十四年八月十八日

注释

①迥：完全。

译文

四位老弟左右：

二月初十日，黄仙垣来北京时，我接到家信，知道了一切，欣慰之至。朱啸山也在当天到了，住在心斋那里。他哥哥帮他找的房子，离我家很近，不过一箭之地。郭筠仙还没有到，我已经为他租了本胡同关帝庙的房子，让他在庙里住，在我家吃饭。冯树堂正月初六日来我家，准备会试以后再上学，因小儿春间怕冷的缘故。树堂在二月十三日考国子监学正，题目是“而耻恶衣恶食者”、“不以天下奉一人策”两句，共五百人入场。树堂的两篇文章都写得很好，应该可以考上。

陈岱云在初六日移住报国寺，他夫人的灵柩也放在寺里。岱云非常哀痛，谁也安慰不了。他写了一篇祭文，有三千多字。我也为他夫人写了墓志铭，不知陈家寄回去了没有？我懒得誊写寄了。我在四川的门生，现在到了二十多个。我县会试的，大约十五人；甲午同年，大约二十五六人。然而有求于我的，还颇为不少呢！

我今年应酬更多，幸亏身体大好，完全不像从前，脸胖且面色红润了，比以前白了些许。耳鸣也好了十之七八，还有点儿没有断根，不过个把月即可全好。内人及儿女都好，陈家小儿在我家乳养，也好。

六弟、九弟在城南读书，以罗罗山为老师，很好！但城南的课也应继续，不然，恐怕讲学老师会认为他们做法不对。所作诗文及功课，望日内寄来。四弟、季弟跟随觉庵老师读书，自然很好。四弟年纪逐渐大了，每天要看史书十页，不管得不得科名，至少可以长点见识。季弟每天要看史，但温习经书更要紧，今年不急于赴考，这些我后面再说。兄国藩手具。

道光二十四年八月十八日

46

四位老弟足下：

余于三月廿四，移寓前门内西边碾儿胡同，与城外消息不通。四月间到折差一次，余竟不知，迨既知而折差已去矣。惟四月十九，欧阳小岑南归，余寄衣箱、银物并信一件。四月廿四，梁录庄南归，余寄书卷、零物并信一件。两信皆仅数语，至今想尚未到。四月十三日，黄仙垣南归，余寄闱墨，并无书信，想亦未到。兹将三次所寄各物，另开清单付回，待三人到时，家中照单查收可也。

内城现住房共廿八间，每月房租京钱三十串，极为宽敞。冯树堂、郭筠仙所住房，皆清洁。甲三三月廿四日上学，天分不高不低。现已读四十天，读至自修齐至治平矣。因其年大小，故不加严，已读者字皆能认。两女皆平安。陈岱云之子在余家亦甚好。内人身子如常，同又有喜，大约九月可生。

余体气较去年略好，近因应酬太紧，天气渐热，又有耳鸣之病。今年应酬，较往年更增数倍。第一，为人写对联、条幅，合四川、湖南两省，求书者几日不暇给；第二，公车来借钱者甚多，无论有借无借，多借少借，皆须婉言款待；第三，则请酒拜客及会馆公事；第四则接见门生，颇费精神。又加以散馆殿试则代人料理，考差则自己料理，诸事亢杂，遂无暇读书矣。

五月十一日，接到四月十三家信。内四弟、六弟各文二首，九弟、季弟各文一首。四弟东皋课文甚洁净，诗亦稳妥。《则何以哉》一篇，亦清顺有法。第词句多不圆足，笔亦平沓不超脱，平沓最为文家所忌，宜力求痛改此病。六弟笔爽利，近亦渐就范围，然词意平庸，无才气峥嵘之处，非吾意中之温甫也。如六弟之天资不凡，此时作文，当求议论纵横，才气奔放，作如火如荼之文，将来庶[①]有成就。不然，一挑半剔，意浅调卑，即使获售，亦当惭其文之浅薄不堪；若其不售，则又两失之矣。今年从罗罗山学，不知罗山意见如何？

吾谓六弟今年入泮[②]固妙，万一不入，则当尽弃前功，一志从事于先辈大家之文。年过二十，不为少矣。若再扶墙摩壁，役役于考卷搭截小题之中，将来时过而业仍不精，必有悔恨于失计者，不可不早图也。余当日实见不到此，幸而早得科名，未受其害，向使至今未尝入泮，则数十年从事于吊渡映带之间，仍然一无所得，岂不腼颜[③]也哉？此中误人终身多矣。温甫以世家之子弟，负过人之资质，即使终不入泮，尚不至于饥寒，奈何亦以考卷误终身也？

九弟要余改文详批，余实不善改小考文，当请曹西垣代改，下次折弁付回。季弟文气清爽异常，喜出望外，意亦层出不穷。以后务求才情横溢，气势充畅，切不可挑剔敷衍，安于庸陋[④]，勉之勉之！初不不可不大也。书法亦有褚字笔意，尤为可喜！总之，吾所望于诸弟者，不在科名之有无，第一则孝悌为端，其次则文章不朽。诸弟若果能自立，当务其大者、远者，毋徒汲汲于进学也。冯树堂、郭筠仙在寓，看书作文，功无间断；陈季牧日日习字，亦可畏也！四川门生留京约二十人，用功者颇多。余不尽言。兄国藩草。

道光二十四年五月十二日

注释

①庶：将近。

②入泮：泮，是旧时学宫前的水池。入泮，喻指童蒙入学宫，也指生童考中秀才。

③腼颜：脸面无光，惭愧。

④庸陋：庸欲、浅陋。

译文

四位老弟足下：

我于三月二十四日，搬到了前门内西边碾儿胡同居住，城外的消息再也无法得知了。四月间通信兵来了一次，我竟不知道，通信兵走了我才知道。四月十九日，欧阳小岑回湖南，我托寄衣箱、银物和信一封。四月二十四日，梁录庄回湖南，我托他带书卷、零物和信一封。两封信都只有几句话，想必至今还没有到。四月十三日，黄仙垣回湖南，我寄了会试文章集，但这次我没有写信，想必也没有到。现把三次所寄各物，另开清单寄回，等三人到时，家里照单查收。

内城的住房一共二十八间，每月房租京钱三十串，很是宽敞。冯树堂、郭筠仙所住房屋，也都很清洁。甲三自三月二十四日上学，天分不高不低，现在已读了四十天书，读到《大学》中的修身、齐家和治国、平天下。因年龄大小，所以管得不严，已读的字都认得。两个女儿都平安。陈岱云的儿子在我家也很好。内人的身体如常，现在又怀孕了，大约九月间可以生。

我的身体比去年略好些，近来因为应酬太繁忙，天气渐热，又发了耳鸣病。今年应酬比往年多了太多了。第一是为别人写对联、条幅，四川、湖南两省合计起来，求书的人好几天都等不着；第二是当官的来借钱的很多，不管有借没有借，借多借少，都要婉言接待；第三是请酒拜客和会馆的公事；第四是接见门生，颇费精神。又加上散馆殿试代人料理，考差自己料理，这么多事，便没有时间读书了。

五月十一日，接到四月十三日家信。其中，四弟、六弟文章各二篇，九弟、季弟文章各一篇。四弟东皋课文很干净，诗也稳妥。《则何以哉》一篇，也清晰流畅，颇有章法。只是词句不够熟练，笔力也平沓不超脱，平铺直叙最为作文所忌，要努力戒掉这个毛病。六弟笔锋爽利，近来也能不跑题了，但词意平庸，没有才气和峥嵘骨格，不是我想象中的六弟。以六弟的不凡天资，这时作文，当求文章纵横驰骋，才气奔放，写出如火如荼的文章，这样，将来也许有所成就。不然，一挑半剔，意浅调卑，就是得志，也当惭愧于文章太浅薄不堪了；如果不得志，那又两方面都失掉了。今年跟罗罗山学习，不知罗山意见如何？

我说六弟今年入学固然很妙，万一不入，应当尽弃前功，一心学习先辈大家的文章。年过二十，不年轻了。如果再浪费时光，热忠于考试那些小题目，将来时间过去了而学业仍然不精，必有悔恨自己失策的一天，不可以不早点规划。我当日实在没有看到这点，幸亏早得了科名，才未被科举考试耽误。假使至今没有入学，那几十年从事于吊渡映之间，仍然一无所得，那不是令人汗颜吗？这中间误人终身的太多。六弟既是世家子弟，又有过人的资质，就算不能入学，还不至于饥寒，为什么非得要在考卷上误终身呢？

九弟要我修改他的文章，详细批注，我实在不会改小考文章，应该请曹西垣代改，下次通信兵来了我再回。季弟文气清爽异常，喜出望外，意境也层出不穷。以后务求才气横溢，气势充畅，切不可挑剔敷衍，安于庸陋，勉之勉之！初基不可不大。书法也有褚遂良的风采，尤其可喜！总之，我对弟弟们所寄的希望，不在科名的有无，第一是孝悌，其次才是文章不朽。弟弟们如果真能自立，应当去抓大的、长远的，不要徒然汲汲于进学一事。冯树堂、郭筠仙在京城寓所里看书作文，从不间断；陈季牧天天习字，也值得敬畏。四川门生留京的大约二十人，用功的很多。其余不一一说了。兄国藩草。

道光二十四年五月十二日

47

男国藩跪禀：

父母亲大人万福金安。初十日顺天乡试发榜，湖南中三人，长沙周荇农中南元。率五之归，本拟附家心斋处，因率五不愿坐车，故附陈岱云之弟处，同坐粮船。昨岱云自天津归云："船不甚好。"男颇不放心，幸船上人多，应可无虑。

诸弟考试后，闻肄业小罗庵巷，不知勤惰若何？此时惟季弟较小，三弟俱年过二十，总以看书为主。我邑惟彭薄墅先生看画略多，自后无一人讲究者，大抵为考试文章所误。殊不知看书与考试，全不相碍。彼不看书者，亦仍不利考如故也。我家诸弟，此时无论考试之利不利，无论文章之工不工①，总以看书为急。不然，则年岁日长，科名无成，学问亦无一字可靠，将来求为塾师②而不可得。或经或史，或诗集、文集，每日总要看二十页。

今年以来，无日不看书，虽万事丛忙，亦不废正业。闻九弟意欲与刘霞仙同读书，霞仙近来见道甚有所得，九弟若去，应有进益。望大人斟酌行之，不敢自主。

此事在九弟自为定计。若愧奋直前，有破釜沉舟之志，则远游不负。若徒悠忽因循③，则近处尽可度活，何必远行百里外哉？求大人察九弟之志而定计焉，余容续陈。男国藩谨禀。

道光二十四年九月十九日

注释

①文章工不工：此意为文章精美与否。工，精细、完美。

②塾师：封建时代乡村私塾学堂里的教书先生。

③悠忽因循：摇摆不定，循环往复。

译文

儿子国藩跪禀：

父母亲大人万福金安。初十日顺天乡试发榜，湖南中了三个，长沙周荇农中了第二名。率五本准备和心斋一起回来，因率五不愿坐车，所以和陈岱云弟弟一起坐粮船。昨天岱云从天津回来说：“船不怎么好。”儿子颇为担心，幸亏船上人多，应该没有什么可担心的。

听说各位弟弟考试以后，在小罗庵巷学习，不知用功不。现在只有季弟较小，其他三个都过了二十，一切要以看书为主。我们家乡只有彭薄墅先生看书略多，自他以后没有一个人像他那样认真钻研的了，大抵是为考试文章所误。殊不知看书与考试，并不互相妨碍。不看书，不利于考试。我家各位弟弟，现在不管考试顺利不顺利，不管文章精美否，一切以看书为最要紧之事。不然，年纪一天天大了，科名没有考取，学问也没有，将来就是想做乡下私塾的教书先生也没有人请。无论经还是史，或诗集、文集，每天至少要看二十页。

儿子今年以来，没有一天不看书，虽说事忙，也不废正业。听说九弟想与刘霞仙一起读书，霞仙近来学问很有心得，九弟如果去，应该很有益处。希望父母亲反复斟酌，儿子不敢作主。

这件事对九弟来说，应自己决定。如果他发奋向前，有破釜沉舟的志气，那么这种远游求学也还值得。如果闲散游荡，那在近处也可以过日子，何苦跑到百里之外去呢？求父母亲观察九弟的志向再定夺，其余以后禀告。儿子国藩谨禀。

道光二十四年九月十九日

48

四位老弟足下：

自七月发信后未接诸弟信。乡间寄信较省城寄信百倍之难，故余亦不望也。

九弟前信有意与刘霞仙同伴读书，此意甚佳。霞仙近来读朱子书大有所见，不知其言话容止、规模气象如何。若果言动有礼，威仪可则，则直以为师可也，岂特友之哉？然与之同居，亦须真能取益乃佳，无徒浮慕虚名，人苟能自立志，则圣贤豪杰何事不可为，何必借助于人？“我欲仁，斯仁至矣。”我欲为孔孟，则日夜孜孜，惟孔孟之是学，人谁得而御[①]我哉？若自己不立志，则虽日与尧舜禹汤同住，亦彼自彼，我自我矣，何与于我哉？

◎ 尧

上古陶唐氏领袖，五帝之一。姬姓，伊祁氏，名放勋，号陶唐氏，史称唐尧，传为帝喾次妃陈锋氏女庆都所生。是后世儒家学派等推崇的上古贤君之一。

去年温甫欲读书省城，吾以为离却家门局促之地，而与省城诸胜己者处，其长进当不可限量。乃两年以来，看书亦不甚多，至于诗文，则绝无长进，是不得归咎于地方之促也。去年余为择师丁君叙忠，看以丁君处太远，不能从。余意中遂无他师可从。今年弟自择罗罗山改文，而嗣后杳无消息，是丈不得归咎于无良友也。日月逝矣，再过数年则满三十，不能不趁三十以前立志猛进也。

余受父教，而余不能教弟成名，此余所深愧者。他人与余交，多有受余益者，而独诸弟不能受余之益，此又余所深恨者也。今寄霞仙信一封，诸弟可抄存信稿而细玩之。此余数年来学思之力，略具大端。

六弟前嘱余将所作诗抄录寄回。余往年皆未存稿，近年存稿者不过百余首耳，实无暇抄写，待明年将全本付回可也。

国藩草。

道光二十四年九月十九日

注释

①御：抵御，阻止。

译文

四位老弟足下：

自七月发信以后一直没有接到弟弟们的信。乡里寄信比省城寄信要难百倍，所以我盼望得也不急切。

九弟前次信中说有意与刘霞仙一起读书，这个想法很好。霞仙近来读朱子的书大有长进，不知道他的谈吐、形象、举止和气度怎样。如果言语、行为有礼，有威仪可为表率，那么拜他为师也可以，哪里只限于交个朋友呢？但与他同住，也要真能学习人家长处才好，不要徒然仰慕别人的虚名。一个人假若自己能立志，那么就算得上是圣贤豪杰，何必借助于人？“我欲仁，斯仁至矣。”我要做孔、孟，那就日夜孜孜不倦地学习孔、孟之道，那又谁能阻拦我进步呢？如果自己不立志，那虽说天天与尧舜禹汤同住，也还是他是他，我是我，又与我有何关系？

去年六弟想到省城读书，我以为离开家庭局促的狭小天地，而与省城那些强过自己的人相处，进步一定是不可限量的。但两年以来，六弟看书也不多，至于诗文，更没有长进，这就不能归咎于环境的局促了。去年，我想让六弟跟丁叙忠先生学习，后来因丁先生住得太远了，没法去，真是遗憾。我再找不着其他老师可教六弟了。今年弟弟自己选择罗罗山学习文章之道，而后却杳无消息，这又不能归咎于没有良师益友了。时光飞逝，再过几年弟弟就满三十了，不能不趁三十岁前立志猛进。

我受父亲教诲，而不能教弟弟成名，这是我深感惭愧的。别人与我交往，多数都能学到到我的益处，独独几位弟弟不能受益，这又是我深为痛恨的。今寄霞仙信一封，各位弟弟可抄下来细细品味。这是我数年来苦学的心得，大致都写进去了。

六弟嘱咐我把作的诗抄录寄回。我往年都没有存稿，近年存了稿的也不过百余首，实在没有时间抄写，等明年把全本寄回好了。

国藩草。

道光二十四年九月十九日

49

四位老弟足下：

前月寄信，想已接到。余蒙祖宗遗泽[①]、祖父教训，幸得科名，内顾无所忧，外遇无不如意，一无所觖矣。所望者再得诸弟强立，同心一力，何患令名之不显？何患家运之不兴？欲别立课程，多讲规条，使诸弟遵而行之，又恐诸弟习见而生厌心；欲默默而不言，又非长兄督责之道。是以往年常示诸弟以课程，近来则只教以“有恒”二字。所望于诸弟者，但将诸弟每月功课写明告我，则我心大慰矣。

乃诸弟每次写信，从不将自己之业写明，乃好言家事及京中诸事。此时家中重庆[②]，外事又有我照料，诸弟一概不管可也。以后写信，但将每月作诗几首、作文几首、看书几卷详细告我，则我欢喜无量。诸弟或能为科名中人，或能为学问中人，其为父母之令子一也，我之观喜一也。慎弗以科名稍迟，而遂谓无可自力也。如霞仙今日之身分，则比等闲之秀才高矣。若学问愈进，身分愈高，则等闲之举人、进士又不足论矣。

学问之道无穷，而总以有恒为主。

兄往年极无恒，近年略好，而犹未纯熟。自七月初一起至今，则无一日间断，每日临帖百字，抄书百字，看书少亦须满二十页，多则不论。自七月起至今，已看过《王荆公[③]文集》百卷、《归震川[④]文集》四十卷、《诗经大全》二十卷、《后汉书》百卷，皆朱笔加圈批。虽极忙，亦须了本日功课，不以昨日耽搁而今日补做，不以明日有事而今日预做。诸弟若能有

王安石（1021—1086）
字介甫，号半山，封荆国公，临川人（今江西抚州），北宋杰出的政治家、思想家、文学家、改革家，唐宋八大家之一。有《王临川集》《临川集拾遗》等存世。官至宰相，主张改革变法。

恒如此，则虽四弟中等之资，亦当有所成就，况六弟、九弟上等之资乎？

明年肄业之所，不知已有定否？或在家，或在外，无不可者。谓在家不可用功，此巧于卸责者也。吾今在京，日日事务纷冗，而犹可以不间断，况家中万万不及此间之纷冗乎！树堂、均仙自十月起，每十日作文一首，每日看书十五页，亦极有恒。诸弟试将朱子《纲目》过笔圈点，定以有恒，不过数月即圈完矣。若看注疏[5]，每经亦不过数月即完。切勿以家中有事而间断看书之课，又弗以考试将近而间断看书之课。虽走路之日，到店亦可看；考试之日，出场亦可看也。兄日夜悬望，独此有恒二字告诸弟，伏愿诸弟刻刻留心。幸甚幸甚。

兄国藩手草。

道光二十四年十一月廿一日

注释

①遗泽：祖辈遗留下来的恩泽。

②重庆：旧时指祖父母、父母均健在。

③王荆公：宋代王安石。

④归震川：明代归有光。

⑤注疏：后人对前代文章典籍所作注解、疏证。

译文

四位老弟足下：

前月寄的信，想已收到。我蒙祖宗留下的恩惠和福泽，受祖父的教训，幸运地得了科名，如今没有内忧外患，此生也别无所求了。我所希望的是弟弟们自强自立，同心协力，那还怕什么名声不显赫、家运不兴旺呢？我想另立课程，多讲点规矩，使弟弟们遵行，又恐怕弟弟们见而生厌；想什么也不说，又怕没尽到兄长督责的责任。所以往年常常把自己的课程示范给弟弟们看，近来只强调“有恒”二字。我所希望弟弟们的是把每月功课写明白告诉我，那我心里便感到莫大的安慰。

可是弟弟们每次写信，从不把自己的学业写明白，只喜欢说家事和京城中的事。这个时候，家里祖父母、父母均健在，外面的事又有我照料，弟弟们可以一概不管。所以以后写信，只要把每月写几首诗、写几篇文、看书几卷详细告诉我，我就很高兴了。各位弟弟或者可以成为考取科名的人，或者可以成为有学问的人，无论成为哪种人，都是父母的好儿子，我心里也都一样喜欢。要慎重，不要以为科名取得迟了，便说自己不行。如霞仙，今天的身份，比一般的秀才就高一些。如果学问再进，身份再高，一般的举人、进士，根本不足以与他相提并论了。

学问是没有穷尽的，总以有恒为主。

兄长往年极其没有恒心，近年略好，但还没有达到成熟的境界。自七月初一起，每天临帖百字，抄书百字，看书至少二十页，至今没有一天间断。自七月起，到现在已经看过《王荆公文集》一百卷、《归震川文集》四十卷、《诗经大全》二十卷、《后汉书》一百卷，都用红笔加圈点批注。虽然很忙，也要做完当天功课，不因为昨天耽搁了今天补做，也不因为明天有事而今天预先做。弟弟们如果能这样持之以恒，那四弟虽是中等资质，也应当有所成就，何况六弟、九弟是上等资质呢？

◎ **归有光（1506—1571）**
字熙甫，又字开甫，别号震川，又号项脊生，江苏昆山人。明代散文家，是“唐宋八大家”与清代“桐城派”之间的桥梁，被称为“唐宋派”。

不知明年学习的地方定了没有？在家或者在外都可以。说在家读书不能用功，不过是一种推卸责任的说辞罢了。我现在京城，天天事务纷冗，都可以不间断功课，何况在家中怎么也不会如我这里事务繁杂。树堂、筠仙两人从十月起，每十天作文一篇，每天看书十五页，也很有恒心。弟弟们试着把朱子《纲目》用笔圈点，坚持下去，不要几月就看完了。如果看注疏，每部经书不过几个月就看完了。切不要因家中有事而间断看书，更不要以考试将近而间断看书。就是走路的时候，或出门在外，都可以看；考试那天，出场也可以看。对各位弟弟的学习，兄长日夜牵念于心，我只有将“有恒”二字告诉给弟弟们，愿弟弟们时刻留心。幸甚幸甚。

兄国藩手草。

道光二十四年十一月二十一日

50

四位老弟足下：

去年十二月二十二日寄去书函谅已收到。顷接四弟信，谓前信小注中误写二字。其诗比即付还，今亦忘其所误谓何矣。

诸弟写信，总云仓忙，六弟去年曾言城南寄信之难，每次至抚院赍奏厅打听云云。是何其蠢也！静坐书院三百六十日，日日皆可写信，何必打听折差行期而后动笔哉？或送至提塘，或送至岱云家，皆万无一失，何必问了无关涉赍斋奏厅哉？若弟等仓忙，则兄之仓忙殆过十倍，将终岁无一字寄家矣。

送王五诗第二首，弟不能解，数千里致书来问。此极虚心，余得信甚喜。若事事勤思善问，何患不一日千里？兹另纸写明寄回。

家塾读书，余明知非诸弟所甚愿，然近处实无名师可从。省城如陈尧农、罗罗山皆可谓名师，而六弟、九弟又不善求益，且住省二年，诗文与字，皆无大长进。如今我虽欲再言，堂上大人亦必不肯听。不如安分耐烦，寂处里闾[①]，无师无友，挺然特立，作第一等人物，此则我之所期于诸弟者也。

昔婺源汪双池先生，一贫如洗，三十以前，以窑上为人佣工画碗。三十以后读书，训蒙到老，终身不应科举。卒著书百余卷，为本朝有数名儒。彼何尝有师友哉？又何尝出里闾？余所望于诸弟者，如是而已，然总不出乎“立志”“有恒”四字外也。

买笔付回，刻下实无妙便，须公车归乃可带回。大约府试、院试可得用，县试则赶不到也。诸弟在家作文，若能按月付至京，则余请树堂看。随到随改，不过两月，家中又可收到。书不详尽，余俟续呈。

兄国藩手草。

道光二十五年二月初一日

注释

①闾：里巷的大门，此处指家乡大门。

译文

四位老弟足下：

去年十二月二十二日，寄信一封，想已收到。刚接到四弟的信，说前信小注中，误写二字。那首诗马上寄回，现在我也忘了他所说的错误是什么了。

诸位弟弟写信，总说忙碌。六弟去年曾说南城寄信难，每次都要到抚院的赍奏厅去打听。真是太蠢了！三百六十天都静坐在书院，天天都可写信，何必打听信差行期再动笔？要么送到掌管文书投递的提塘客那儿，要么送到岱云家，都万无一失，何必去问毫无关涉的赍奏厅？如果弟弟们都说很忙，兄长的繁忙胜过你们的十倍，那不是一年无一字寄回家了？

我送王五诗的第二首，弟弟不懂的地方，不远几千里写信来问，这很虚心，我读了信很高兴。如每件事都能勤思善问，不怕不一日千里。现另纸写明寄回。

在家塾读书，我明知弟弟们不很愿意，但附近实在没有名师可从。省城如陈尧农、罗罗山，都可说是名师，而六弟、九弟，又不大善于求学，并且住省城两年，诗文与字都没有大长进。如今虽然我想再为弟弟们求情，堂上父母也必不肯听。不如安安分分待在家里学习，无师无友，也可挺然特立，成为第一等人物，这才是我所期待于弟弟们的。

婺源汪双池先生，过去一贫如洗，三十岁以前，在窑上为别人打工画碗。三十岁以后，才开始读书训蒙，终生没参加科举考试，却也著书百多卷，成为清朝少有的大学者。他何尝有师友，又何尝走出家乡一步？我所期待弟弟们的，如此罢了，总不外乎“立志”“有恒”四字。

至于买笔寄回事，目前实在没有方便的机会，等到举人们回乡时，才能带回。大约府试、院试都能用得上，县试则赶不上了。诸位弟弟在家作文，如能按月寄到京城，那我就请树堂随到随改，不过两个月，家中又可收到改稿。信写得不详尽，其余等以后再具体说吧。

兄国藩手草。

道光二十五年二月初一日

51

澄侯四弟左右：

贺常四到营，接弟信，言早起太晏[1]，诚所有免[2]。去年住营盘，各营皆畏慎早起。自腊月廿六移寓公馆，早间稍晏，各营皆随而渐晏。未有主帅晏而将弁能早者也。犹之一家之中，未能家长晏而子弟能早者也。

沅弟在景德镇，办事甚为称靠，可爱之至！惟据称悍贼甚多，一时恐难克复。官兵有劲旅[3]万余，决可无疑。季弟湖北，已来一信，胡咏帅待之甚厚，家中尽放心。家中读书事，弟宜常常留心，如甲五、科三等，皆须读书，不失在家子弟风范，不可太疏忽也。

咸丰九年六月初四日

注释

①晏：晚，迟。

②诚所有免：诚，实在。免，不应该，不能。

③劲旅：精锐部队，强悍的军队。

译文

澄侯四弟左右：

贺常四到营，接到你的信，说早起太晚，这实在是不应该。去年我住营盘，各营都敬畏早起。自腊月二十六移住庄公馆，早起稍微晚了，各营都随着渐渐晚了。没有主师晚而将弁能早的。好比一家之中，没有家长晚而孩子能早的。

沅弟在景德镇，办事很稳妥可靠，棒极了！只是听说强悍的敌人很多，一时恐怕难以克复。我们的军队，有一万多名精锐官兵，没有什么好担心的。季弟在湖北，已来了一信，胡咏帅待他很厚道，家里尽可放心。家里读书的事，弟弟要时刻留心，如甲五和科三等，都要读书，不能丢了大家子弟的风范，不要太疏忽了。

咸丰九年六月初四日

52

澄弟左右：

沅弟营中久无战事，金陵之贼，亦无粮尽确耗[1]。杭州之贼目陈炳文，闻有投诚之信，克复当在目前。天气阴雨作寒，景象亦不甚匪。吾在兵间日久，实愿早灭此寇，仰斯民稍留孑遗[2]。而睹此消息，竟未知何日息兵也。

纪泽兄弟及王甥、罗婿读书，均属有恒。家中诸侄，近日勤奋否？弟之勤，为诸兄弟之最。俭字工夫，日来稍有长进否？诸侄不知俭约者，常常训责之否？

同治三年三月初四日

注释

①耗：不好的消息，音信。

②稍留孑遗：稍为留下一些后人。

译文

澄弟左右：

沅弟营中许久没有战事，也未听到金陵之贼寇缺粮的确切消息。杭州之敌人头目陈炳文，听说有投降意思，应该不久就能攻下。天气阴雨绵绵，颇有寒意，景象也不大好。我在战场久了，实在希望早日消灭敌人，以让老百姓留下几个后人。听了这个消息，不知哪一天才可以息兵。

纪泽兄弟及王甥、罗婿读书，都还有恒心。家里各位侄儿，近来勤奋吗？弟弟的勤奋，是兄弟中之最。俭字功夫，近来稍长进否？侄儿辈不知道俭约的，弟弟常常教训问责了吗？

同治三年三月初四日

53

沅弟左右：

弟信言寄文每月以六篇为率。余意每月三次，每次未满千字者则二篇，千字以上者则止一篇。选文之法，古人选三之二，本朝入选三之一，不知果当弟意否?

弟此时讲求奏议，尚不为迟，不必过懊恼。天下督抚二十余人，其奏疏有过弟者，有鲁卫者，不有及者。弟此时用功，不求太猛，但求有恒①。以吾弟攻金陵之苦力，用之他事，又何事不可为乎?

同治四年正月廿四日

注释

①恒：恒心。

译文

沅弟左右：

弟弟信中说寄文章每月规定六篇。我的意思是，每月寄三次，每次不满千字的写两篇，千字以上的则一篇即可。选文的方法，古人的选三分之二，本朝中试文章选三分之一，不知合弟弟的意不?

弟弟现在重视上书言事，还不迟，不必过于懊恼。天下有督抚二十多人，奏疏有超过弟弟的，有水平差不多的，有不及的。弟弟这时用功，不求太猛，但求有恒心。以我弟攻金陵的苦力，用于其他事，又有何事不能做成?

同治四年正月二十四日

54

澄、沅弟左右：

纪瑞侄得取县案首，喜慰无已！吾不望代代得富贵，但愿代代有秀才。秀才者，读书之种子也，世家之招牌也，礼义之旗帜也。谆嘱瑞侄从此奋勉加功，为人与为学并进，切戒骄奢二字，则家中风气日厚，而诸子侄争相濯磨[①]矣。

吾自受督办山东军务之命，初九、十三日两折，皆已寄弟阅看，兹将两次批谕抄阅。吾于廿五日起行登舟，在河下停泊三日，待遣回之十五营，一概开行。带去之六营，一概拔队，然后解维长行。茂堂不愿久在北路，拟至徐州度署。九月间准茂堂还湘，勇丁有不愿留徐者，亦听随茂堂归。总使吉中全军，人人荣归，可去可来；无半句闲话，惹人谈论。沅弟千万放心。

余舌尖蹇涩，不能多说话，诸事不甚耐烦，幸饮食如常耳。沅弟湿毒未减，悬之至！药物断难收效，总以能养能睡为妙！

同治四年五月廿五日

注释

①濯磨：濯，洗。此处指争相学习和磨炼。

译文

澄、沅弟左右：

听说侄子纪瑞得了县试的第一名，大高兴了！我不求代代得富贵，但求代代有秀才。秀才，就是读书的种子，世家的招牌，礼义的旗帜。我诚恳地嘱咐瑞侄从此更加奋发，为人与为学并进，切戒骄奢二字，那家里的风气便会越来越兴旺，而儿子们、侄子们也会争相加强自我修炼。

我自受了督办山东军务的命令，初九、十三日上的两个折子的副本，都已寄给弟弟看了，现将两次批谕抄给你看。我于二十五日起行登船，在河下停三天，等遣回的十五营，一起启程。我带去的六个营，全都离开驻地，解开缆索长途行进。茂堂不愿长期待在北边，准备到徐州的官署去。九月皇上批准茂堂回湖南，不愿留徐州的士兵，也可以跟茂堂回去。总要让全军都享受到这种好处，人人都可荣归故里，可去可来；没有半句闲话，惹人家议论。沅弟千万放心。

我舌尖突然肿胀，不能多说话，什么事都不耐烦，幸亏饮食还如常。沅弟湿毒没有减轻，悬念之至！药物决难收效，总以能养能睡为妙。

同治四年五月二十五日

55

澄、沅两弟左右：

屡接弟信，并阅弟给纪泽等谕帖，具悉一切。兄以八月十三出省，十月十五日归署。在外匆匆，未得常寄函与弟，深以为歉。小澄生子，岳松入学，是家中近日可庆之事。沅弟夫妇病而速痊，适朱氏侄女生子不育而不甚忧闷，亦属可慰。

吾见家中后辈体皆虚弱，读书不甚长进，曾以养生六事勖儿辈：一早饭后千步；一曰将睡洗脚；一曰胸无恼怒；一曰静坐有常时；一曰习射有常时；一曰黎明吃白饭一碗，不沾点菜。此皆闻诸老人，累试毫无流弊者，今变望家中诸侄试行之。曾以为学四事勖儿辈：一曰看生书宜求速，不多阅则太陋；一曰温旧书宜求熟，不背诵则易忘；一曰习字宜有恒，不善写则如身之无衣，山之无木；一曰作文宜苦思，不善作则如人之哑不能言，马之肢不能行。四者缺一不可，盖阅历一生，深知之深悔之者，今亦望家中诸侄力行之。

养生与为学，二者兼营并进，则志强而身亦不弱，或是家中振兴之象。两弟如以为然，望以此教诫子侄为要。

兄在外两月有余，应酬极繁，眩晕、疵气等症幸未复发，脚肿亦因穿洋袜而愈。惟目蒙日甚[①]，小便太多。衰老相逼，时势当然，无足异也。

聂一峰信来，言其子须明春乃来，又商及送女至粤成婚一层。余复信仍以招赘为定，但许尺至春间耳。

章合才果为庸才，其军断难得力。刘毅斋则无美不备，将来事业正未可量。其次饷，余心竭力助之。王辅臣亦庸庸，颇难寻一相宜之差。

东台山为合邑之公地，众人瞩目，且距城太近，即系佳壤，余亦不愿求之己有，信复树堂矣。

茶叶、蛏虾、川笋、酱油均已领到，谢谢。阿兄尚未有一味之甘分与老弟，而弟频致珍鲜，愧甚愧甚。川笋似不及少年乡味，并不及沅六年所送，不知何故。

鸣原堂文，余竟忘所选之为何篇，请弟将目录抄来，兄当选足百篇，以践宿诺。祖父墓表即日必寄去，请沅弟大笔一挥，但求如张石卿壁上所悬之大楷屏（似沅七年所书）足矣，不必谦也。顺问近好。

国藩手具。

同治十年十月廿三日

注释

①日甚：一天比一天厉害。

译文

澄、沅两弟左右：

多次接到你们的信，并看了你们抄写给纪泽的谕帖，情况都知道了。兄长准备八月十三日离开省城，十月十五日回府。在外匆匆忙忙，没有常常写信给你们，深以为歉。小澄生子，岳松入学，都是家中近日的喜事。沅弟夫妇病而速愈，而朱氏侄女生子不育也不怎么烦闷，她如此达观也是很欣慰的事。

我见家里后辈体质都虚弱，读书不大长进，曾经以养生六事勉励子侄辈：一是饭后千步走；二是睡前洗脚；三是胸无恼怒；四是经常静坐；五是经常习射；六是黎明吃白饭一碗，不沾一点菜。这些都是听各位老人说的，多次尝试没有弊端，现在也希望家中各位侄儿试行一下。又曾用为学等四件事勉励儿辈：一是看新书要求速，不多读就会陋钝；二是温旧书要求熟，不背诵就易忘；三是习字要有恒心，不会写便好比身上无衣，山上无树；四是作文要苦思，不会写文章，好比哑巴不能说话，马不能行走。四者缺一不可，这是我经历一生才知道的，现在希望子侄们也努力实行。

养生与学习，二者兼顾就会意志坚强并且身体也不弱，也许是门庭振兴的气象。两位兄弟如果认为是这样，希望要经常以此教育子侄辈。

我在外两月有余，应酬很多，幸亏眩晕、疝气等病没有复发，脚肿也因为穿了洋袜而好了。只是眼睛一天比一天模糊，小便太多。年老与体衰都离我很近了，但也确实到了这个年龄阶段，所以不足为怪。

聂一峰有信来，说他的孩子要明年春天才来，又商量送女儿去广东成婚一事。我回信仍坚持定为招赘，但也许要推迟到春天了。

章合才果然是个庸才，他的部队很难取胜。刘毅斋则是个尽善尽美的人，前程不可估量。他所欠的饷银，我必定尽力相助他。王辅臣也是平庸之辈，很难找一个适合的职差。

东台山是合邑的公地，众人瞩目，况且距离城里太近，都是肥沃之地，我也不愿意占为己有，已经写信回复树堂了。

茶叶、蛏虷、川笋、酱油都已领到，谢谢。为兄从没有一味好吃的分给老弟，而弟却常送来山珍野味，十分惭愧。川笋好像不如少年时家乡的好，也不如沅弟六年前所送的，不知是什么原因。

“鸣原堂文”，我竟然忘了选的是哪篇了，请你将目录抄来，我一定选足百篇，实现旧日诺言。祖父墓表马上就寄去，请沅弟大笔一挥，只希望和张石卿壁上所悬挂的大楷屏（似沅七年所书）一样就成了，不必自谦。顺问近好。

国藩手具。

同治十年十月二十三日

图书在版编目（CIP）数据

曾国藩全集：最负盛名的处事之道／（清）曾国藩著．—苏州：古吴轩出版社，2013．10
（家藏御书房／刘乔周主编）
ISBN 978-7-5546-0141-9

Ⅰ．①曾…　Ⅱ．①曾…　Ⅲ．①曾国藩（1811～1872）—全集
Ⅳ．①Z425.2

中国版本图书馆CIP数据核字（2013）第212336号

策　　划：禹成豪
责任编辑：王　琦
见习编辑：徐小良
封面设计：视觉共振设计工作室

书　　名：**曾国藩全集：最负盛名的处事之道**
著　　者：（清）曾国藩
出版发行：古吴轩出版社
地址：苏州市十梓街458号　　邮编：215006
Http://www.guwuxuancbs.com　　E-mail：gwxcbs@126.com
电话：0512-65233679　　传真：0512-65220750
经　　销：新华书店
印　　刷：三河市兴达印务有限公司
开　　本：710×1000　1/16
印　　张：19.5
版　　次：2013年10月第1版　第1次印刷
书　　号：ISBN 978-7-5546-0141-9
定　　价：35.00元